TRAITÉ
D'ÉDUCATION

PHYSIQUE, INTELLECTUELLE ET MORALE

SUIVI

D'ESSAIS DE COURS

SUR LES DIVERSES BRANCHES DE L'ENSEIGNEMENT DU PREMIER
ET DU SECOND DEGRÉ

A L'USAGE SPÉCIAL DES PÈRES ET MÈRES DE FAMILLE,
DES DIRECTEURS ET DIRECTRICES DE SALLES D'ASILE, DES INSTITUTEURS
ET INSTITUTRICES DES DIVERS DEGRÉS,
ET DE TOUTES LES PERSONNES CHARGÉES D'INSTITUER OU DE DIRIGER
DES ÉTABLISSEMENTS D'ÉDUCATION PUBLIQUE.

PAR JOSEPH REY

Conseiller à la cour royale de Grenoble

ET J. A. BARRÉ

Ancien professeur des sciences physiques.

> L'éducation doit avoir pour objet
> le perfectionnement de TOUTES les
> parties de notre être.
>
> (Introduction, pag. 5.)

TOME PREMIER

Partie générale.

—•—

A PARIS

CHEZ DELLOYE, LIBRAIRE-ÉDITEUR

Place de la Bourse, 15.

A GRENOBLE

CHEZ PRUDHOMME, IMPRIMEUR-LIBRAIRE.

—

1841.

TRAITÉ

D'ÉDUCATION.

Grenoble, imprimerie de Prudhomme.

TRAITÉ D'ÉDUCATION

PHYSIQUE, INTELLECTUELLE ET MORALE

SUIVI

D'ESSAIS DE COURS

SUR LES DIVERSES BRANCHES DE L'ENSEIGNEMENT DU PREMIER
ET DU SECOND DEGRÉ

A L'USAGE SPÉCIAL DES PÈRES ET MÈRES DE FAMILLE,
DES DIRECTEURS ET DIRECTRICES DE SALLES D'ASILE, DES INSTITUTEURS
ET INSTITUTRICES DES DIVERS DEGRÉS,
ET DE TOUTES LES PERSONNES CHARGÉES D'INSTITUER OU DE DIRIGER
DES ÉTABLISSEMENTS D'ÉDUCATION PUBLIQUE.

PAR JOSEPH REY

Conseiller à la cour royale de Grenoble

ET J. A. BARRÉ

Ancien professeur des sciences physiques.

> L'éducation doit avoir pour objet
> le perfectionnement de TOUTES les
> parties de notre être.
>
> (*Introduction, pag. 3.*)

Tome premier.

A PARIS

CHEZ DELLOYE, LIBRAIRE-ÉDITEUR

Place de la Bourse, 13.

A GRENOBLE

CHEZ PRUDHOMME, IMPRIMEUR-LIBRAIRE.

1841.

Depuis dix ans, en France, on a beaucoup écrit sur l'*éducation*, car jamais on n'a mieux senti que c'est là surtout qu'on peut trouver la base d'une amélioration sociale durable. Mais tous ceux qui abordent ce grave sujet en ont-ils bien compris l'étendue, et quelqu'un d'eux est-il parvenu à établir, d'une manière satisfaisante, les véritables règles du développement de notre être? Il est certainement permis d'en douter. Que voyons-nous, en effet, dans cette quantité infinie de livres qui, sous un titre quelconque, sont publiés chaque jour dans ce genre? On voit généralement leurs auteurs, dédaignant la marche essayée du moins par leurs devanciers, ne pas même se proposer la recherche de celles des conditions de notre nature qui doivent être consultées, avant tout, pour qu'on ait la certitude de ne pas aller contre le but même qu'on se propose. Aucun d'eux, également, ne s'est occupé d'une vue d'ensemble sur toutes les parties du sujet, seul moyen pourtant d'arriver à une généralité convenable de principes, capables d'éclairer spécialement chacune de ces parties. Aussi la librairie pédagogique actuelle est-elle presque entièrement composée d'ouvrages de morcellement, sans lien entre eux, et présentés cependant aux mêmes élèves avec toutes les contradictions, ou l'incohérence qu'ils offrent les uns à côté des autres.

Quelques hommes éclairés ont entrepris, il est vrai, de réunir en un faisceau plusieurs des fragments de la science, les uns par des publications périodiques, d'autres par des travaux de longue haleine sur certaines branches de l'éducation ; mais, d'abord, aucun d'eux, à notre connaissance, n'a encore embrassé la matière d'une manière assez générale, et aucun n'a même tenté de se poser à soi-même, avec précision, les principes dont il propose à ses lecteurs les déductions pratiques. Il est de plus à regretter que, dans ces entreprises, qui exigent nécessairement plusieurs collaborateurs, on ne trouve pas l'unité désirable. C'est à un tel point que je pourrais citer une de ces publications, recommandable sous d'autres rapports, qui, devant contenir tous les degrés de l'instruction, a publié la partie qui s'adresse à l'*âge moyen*, avant d'avoir pu livrer celle qui regarde le *bas âge*, c'est-à-dire qui a débuté par *le milieu* de l'ouvrage; et cela, sans doute, parce que celui des auteurs qui était chargé de cette portion du travail était prêt avant celui qui aurait dû lui frayer la route, ou, plutôt, avec lequel il aurait dû marcher de concert, dans tout le cours d'une œuvre commune, aussi intimément liée dans toutes ses parties.

Frappé de tous ces inconvénients, et profondément pénétré des besoins de l'époque, sous le rapport qui nous occupe, M. Rey, qui a déjà préludé à l'ouvrage que nous annonçons par plusieurs écrits relatifs au même sujet, les uns sur des questions détachées, d'autres sur un plan plus compréhensif (1),

----

(1) Les publications de M. Rey, sur des sujets détachés d'éducation, ou de simple instruction publique, sont principalement :

1° *Du perfectionnement des études légales, dans l'état actuel de la société;*

2° *Du perfectionnement des divers modes d'enseignement primaire;*

VIII

M. Rey a cru devoir entreprendre un nouvel

3° *De la méthode Jacotot ;*

4° *Lettres à ma femme sur les salles d'asile.* Il faut observer toutefois que ce dernier écrit, qui semblerait d'abord n'avoir trait qu'à un genre d'établissement qui compte à peine, dans l'opinion, parmi les institutions d'éducation publique, aborde cependant toutes les questions fondamentales de cette catégorie ; ce qui se conçoit d'ailleurs quand on songe qu'il s'agit là du premier pas à faire dans tout le système de l'éducation, où les erreurs seraient surtout funestes si l'on n'avait pas un guide certain avant de s'y engager.

Enfin la publication la plus importante de M. Rey, qui, bien que resserrée dans une simple brochure, embrasse tout un système d'éducation, présenté sous forme d'un projet de loi, précédé d'un exposé des motifs, cette publication est intitulée : *Pétition à la chambre des députés sur l'éducation nationale.* Cette pétition fut en effet présentée à la législature, deux années de suite, savoir dans les sessions de 1830 et 1831, et plusieurs exemplaires furent en outre envoyés au ministre de l'instruction publique, ainsi qu'à tous les organes de la presse périodique ; mais cet écrit ne s'adressant à aucune passion du moment, on en fit à peine mention, la seconde année, dans un rapport général sur d'autres pétitions qui ne touchaient qu'à des questions isolées, presque toutes étrangères aux grandes bases de l'éducation. En outre, le rapporteur ne songea même pas à indiquer à la chambre qu'il s'agissait ici d'un travail complet de réorganisation, non-seulement pour le simple *enseignement* des sciences,

ouvrage où, après avoir déterminé l'*étendue entière* de la théorie qui doit embrasser *tous les moyens* d'éducation, il établit *d'abord* les principes *fondamentaux* d'où *doivent découler toutes les règles* de notre développement successif, toujours en consultant les exigences de notre nature et de notre vie sociale, jamais en vertu de maximes arbitraires. Ce préalable indispensable achevé, il passe à l'indication de ces mêmes règles, toujours avec la plus grande généralité de vues. Mais il n'a pas cru devoir se borner à ces investigations purement théoriques; il a pensé que, lorsqu'il s'agit d'établir l'empire de principes nouveaux, il faut, autant que possible, joindre l'exemple au précepte, au risque de voir mal appliquer par d'autres ce qu'ils n'auraient pas bien compris, ou ce que leurs habitudes antérieures ne leur permettraient pas de bien mettre en action. C'est dans ce but qu'il a cru devoir ajouter une

mais encore pour l'*éducation toute entière*. A l'égard des journaux de toutes les couleurs, si l'on excepte *La Révolution*, qui lui consacra un article très-bienveillant, aucun n'annonça même l'impression de cet écrit, ni qu'un appel quelconque eût été fait à la représentation nationale sur un sujet d'une telle importance.

seconde partie qui contiendra plusieurs *essais de cours* sur la plupart des branches d'enseignement du premier et du deuxième degré, afin de servir de guide, non-seulement dans ces deux degrés, mais dans toutes les périodes de l'éducation, dont l'ouvrage a pour objet de tracer les principes fondamentaux, applicables à l'instruction la plus transcendante aussi bien qu'aux premiers linéaments de l'étude la plus simple.

Pour remplir cette seconde tâche, M. Rey a aussi compris qu'il avait besoin d'aide; mais il a eu le bonheur, pour les parties dont la connaissance ne lui était pas spéciale, de rencontrer un collaborateur, partageant toutes ses vues sur les principes et les méthodes, et également animé du vif désir de rendre l'étude profitable pour toutes les classes de la société. C'est M. Barré, ancien professeur des sciences physiques, et, en dernier lieu, professeur de géométrie appliquée aux arts, qui a rédigé tout ce qui concerne les sciences *mathématiques et naturelles*, et nous pensons qu'on ne trouvera, dans cette partie de l'exécution, aucune rupture du lien d'unité que M. Rey s'est efforcé de donner à toutes les divisions de l'ouvrage.

D'après tout ce qui précède, nous sommes

entièrement persuadés que le public accueillera avec faveur une production qui n'a d'autre but que celui d'une haute utilité sociale. Nous ne donnons en ce moment que le premier volume, qui peut, dans tous les cas, se publier séparément, puisqu'il s'adresse, non-seulement aux pères et mères de famille, ainsi qu'aux instituteurs et institutrices, mais encore à tous les administrateurs qui pourraient avoir à s'occuper d'objets relatifs à une branche quelconque de l'éducation publique, et même à toute personne qui, dans des vues purement théoriques, voudrait approfondir les questions qui touchent à une matière aussi importante. Incessamment nous mettrons sous presse le second volume, qui comprendra plus particulièrement la partie d'application, et qu'on pourra aussi acquérir séparément.

TRAITÉ
D'ÉDUCATION.

INTRODUCTION.

Depuis quelque temps il n'est qu'un cri sur la nécessité d'une réforme radicale dans nos systèmes d'éducation. De toutes parts, on attaque l'état actuel, au fond comme dans les formes, et ce qui est le fait des familles, comme ce qui regarde l'institution publique. Il s'agirait donc d'une rénovation générale, autant dans les principes que dans les méthodes, et quant à tous les agents qui doivent, dans un bon système, concourir au grand but du développement de l'homme social. Un point de vue aussi vaste, que tous n'aperçoivent pas sans doute, mais qui ressort évidemment de la nature des efforts engagés dans cette lutte, indique au moins une tendance grave de notre époque, et doit exciter au plus haut degré l'intérêt de tous ceux qui songent sérieusement au bonheur de l'humanité. C'est par ces motifs que nous croyons devoir, avant d'entrer en matière, présenter l'aperçu général des bases sur lesquelles nous entendons fonder nous-mêmes l'œuvre que nous essayons d'édifier sur un sujet aussi important (1).

Dès la plus haute antiquité, l'éducation de la jeunesse fut considérée par les plus grands législateurs comme l'objet le plus digne de leur sollicitude; et, de nos jours aussi, tous les esprits éclairés sentent que le bonheur des nations, comme celui des individus, dépend surtout du premier développement de nos facultés, qui, bien dirigées, feront de nous des êtres bons et forts, mais dont la mauvaise direction nous rendra méchants et misérables. Cependant, malgré ce sentiment général, comment se fait-il qu'on ait si peu à se féliciter de tous les systèmes essayés jusqu'à présent pour arriver au but? Que d'autres accusent la préten-

(1) Nous prévenons ceux qui, s'occupant de questions d'avenir social d'une manière tout à fait complète, ont considéré sous ce rapport l'éducation de l'espèce humaine, que le présent traité, comparé à un tel plan, ne doit être considéré que comme un ouvrage *de transition*, approprié aux circonstances présentes, et que, par conséquent, il ne doit pas contenir tout ce que nous aurions pu placer dans le cadre que nous venons d'indiquer.

duc perversité de notre nature qui, disent-ils, fera toujours dominer les mauvaises impulsions dans le cœur de l'homme; pour nous, il est impossible d'admettre une doctrine aussi désolante, fondée sur une vue fausse des diverses conditions de notre être, et qui est évidemment subversive de toute morale active, puisqu'elle empêcherait de faire aucun effort pour combattre le mal et exciter au bien. Mais si nous croyons au perfectionnement de l'humanité en général, et si, dans la sphère qui nous occupe, nous apercevons même, depuis quelque temps, un notable progrès, il n'en est pas moins vrai, à nos yeux aussi, que son développement a été bien pénible, qu'il est peu considérable, et qu'il est encore fortement contesté. C'est donc un puissant motif pour rechercher attentivement les causes d'un résultat que chacun déplore également.

Sa cause principale, sans sortir du cadre de la société actuelle, nous paraît être la manière étroite dont on a presque toujours considéré la base de tout système d'éducation. Les gouvernements et les moralistes n'ont presque jamais mesuré son étendue que sous un point de vue exclusif; ainsi, chez les peuples anciens, constitués principalement pour la guerre, comme chez les classes dominantes du moyen âge, on n'avait d'autre but que l'augmentation et l'habile emploi des forces physiques ; ainsi, les sectes religieuses, dans tous les temps, n'ont guère vu dans l'éducation qu'un moyen de répandre les dogmes particuliers de leurs croyances, qui n'embrassaient que la partie morale de l'homme ; enfin, maintenant, la tendance générale est surtout un désir aveugle *d'instruction*, sans songer ni au sage développement des facultés physiques, ni surtout à celui de nos qualités morales. De là tous ces systèmes fautifs, incomplets dans un sens, exagérés dans l'autre ; de là, quant aux effets sur nos caractères, tout défaut d'harmonie, non-seulement entre des personnalités différentes, mais encore entre les diverses impulsions du même individu ; de là enfin, par une conséquence inévitable, cet esprit général de lutte incessante qui semble, au premier coup d'œil, être à jamais inhérent à notre espèce, et que nous, plus confiants en la bonté de la Providence, nous croyons devoir peu à peu s'atténuer, à mesure qu'on connaîtra mieux les lois d'une saine culture de toutes nos facultés.

Le premier principe que nous ne devons jamais oublier est donc que l'éducation, si l'on veut qu'elle porte des fruits vraiment salutaires, *doit embrasser le perfectionnement de* TOUTES LES PARTIES DE NOTRE ÊTRE ; d'où résultera la nécessité, dans un traité quelconque sur cette matière, de comprendre *toutes les branches* qui correspondent à l'étendue d'un tel sujet. Il faut donc voir d'abord quelles sont les diverses faces de notre organisation, ainsi que leur importance relative, sous le rapport dont il s'agit, ce premier aperçu étant indispensable pour nous éclairer dans l'indication générale des études que nous aurons à recommander.

Sans vouloir justifier l'entière exactitude du langage reçu, quant à la distinction de nos facultés en trois grandes branches, *physiques*, *morales* et *intellectuelles*, nous croyons devoir cependant l'adopter, d'abord parce qu'il nous serait impossible ici de faire à cet égard un examen critique approfondi, ensuite parce que ces dénominations, convenablement employées, peuvent à la rigueur exprimer les distinctions principales qu'elles sont destinées à établir. Toutefois, rappelons-nous bien que ces distinctions ne sont fondées que sur des *abstractions*, commodes sans doute pour l'analyse, mais qu'il faut se garder de prendre pour *des êtres* vraiment distincts, qui auraient chacun *son existence à part*, comme l'ont fait tant de métaphysiciens, qui ont oublié que l'HOMME EST UN, que toutes les parties de son organisme sont intimément liées, et qu'elles concourent toutes au même but général, qui est SA VIE TOTALE. Cette nouvelle considération, en nous faisant voir de plus en plus combien est fragile tout système d'éducation qui n'embrasse pas l'homme tout entier, nous montre aussi l'erreur dans laquelle on tomberait également, si l'on ne considérait chacune de ses diverses parties que sous un point de vue isolé, ou si l'on voulait attribuer à l'une d'elles une prépondérance qui tendît à étouffer la juste influence que doivent avoir les autres.

Ces réflexions nous feront apprécier, d'une manière plus exacte peut-être qu'on ne le fait généralement, la nature des reproches adressés à notre enseignement officiel sur ce qu'il aurait, jusqu'à présent, attaché plus d'importance à l'*instruction* qu'à l'*éducation*. Ces reproches, il est vrai, nous semblent fondés sous plusieurs rapports; mais, par une malheureuse disposition à passer toujours d'un extrême à l'autre, il est des écrivains qui vont maintenant jusqu'à nier l'utilité de la culture intellectuelle, ou du moins jusqu'à prétendre qu'elle n'a qu'une utilité extrêmement secondaire. Ils ne présentent même souvent ces deux mots, *instruction*, *éducation*, que dans un sens d'antagonisme, d'où résulterait qu'une de ces deux choses ne peut marcher concurremment avec l'autre. Nous ne balançons pas à dire qu'il y a là une erreur aussi funeste que celle qui ferait tout accorder à la première, à l'exclusion de la seconde. En effet, n'est-il pas évident que, pour bien remplir ses devoirs, il faut

en avoir une juste et suffisante idée ? L'être ignorant ne sera-t-il pas sans cesse en proie au charlatan, à l'ambitieux, qui, pour le faire servir à
ses fins, dénaturera chez lui toutes les notions
du juste et de l'injuste ? D'un autre côté, les préjugés les plus absurdes ou les plus cruels n'auront-ils pas incessamment prise sur lui, et ne le
conduiront-ils pas aux actes les plus extravagants
ou les plus barbares, malgré le meilleur naturel
et des sentiments généreux en eux-mêmes ? Or,
parce qu'une fausse instruction, ou l'instruction
dénuée de moralité amène des résultats également
déplorables, n'est-ce pas le comble du déraisonnement de conclure qu'il ne faut point d'instruction ? Autant vaudrait dire que, parce qu'un
homme à vue imparfaite peut se jeter dans un
précipice, il faut lui arracher les yeux pour le préserver d'un tel malheur.

Concluons donc, pour être dans le vrai, que le
développement de nos facultés morales doit *marcher de front* avec celui de nos facultés intellectuelles, et que l'un et l'autre doivent être harmonisés de manière à ce que tous deux se prêtent
une force mutuelle. Concluons aussi qu'il faut
donner un égal soin au développement *matériel*
de nos organes, puisque l'individu malade ou infirme, outre les souffrances qu'il éprouve, ne
jouira jamais aussi bien de ses autres facultés,

et puisque l'homme vigoureux, mais dont les forces n'auront pas été convenablement exercées, ne pourra rendre les mêmes services à ses semblables, ni à lui-même. Laissons donc enfin de côté ces prétendus caractères d'*opposition* ou d'*isolement* entre les diverses fonctions de notre être, dont le Créateur nous a également dotés, et que nous devons également faire servir à notre perfectionnement. C'est pour éviter ces fâcheuses méprises que nous ne nous servirons jamais du mot *éducation* dans le *sens exclusif* que nous venons d'indiquer. Pour nous, ce mot ne doit pas indiquer la culture seule du cœur, et nous lui donnerons toujours un sens générique quand nous l'emploierons seul, sauf à ajouter une épithète, lorsque nous voudrons en restreindre l'application à une partie seulement. Ainsi nous dirons : l'éducation *physique*, lorsqu'il s'agira plus spécialement de notre vie matérielle; l'éducation *morale* ou *affective*, quand il s'agira de nos affections ou sentiments; enfin l'éducation *intellectuelle*, quand il sera question plus particulièrement des facultés de l'intelligence.

Les principes que nous venons de poser vont nous servir encore pour ramener dans ses justes bornes l'opinion de M. Aimé Martin, qui voudrait que les *mères* seules fussent chargées de la direction *morale* de leurs enfants, en ne laissant au père que le soin *de la sèche instruction.* Certes, par la loi même de la nature, la mère aura toujours la plus grande part dans l'éducation du premier âge, non-seulement sous le rapport moral, mais sous tous les rapports possibles; mais vouloir exclure le père de toute participation à cette douce et grande tâche, même dans cette première période, serait à la fois cruel et préjudiciable, si cela n'était pas impossible. Ce serait préjudiciable, parce qu'il n'y a pas trop du concours des deux chefs de famille pour un devoir aussi difficile, parce que les qualités qui dominent chez un sexe doivent souvent être secondées ou tempérées par celles de l'autre sexe, enfin parce qu'il n'y aurait pas d'harmonie entre le père et ses enfants, s'il restait étranger à la formation de leur cœur. Mais, il y a plus: une abstraction aussi complète que le suppose ce système est vraiment impossible, et la tentative de l'effectuer ne produirait que le plus déplorable des effets, celui de mettre un désaccord continuel entre les époux; car le père, intervenant chaque jour, par nécessité, dans les relations sentimentales de ses enfants, mais n'y intervenant que d'une manière en quelque sorte subreptice, le ferait sans aucun plan, et contrarierait sans cesse ainsi le plan de sa femme. On pourrait donner bien d'autres raisons pour prouver que la mère *seule* serait le plus souvent peu propre à faire naître chez ses enfants les meilleures tendances pour toutes les positions de la vie ; mais ce que nous venons de dire suffit pour faire conclure, comme précédemment, qu'il faut encore abandonner ici tout point de vue exclusif.

Après avoir déterminé, d'une manière générale, toute l'étendue des objets de l'éducation, ainsi que la part respective que doivent y prendre les deux chefs naturels de la famille, une autre grande question s'élève : il s'agit de savoir s'il convient mieux d'élever entièrement les enfants dans la maison paternelle, ou de les envoyer aussitôt que possible dans les écoles publiques. De tout temps il y a eu des partisans exclusifs de ces deux systèmes : les uns ont exalté l'éducation purement *domestique*, d'autres voudraient que l'éducation *commune* commençât pour ainsi dire au berceau, et l'exemple fameux de Sparte, dans ce dernier sens, est assez connu. Pour nous, consultant l'état actuel de nos sociétés, et voulant que l'éducation réponde aux diverses exigences de cet état, nous nous placerons encore entre les deux extrêmes. En effet, puisque, dans notre organisation sociale, nous sommes également destinés à vivre avec nos proches et avec d'autres de nos semblables, il faut que l'éducation suive l'une et l'autre de ces directions. Elle sera donc *mixte* autant que possible. Aussi n'approuvons-nous pas, à moins de nécessité absolue, les *pensions complè- tes*, où l'enfant se détache trop des affections et des habitudes de ses parents ; mais nous sommes également opposés à la séquestration entière des enfants dans le foyer domestique, qui tend à les rendre insociables, inexpérimentés, et qui les prive, pour l'instruction, d'une foule de ressour- ces qu'on ne peut trouver que dans les établisse- ments publics bien organisés, ressources dont la plupart même résultent du seul fait d'une réunion nombreuse d'élèves. Ainsi, nous pensons qu'ils doivent fréquenter les écoles dès que l'âge le leur permet, mais qu'ils doivent rentrer dans leur fa- mille à la fin de chaque journée. L'usage des *demi- pensions* nous semble la meilleure combinaison, et préférable aussi à celle des écoles entièrement externes, parce qu'ainsi les enfants dorment sous le toit paternel, et y prennent la moitié de leurs repas, tandis que, d'un autre côté, ils s'initient à la vie sociale en restant le jour presque entier avec leurs camarades, en même temps qu'ils trou- vent ainsi l'avantage de n'être pas autant distraits de leurs études, ni enlevés à la surveillance de leurs instituteurs.

Maintenant, quel est l'*âge* auquel les enfants pourront, sans inconvénient et avec fruit, passer de l'éducation purement domestique à celle des institutions publiques? J.-J. Rousseau, affligé sans doute de l'espèce de torture que, de son temps surtout, on faisait subir aux pauvres enfants dans l'instruction purement scolastique, en les forçant à ne s'occuper que d'une science barbare de mots, au moyen du régime le plus sec et le plus sévère, Rousseau avait pensé qu'on devait, dans le premier âge, les soustraire *à toute étude régulière.* Aussi veut-il que, *jusqu'à douze ans*, on ne songe qu'au soin de fortifier leur corps, de former leur cœur, et seulement de les préparer à recevoir plus tard une saine instruction. L'usage commun, sans adopter un parti aussi extrême, s'était pourtant ressenti, presque jusqu'à ce jour, de l'opinion que les enfants ne peuvent, au moins jusqu'à six ou sept ans, être soumis à aucun système d'éducation *publique*, et ce n'était qu'à cet âge qu'on ouvrait pour eux les écoles dites *primaires.* Mais heureusement, depuis l'établissement des *salles d'asile*, institution désormais consacrée par l'expérience générale, on ne peut plus douter de la possibilité de soumettre des enfants bien plus jeunes à une direction commune et régulière, dans laquelle on s'occupe, avec un égal fruit, de leur régime physique, de la formation de leur cœur et des habitudes d'ordre, ainsi que de la culture de leur jugement et de la communication d'une foule de connaissances positives. C'est donc là un sys-

tème presque complet d'*éducation première* (1),
fondé sur les véritables principes, puisqu'il peut
s'approprier à des êtres si faibles (2), sans leur
causer presque aucune contrainte, et en leur procurant au contraire, durant toute la journée, une
suite de plaisirs utiles, qu'ils ne pourraient trouver réunis dans la maison privée la plus opulente
et la mieux ordonnée. Nous devrons plusieurs fois
revenir sur la nature de cette intéressante institution; il nous suffit, pour le moment, d'avoir fait
voir qu'elle permet désormais de commencer
l'éducation publique bien plutôt qu'autrefois,
c'est-à-dire à l'âge de *deux ans*, et quelquefois
plutôt pour des enfants précoces.

Un résultat de si haute importance nous con-

(1) Ce mot d'éducation *première* doit se restreindre à l'application dans la société actuelle; car nous concevons un système
où l'éducation publique pourrait commencer dès la naissance.

(2) Nous croyons que c'est précisément cette extrême faiblesse
des enfants des salles d'asile qui a fortement contribué à faire
découvrir les vrais principes de direction de l'enfance en général.
En effet, avec une si fragile matière, on eût trop risqué de la
briser, si l'on eût opéré d'une manière aussi dure et aussi peu
rationnelle qu'à l'égard d'élèves plus forts, qui peuvent supporter jusqu'à un certain point de semblables traitements. Avec les
premiers il fallait être raisonnable et bon, sous peine de n'obtenir
sur eux qu'un empire d'une cruauté révoltante, qui eût fait
échouer complètement cette bienfaisante entreprise. C'est ainsi
que souvent les plus belles découvertes résultent de l'heureuse
nécessité de vaincre une position plus désavantageuse que les
autres.

duit à examiner s'il serait vrai, comme beaucoup de personnes le croient encore, que les salles d'asile ne sont un bienfait que pour les familles *pauvres*, qu'elles dispenseraient seulement du soin de garder leurs enfants (1), et qu'ainsi l'institution ne serait pas utile aux enfants des classes *aisées*, ou même qu'elle leur serait plus nuisible que profitable, en les arrachant aux soins bien plus doux de leurs parents.

Il est vrai, sous certains rapports, que les enfants des riches courent moins de danger que ceux des pauvres, dans la maison paternelle, et qu'ils peuvent, de bonne heure, y recevoir quelques éléments d'instruction. Mais est-il également certain que ces dangers soient nuls pour eux, au physique ou au moral, et que leur développement intellectuel puisse s'y effectuer convenablement dans le premier âge ? Tel est le véritable état de la question. Et si, après l'avoir résolue

(1) Cette opinion nous semble avoir pris sa source, en France, dans le choix de cette dénomination de *salles d'asile*, qu'on a cru devoir donner à ces établissements, ce qui les a fait considérer, par les personnes qui n'en avaient pas d'autres notions, comme de simples maisons *de charité*, où l'on se bornait à donner un refuge *matériel* aux enfants. En Angleterre on les appelle *infant schools*, ce qui signifie *écoles de petits enfants*, et cette seule différence nous semble indiquer que, dans ce pays, les fondateurs avaient de suite mieux conçu la portée de leur entreprise.

négativement, nous trouvons encore que, par le fait même de l'aisance des parents, on pourrait former pour ces classes des maisons bien plus perfectionnées encore que pour les pauvres, il en résultera évidemment, d'abord, que l'institution leur serait aussi fort utile, et ensuite que, bien loin de pouvoir en rien leur être nuisible, elle leur offrirait encore de plus grands avantages qu'aux enfants moins favorisés de la fortune.

Quant aux dangers physiques, ils sont plus grands qu'on ne le pense, avec les arrangements obligés de presque tous les intérieurs de maison, surtout dans les villes, même dans des familles très-opulentes. Généralement le défaut d'espace à l'air libre n'y permet pas aux enfants de prendre chez eux les ébats nécessaires à leur âge, et dès lors il faut, ou les retenir dans des appartements dont la somptuosité est une contrainte de plus, puisque tout mouvement désordonné de leur part, s'il n'amène un accident personnel, peut causer un dommage souvent considérable ; ou bien il faut les envoyer au dehors sous la surveillance de domestiques inattentifs ou maladroits, qui ne savent pas assez les préserver des accidents de la rue ou de la promenade, et qui, dans la crainte du blâme, dissimulent ceux qui peuvent arriver, ce qui cause souvent aux enfants de graves maladies, auxquelles il n'est plus temps ensuite de remédier.

Quant aux dangers moraux, en supposant même aux parents les plus hautes qualités personnelles, combien peu sont dans la disposition de se vouer, sans distraction, aux soins de chaque instant que réclame cette partie de l'éducation des enfants ! Les soins de la fortune ou de l'ambition, les devoirs de société, des fonctions, ou de toute autre carrière, la simple culture même des sciences et des arts, les maladies, les absences forcées, l'intervention inopportune des domestiques, des parents, des amis, presque tous les incidents de la vie ordinaire peuvent paralyser les meilleures intentions et la plus haute capacité. Que sera-ce donc lorsque les parents seront incapables d'une telle tâche par défaut de lumières, de moralité, ou seulement d'empire sur eux-mêmes, ou bien encore, ce qui est si commun, par le défaut d'un système bien calculé sur les vrais moyens de bien diriger l'enfance ?

D'ailleurs, qu'on se rappelle ce que nous avons dit sur les avantages de l'éducation publique en général, avantages parfaitement applicables au premier âge depuis l'établissement des salles d'asile, malgré les imperfections qu'elles conservent encore à quelques égards. D'abord il est une foule d'exercices, physiques, moraux, intellectuels, qui ne peuvent avoir lieu qu'avec un nombre assez considérable d'élèves. Le seul fait du

nombre est encore une cause·puissante d'entraînement, qui donne de l'attrait aux actes les plus
ennuyeux par eux-mêmes. D'un autre côté, les
exercices les plus avantageux ne peuvent quelquefois aussi être faits qu'avec des dispositions particulières de local, de matériel mobilier, que ne
comporte aucune maison privée. Enfin c'est là seulement qu'on peut commencer à faire l'apprentissage réel de la vie publique, dont les hommes
que leur position destine à influer sur leurs semblables ne peuvent surtout se passer, puisqu'il
faut en toutes choses connaître la matière sur laquelle on doit agir, puisque d'ailleurs les moindres fautes, dans l'art social, ont de si funestes
résultats, et sur ceux qui les commettent, et sur
ceux qui en sont l'objet.

Nous ajouterons une considération dernière,
pour prouver de plus en plus l'importance de ce
genre d'éducation pour tous les rangs de la société.
On sait quel est en général l'ascendant des classes
élevées sur les autres classes, et l'on sait trop aussi
combien, jusqu'à présent, fut souvent délétère
pour celles-ci l'exemple des premières. Hé bien !
lorsque la classe la plus influente sera elle-même
réformée par un système fondé entièrement sur
la raison et la plus haute moralité, il est impossible qu'elle n'amène pas progressivement la même
réforme jusque dans les derniers degrés, autant

par l'empire si fort de l'exemple, que par l'exercice entraînant d'une bienveillance générale, éclairée par une intelligence supérieure, dont elle aura puisé le principe régénérateur dès les premiers pas de la vie.

D'après tout ce qui vient d'être exposé sur la nature et l'importance des écoles du premier âge, dites *salles d'asile*, on ne sera plus étonné de nous voir revendiquer exclusivement pour elles le titre d'écoles *primaires*, jusqu'à ce jour donné à d'autres établissements qui, dans un système général bien coordonné, devraient prendre désormais celui d'écoles *secondaires*, après toutefois qu'on les aurait vraiment élevées à ce degré, en élargissant le cadre de leur institution, non-seulement par une instruction plus forte et plus étendue, rendue indispensable par les notions que les enfants auront déjà reçues dans les salles d'asile, mais encore en leur faisant embrasser les deux autres grandes branches de l'éducation, celles du physique et du moral, auxquelles ces établissements sont presque absolument restés étrangers.

Ces mêmes considérations suffisent aussi à justifier la seconde partie de notre titre, qui indique à la fois le premier et le second degré de l'instruction, puisque l'enseignement dont il s'agit, commençant dès l'âge le plus tendre, va ensuite bien au delà de l'enseignement des écoles appelées *primaires* jusqu'à ce jour, et qui sont fréquentées souvent par des enfants presque adultes; mais, si nous avons embrassé ce double cadre, c'est que, s'agissant pour nous d'un ensemble de nouveaux principes à faire passer dans l'application, il était fort important d'avoir un ouvrage qui comprît au moins les deux premiers degrés de l'instruction, afin de pouvoir montrer le mécanisme de leur enchaînement, dans le passage de l'un à l'autre, et pour donner un exemple du lien d'harmonie qui doit unir tous les moyens employés pour le développement graduel de notre être; chose si essentielle, à laquelle pourtant on n'a presque fait aucune attention jusqu'à présent, ce qui a jeté la plus grande incohérence entre les divers établissements d'éducation, et n'a pas permis de tirer tout le fruit d'une foule d'heureux essais tentés isolément dans les divers degrés. Nous ajouterons enfin qu'ayant cru devoir donner beaucoup de développement aux principes *généraux*, puisqu'il était question d'une théorie nouvelle, il était utile de faire voir qu'ils avaient bien réellement ce caractère de généralité, pour toute la science de la culture humanitaire, en montrant qu'ils n'étaient pas uniquement applicables à telle ou telle de ses phases, mais qu'ils doivent s'étendre à toutes. Si notre tentative est heureuse, nous aurons donc ainsi posé réellement les bases de la rénovation de tous nos

systèmes d'éducation ; car le mode que nous aurons suivi pour faire voir la continuité d'application de ces mêmes principes, en passant du premier degré au second, servira facilement de guide
pour faire passer de ce second degré à tous les degrés ultérieurs.

Nous avons jusqu'à présent posé quelques-uns
des jalons principaux qui doivent nous servir d'in-
dicateurs, pour l'ouvrage que nous avons entrepris,
et dont nos lecteurs doivent commencer à trouver
l'exécution plus importante qu'ils ne le pensaient
peut-être, d'après son simple titre. Nous avons
indiqué d'abord le principe le plus général qui
doit, selon nous, planer sur tout bon système
d'éducation, quel que soit son degré, le principe
de la compréhension entière de notre être dans la
sphère de son développement ; puis nous avons
successivement formulé nos idées sur les questions
relatives à l'éducation domestique ou publique,
à l'âge où cette dernière doit commencer, enfin
aux véritables conditions de ce qu'on doit nommer
l'école *primaire.* Maintenant, pour faire un pas
de plus dans la même voie préparatoire, nous
allons traiter la question de savoir quel sera le
genre d'instruction *première* qui doit être donnée
aux *diverses classes de la société,* telles qu'elles
existent dans l'ordre de choses actuel; car, ayant
à traiter d'abord de l'éducation *en général,* il

faut bien décider, avant d'arrêter le plan de notre travail, s'il ne doit comprendre qu'un seul et même cadre pour tous, ou si l'on devra établir plusieurs catégories à cet égard.

Heureusement nous n'aurons point ici à discuter la question, naguère si irritante, du bienfait ou du danger de l'INSTRUCTION *des masses*. Ceux mêmes qui furent, en France, le plus opposés à cette instruction, l'ont maintenant acceptée comme un fait nécessaire, et tous leurs efforts se bornent désormais à vouloir prouver qu'eux seuls sont capables de donner la meilleure et la plus complète instruction. Hé bien ! acceptant à notre tour cet accord de tous les partis sur le point fondamental, nous n'examinerons que le point secondaire, mais qui est encore d'une si grande importance, et qui se rapporte à la *nature*, ainsi qu'au *degré* des connaissances qu'on devra donner aux *diverses* classes de citoyens, notamment dans les premières périodes de l'éducation.

Quant à la NATURE des connaissances, tout le monde pense que, pour les classes *pauvres*, une instruction principalement littéraire ne convient nullement ; mais le même accord d'opinion cesse d'exister dès qu'il s'agit des classes *un peu aisées*, et surtout des personnes tout à fait favorisées de la fortune ; car, depuis longtemps, l'usage général veut que tout père de famille au-dessus de la misère fasse faire à ses enfants *leurs classes*, condition sans laquelle nul n'est censé *bien élevé*. Cependant, si la véritable bonne éducation intellectuelle consiste dans les connaissances qui nous rendent utiles à nous et à nos semblables, et qui ne sont pas propres à nous donner, au contraire, des tendances nuisibles, il nous semble évident qu'on n'est pas vraiment *bien élevé*, même dans les classes les plus riches, quand on n'a pas de notions suffisantes sur les branches de l'instruction qui sont d'une application usuelle dans les différentes positions de la vie sociale. Tout à l'heure, lorsque nous indiquerons les parties de la science générale qu'il importe à *tous* de connaître, quoique à des degrés différents, nous ferons voir combien l'instruction, dite *classique*, est insuffisante pour ceux à qui elle peut être utile, et combien cette insuffisance est nuisible dans une foule de cas. Mais, en ce moment, nous voulons surtout insister sur son vice radical à l'égard de tout homme qui est destiné, par la force de sa position, à toute autre profession que celle d'ecclésiastique ou de légiste, ou qui n'est pas entraîné, par une vocation vraiment supérieure, à cultiver dignement l'une des branches littéraires de la science ou de l'art. En effet, l'intelligence la plus parfaite des auteurs grecs ou latins, la connaissance de tous les artifices du rhéteur ou du métaphysicien ne feront jamais de bons cultivateurs, de bons artisans, de bons marchands. Ce luxe de savoir ne servira, au contraire, qu'à rendre les enfants vains et dédaigneux de tout travail manuel, et les conduira jusqu'à mépriser leurs parents d'une position plus modeste, ceux mêmes qui auront le plus sacrifié pour leur donner un si triste essort. Voilà ce qui arrive nécessairement sous le rapport privé; et quant aux conséquences politiques de la prépondérance de ce genre d'études, comment l'autorité ne voit-elle pas qu'elle expose ainsi l'état aux plus grands dangers? N'est-ce pas cette fausse culture de l'esprit, si propre à échauffer l'imagination et à donner une ambition démesurée, qui est la cause la plus puissante de l'exaltation désordonnée d'une partie de notre jeunesse, qui la conduit alternativement du feuilleton à l'émeute ou à l'intrigue, et de l'émeute à l'intrigue et au feuilleton ? N'est-ce pas elle encore qui, ne fournissant aucune nourriture saine à la tête et au cœur, enlève toute conviction profonde à des hommes doués souvent d'une funeste capacité, et les fait passer indifféremment d'un parti à l'autre, au gré des besoins effrénés de leurs passions ? Concluons donc, sous tous les rapports, qu'il faut au plus grand nombre des citoyens une instruction mieux entendue, plus solide, plus adaptée aux diverses branches de l'industrie, et surtout aux professions les plus nombreuses de la société.

Jusqu'ici nous avons indiqué la nature des études *qui ne doivent pas être le partage de certains individus*, et nous l'avons fait, non dans une esprit d'exclusion aristocratique, mais dans le seul point de vue du bonheur de tous. Nous avons procédé absolument comme un médecin qui dirait que telle substance ne convient pas à tel ou tel estomac, mais sans vouloir pour cela restreindre la quantité des véritables aliments qui conviennent à tous. Maintenant, si nous recherchons quelles sont, au contraire, les connaissances que *tous* les membres de la société doivent également avoir, quelques personnes penseront peut-être que nous tombons dans un autre extrême ; car nous déclarons dès ce moment que nous indiquerons à cet égard un cadre extrêmement large, persuadés que, malgré cela, ou plutôt par ce moyen, nous serons entrés dans la véritable voie de sagesse. C'est ce que nous allons tâcher de justifier.

Pour y parvenir, voyons d'abord ce qu'on enseignait autrefois dans les écoles des différents degrés. Dans celles destinées aux classes inférieures, on se bornait à la lecture, à l'écriture et aux premiers éléments du calcul. Dans les autres, on s'absorbait presque entièrement dans l'étude du latin, à laquelle se joignaient accessoirement des fragments d'histoire, grecque et romaine, et l'on finissait par des cours un peu plus généraux sur la rhétorique et la philosophie. Or, dans tout cela, si l'on excepte les notions si imparfaites d'histoire, quant au monde moral, et, pour le monde matériel, un peu de physique purement théorique, enseignée dans la dernière classe, nous ne trouvons que des moyens d'*expression* ou de *communication* et d'*analyse* des idées, et rien SUR LE FOND DES CHOSES. C'était là une acquisition des INSTRUMENTS de la science, et non de la SCIENCE MÊME. Depuis quelques années, il est vrai, on a senti le besoin d'entrer dans ce dernier domaine, c'est-à-dire la connaissance des objets même qui peuvent nous être utile. C'est ainsi que la loi de juin 1833 a introduit, dans les écoles primaires *supérieures*, des notions élémentaires de géométrie, d'histoire naturelle et des sciences physiques, ainsi que d'histoire et de géographie. C'est ainsi encore que, dans nos colléges, on fait aussi maintenant des cours sur les mêmes branches, auxquelles on ajoute, dans plusieurs localités, l'étude du dessin, de la musique, et celle d'une ou plusieurs langues vivantes étrangères. Toutefois il est à observer que les langues mortes y sont toujours l'objet principal de l'enseignement, et que les sciences physiques même n'y sont encore considérées que comme une branche accessoire, qui ne serait pas indispensable à une bonne éducation intellectuelle. La dernière ordonnance du ministre de l'instruction publique, M. Cousin, en renvoyant ces cours aux dernières années des études, prouve même qu'il ne regarde pas les sciences autres que les sciences littéraires comme indispensables à toutes les positions de la vie.

Nous avons fait ce court exposé du passé et du présent sur le point qui nous occupe, pour montrer, d'un côté, la longue application du principe opposé à celui que nous voulons proclamer, et, de l'autre, le commencement de réaction qui s'opère dans notre sens (mais que contrarient encore d'anciennes liaisons d'idées), afin de bien nous fixer sur ce qui fut, sur ce qui est, et d'avoir ainsi toutes les données antécédentes pour mieux déterminer ce qui doit être, dans toute l'étendue des vrais principes.

Voici maintenant quel est notre principe sur ce sujet, principe qui, nous le répétons, sera regardé comme exagéré par beaucoup de personnes, mais que nous prions de ne pas repousser définitivement avant de nous avoir entendus, et d'avoir bien médité nos motifs. Hé bien ! nous pensons que TOUT INDIVIDU, quelle que soit la place qu'il occupe dans la société, doit avoir une notion, au moins *introductive*, de TOUTES LES BRANCHES DU SAVOIR, et nous nous fondons sur les raisons suivantes :

1° Quant à l'*utilité*, il n'est aucune raison pour exclure une branche de nos connaissances plutôt qu'une autre? Serait-ce dans le monde physique, ou dans le monde moral et intellectuel? Mais nos besoins de connaître les vrais rapports des choses ne s'étendent-ils pas à toutes les parties de ces deux grandes divisions? Une science ne peut suppléer à l'autre, et leur lumière, au contraire, se réfléchit respectivement. Tout est lié dans la nature, et l'enfant, dès sa naissance, éprouve de la part de tout ce qui l'entoure une action quelconque. Il est frappé constamment de tous les ordres de sensations communes à toute l'humanité ; *tous les éléments* de la *nature* exercent donc également leur empire sur lui. Ainsi *les éléments* des *sciences*, qui ne sont autre chose que le miroir des éléments de la nature, sont donc également soumis à son observation ; et, s'il ne peut apercevoir d'abord qu'une parcelle de chacun d'eux, il n'est cependant étranger à aucun. Ainsi donc, s'il est impossible de scinder à son égard ce premier effet des impressions au milieu desquelles il vit, il serait tout à fait irrationnel de le faire dans l'éducation, qui ne peut être, si l'on veut qu'elle soit un bienfait, que l'art de développer et de régulariser l'action du monde sur nous. Au surplus, dans le premier degré de l'instruction, l'ensemble des notions à acquérir ne sera pas aussi effrayant qu'on pourrait d'abord l'imaginer, parce que les *développements* de chaque branche devront être *très-limités*, ainsi que nous le déterminerons plus tard, et parce que la seule chose essentielle, pour tous les individus, est de ne retrancher entièrement le cadre d'aucune d'elles.

2° Il y a d'ailleurs un grand avantage social à commencer l'éducation commune par une grande généralité de notions. D'abord elle uniformise parmi tous les membres de la société l'intelligence de celles qui leur importent également, et les dispose ainsi à plus d'accord dans leurs idées, leurs sentiments, et, par suite, dans leurs actions. D'un autre côté, ces premières lumières, bien acquises, suffisent à préserver des préjugés dangereux et de l'étroitesse de vues, si funeste en tout. Elles nous font voir la liaison naturelle des choses, nous apprennent à tout mettre à sa juste place, à ne rien mépriser d'utile, à ne point nous enorgueillir de ce que nous pouvons savoir mieux que d'autres dans une branche; et, si nous ne pouvons plus tard étendre la sphère de nos connaissances, du moins celles que nous possédons seront bien assises, et nous aurons nettement aperçu la chaîne des rapports qui unit ce que nous savons avec ce que nous ne savons pas.

3° Mais supposons un instant qu'il n'importât pas à tous les hommes d'avoir des notions propres à leur faire tirer le meilleur parti possible des objets de la nature et des relations sociales, il est au moins hors de doute qu'il est très-dangereux pour eux d'avoir des idées fausses à cet égard, puisque l'erreur, dénaturant tout, peut changer en mal les biens les plus précieux. Or, il est impossible, si vous ne donnez aux enfants des idées vraies et suffisantes sur ce qui les impressionne à chaque instant, qu'ils n'en prennent pas de fausses ou d'incomplètes, ce qui sera également nuisible dans une foule de cas. Les enfants, dès qu'ils ont vu le jour, font une étude continuelle de tout ce qui est à leur portée, et ils prennent tous à cet égard des notions quelconques. Ainsi, chaque individu de notre espèce, à moins d'être idiot, a de bonne heure des idées plus ou moins étendues sur ce qu'on nomme les trois règnes de la nature, *minéral*, *végétal* et *animal*, sur une très-grande partie des propriétés des corps, la *forme*, le *volume*, la *pesanteur*, la *sapidité*, les divers degrés de *densité*, etc., sur les grands agents de la nature, comme l'*air*, la *lumière*, le *calorique*, sur les CORPS CÉLESTES autres que la terre, le *soleil*, la *lune*, les *étoiles*. Le voilà donc qui a des idées telles quelles sur une partie de l'HISTOIRE NATURELLE, de la PHYSIQUE et de la CHIMIE, et même de l'ASTRONOMIE. Un peu plus tard il acquiert encore un certain nombre d'idées sur la composition et la division de la terre, par conséquent sur la GÉOLOGIE et la GÉOGRAPHIE, et même sur les relations du passé, ou l'HISTOIRE, sur les droits et les devoirs, ou la MORALE, sur les relations sociales, ou la POLITIQUE. Il n'est pas d'ailleurs de mère, de nourrice, de servante, ou de petit camarade qui ne s'empresse d'inculquer, à tort et à travers, une foule d'idées de ce genre dans la tête des enfants, lors même qu'ils n'auraient pas été portés à s'en occuper d'eux-mêmes. Chacun de nous est donc INÉVITABLEMENT INITIÉ, presque en naissant, aux premiers rudiments de TOUTES LES SCIENCES ; car ce que nous nommons *les sciences* n'est que le recueil systématisé des observations faites sur les objets du monde extérieur, ou sur nous. Mais comment ces notions sont-elles acquises sans l'intervention de ceux qui en connaissent les vrais principes ? Elles le sont de la manière la plus funeste pour l'esprit et le cœur. Elles sont nécessairement incomplètes, sans liaison, et le plus souvent absurdes. D'un autre côté, les subterfuges qu'on se croit obligé d'employer, quand on ne peut répondre à certaines questions des enfants, l'impatience, les humiliations, les châtiments non mérités lorsque l'ignorance seule a causé leurs fautes, tout cela ne tend-il pas à fausser leurs jugements, à les irriter, à les abreuver de dégoûts, et souvent à leur imprimer les sentiments les plus hostiles ? Ah ! si l'on songait sérieusement aux atteintes que l'on porte au bonheur et à la vraie morale par l'absence d'une instruction saine et suffisante, on frémirait à la seule idée d'ajourner un seul instant la réforme d'un système aussi désastreux!...

Nous venons d'indiquer suffisamment la *nature* des études qui doivent constituer l'éducation intellectuelle de *chaque citoyen*, dans tout état fondé uniquement sur le principe de l'utilité commune, ainsi que de celles qui doivent n'être le partage que des hommes appelés à certaines carrières spéciales. Il nous reste maintenant, toujours sur la question de répartition des lumières entre les diverses fractions de la société, à déterminer quel sera, pour celle qui est destinée aux travaux les plus ordinaires, le *degré* d'acquisition des connaissances que nous avons reconnues ne devoir rester entièrement étrangères à aucun individu.

Notre opinion sur ce point a déjà été énoncée brièvement dans ce qui précède, lorsque nous avons dit que l'instruction commune dont il s'agit, pour être rendue possible dans l'état actuel des choses, doit, à l'égard de certains individus, n'être qu'*introductive* aux degrés supérieurs, et, de plus, que *les développements de chaque branche devront être très-limités;* mais ces propositions elles-mêmes ont ici besoin de quelques développements.

Dans la période d'instruction qui doit, à notre avis, être la même pour tous, nous pensons que tous doivent être initiés de la même manière, et non qu'il doive y avoir des systèmes différents pour chaque classe d'individus, de telle sorte que, pour les classes destinées aux travaux manuels, par exemple, on essayât de leur donner des *abrégés* de chaque science, ainsi que font les auteurs de ces ouvrages qu'on annonce comme à la portée de tout le monde, et qui ne sont à la véritable portée de personne. En effet, ne se bornant pas à ce qui est purement élémentaire, ils vont au delà de ce que peuvent apprendre convenablement ceux qui ont peu de moyens à consacrer à leur instruction; et d'autre part, malgré leur prétention de parcourir un cercle à peu près complet dans son genre, chacun d'eux n'offre vraiment qu'un résumé très-imparfait à ceux qui savent déjà. Dans notre système il n'en serait point ainsi : les notions que nous regardons comme indispensables seraient enseignées par les mêmes procédés, à tous les élèves, quelle que dût être leur destination ultérieure. Puis, chacun d'eux, arrivé au point où il ne pourrait continuer, s'arrêterait simplement sur le degré où il se trouverait alors, quant à l'instruction générale, sauf à approfondir, si cela lui était possible, telle ou telle branche particulière plus spécialement utile à sa profession. Par ce moyen il saurait bien ce que personne ne doit ignorer, et il ne se serait pas jeté dans le vague d'une foule d'autres notions, trop superficiellement acquises, ou introduites confusément dans l'esprit. Plus tard, si les circonstances lui étaient favorables sous ce rapport, ou s'il y était poussé par une de ces vocations fortes qui triomphent de tous les obstacles (1), il reprendrait facilement ses études au point où il les aurait laissées, parce qu'elles auraient eu une base solide; et il n'aurait ensuite qu'à poursuivre les degrés supérieurs, qui n'auraient rien d'étranger pour lui, parce qu'ils ne seraient qu'une continuation de ceux qu'il aurait déjà franchis avec une complète intelligence.

Pour rendre notre idée plus sensible par une

(1) Comme il n'est pas dans notre sujet de traiter de l'organisation personnelle des divers établissements d'éducation publique, nous ne parlerons pas ici des moyens de faire parcourir les divers degrés de la science aux enfants *sans fortune*, qui annonceraient *de grandes dispositions*; mais nous croyons devoir renvoyer, sur cette question importante, à un article très-remarquable, publié dans la *Revue de Montpellier* (2e et 3e livraisons de 1839), par M. Brothier de Toulouse. On y trouvera un système complet et entièrement nouveau à cet égard, bien différent du système faux et mesquin des *bourses* données dans nos colléges. Il faut aussi voir cet article sur une organisation toute nouvelle des écoles *d'arts et métiers*. Au surplus, tout ce qu'a écrit M. Brothier sur l'éducation ne saurait être trop médité lorsqu'il s'agira sérieusement d'une reconstitution de l'éducation nationale.

image matérielle, nous dirons que l'ensemble des connaissances humaines, sous le rapport de leur acquisition , nous apparaît comme une vaste pyramide *renversée*, mais formée d'une matière homogène dans toutes ses parties , qu'il s'agirait de gravir successivement, en supposant qu'elle fût coupée de distance en distance, de sorte que, après diverses séries d'efforts , on pût se reposer sur des bases de plus en plus larges. Celui qui ne pourrait atteindre qu'à la première section aurait sans doute conquis un champ moins étendu que celui qui pourrait toucher à la seconde, et ainsi de suite ; mais tous auraient un champ de même nature, tous seraient dans la même voie pour arriver à la base la plus large, si les circonstances venaient à leur permettre la continuation des mêmes efforts.

Nous savons que cette manière d'envisager l'école *primaire* est opposée à celle d'un homme dont l'opinion est pour nous du plus grand poids, de M. de Tracy, qui s'est formellement prononcé à cet égard , dans ses *Observations sur le système d'instruction publique*, morceau ajouté à son volume de la LOGIQUE dans les dernières éditions de ses œuvres. Nous savons aussi que telle est l'opinion de M. Brothier, dont nous venons d'indiquer un article , mais nous ne croyons pas moins devoir persister dans la nôtre.

Voici les passages de M. de Tracy, qui se rapportent à la question. Elle est si importante que
le lecteur nous pardonnera sans doute le développement que nous croyons devoir donner à son
examen.

« Leur cours d'études (en parlant des enfants
qui ne peuvent aller au delà du premier degré)
doit être beaucoup moins long, mais être *complet
dans son genre*. Il doit être *un abrégé* de celui des
autres écoles, il n'en doit pas être *une partie*. Il ne
faut pas croire que l'on remplit son but en y
substituant l'enseignement des deux ou trois premières années de ces écoles plus savantes. Ce n'est
pas faire l'abrégé d'un livre que d'en prendre les
premières pages et de laisser le reste. Ces deux
cours d'études doivent donc être essentiellement
différents, parce que leur objet n'est par le même,
et que leurs *méthodes d'enseignement doivent différer aussi*. Concluons donc que, dans tout état
bien administré, et où l'on donne une attention
suffisante à l'éducation des citoyens, il doit y avoir
deux systèmes complets d'instruction, *qui n'ont rien
de commun l'un avec l'autre*. »

Puis, M. de Tracy, après plusieurs observations
fort justes sur la différence qui doit exister entre
l'instruction des classes professionnelles et celle
des classes savantes, ajoute : « J'ai beaucoup insisté sur cette première considération, parce que

je regarde comme une très-grande erreur de croire que les *écoles primaires se lient avec les écoles centrales* (secondaires), et en sont *comme le vestibule ;* et je vois que cette erreur a pénétré jusques dans de très-bons esprits. »

Il est fâcheux que l'auteur se soit borné à l'énoncé général de sa pensée, et n'ait pas présenté quelque exemple de son application, autant pour la faire entièrement concevoir, que pour démontrer la possibilité de la résoudre en pratique. Quant à nous, après avoir bien médité ces passages, nous avouons ne pas concevoir cette possibilité, et ne pas voir d'ailleurs les inconvénients signalés dans les objections faites au système contraire. Posons nous-mêmes quelques exemples pour appuyer l'une et l'autre de ces assertions.

Prenons d'abord celui de la science du *calcul*, qui comprend, non-seulement l'arithmétique proprement dite, mais encore toutes les méthodes auxiliaires de cette science ; or est-il possible de donner à des enfants, et même à des adultes, un ABRÉGÉ de l'*algèbre*, du *calcul intégral*, du *calcul infinitésimal*, etc. ? Et quoi de plus simple, au contraire, que de s'en tenir, pour les classes professionnelles, aux quatre premières règles de l'arithmétique, et à quelques règles commerciales, composées de la seule combinaison des premières ? Mais, s'il en est ainsi, ne doit-on pas déjà conclure, contre les passages que nous venons de citer, que l'instruction du premier degré, du moins pour cette science, doit être *une partie*, et *non l'abrégé* de celle des degrés supérieurs, et que l'école primaire, au moins sur ce point, *se lie parfaitement* avec l'école secondaire, qu'elle *en est bien réellement le vestibule ?*

Prenons un autre exemple dans la science *d'expression des idées en général*. Dans notre système, rien de plus simple encore que de se borner, pour l'école primaire, à l'étude des *éléments* de la langue maternelle, c'est-à-dire de la *grammaire* de cette langue. Mais pourra-t-on faire, au contraire, pour cette classe, un ABRÉGÉ de *littérature* et de *philologie*, ces deux grandes branches de la science générale d'expression des idées, qui comprennent tant de branches particulières, pour lesquelles il faut avoir tant de connaissances accessoires, et dont la langue même est inintelligible aux classes peu instruites?..... Nous pourrions ainsi passer en revue toutes les autres parties de l'instruction, sous le point de vue qui nous occupe, et nous en verrions toujours découler les mêmes conclusions.

Mais nous croyons apercevoir, dans l'un des passages transcrits ci-dessus, une des causes de l'erreur que nous combattons nous-mêmes. L'auteur est imbu de l'idée que « les *méthodes d'ensei-*

gnement des deux degrés doivent différer », et nous concevons qu'il dût ainsi penser en voyant tous ces livres où les méthodes d'instruction sont fondées sur le *mode abstrait*, si difficile pour les intelligences peu développées, ou peu attentives, et d'après la marche duquel les premiers rudiments d'une science ne présentent d'ailleurs un résultat fini que bien avant dans le livre. C'est ainsi, par exemple, qu'en géométrie on peut avoir étudié une bonne partie des *prétendus* éléments de cette science, tels qu'on les a faits jusqu'à présent, sans être dans le cas d'en faire le moindre usage pratique. Or, dans cette hypothèse, il est certainement juste de désirer que, du moins pour les classes peu instruites, on employe une méthode moins aride et moins stérile; mais nous croyons nous qu'il fallait aller plus loin, et conclure qu'une telle réforme devait être générale, et c'est ce que nous croyons avoir prouvé, tant en théorie, dans la partie où nous traitons des méthodes, qu'en point de fait, dans tous les petits cours particuliers d'instruction qui forment la matière de notre second volume. Dès lors tombe essentiellement l'argumentation qu'on nous opposait, et notre opinion ne fait qu'acquérir plus de force, puisque nous avons ainsi trouvé un nouveau moyen de rendre immédiatement utile, dans l'application usuelle des arts manuels, ou pour l'usage

commun de la vie, les premières données intro-
ductives de toute science, et sans admettre aucune
distinction de classes, quant à la manière de les
présenter à l'intelligence.

Nous terminerons là ce que nous avions à dire
sur les divers genres d'instruction à donner aux
divers individus, selon leur position. Mais avant
de passer à la division générale des matières de ce
traité, d'après les bases que nous avons présentées,
nous devons aborder une dernière question fort
intéressante, et relative encore à l'étendue d'application du principe salutaire d'éducation *envers
tous les membres de la société*. Il s'agit de savoir
jusqu'à quel point le *sexe féminin* doit participer
à la culture intellectuelle donnée à notre sexe. Les
femmes devront-elles rester à cet égard dans l'infériorité complète où elles furent si longtemps, ou
doivent-elles, au contraire, avoir en tout la même
instruction que les hommes? ou bien encore, ne
peut-il pas exister pour elles un point intermédiaire entre ces deux extrêmes?

Pour éviter toute exagération sur ce sujet,
comme nous désirons le faire sur toutes les autres
questions que nous avons à traiter, il faut voir
d'abord quels sont les traits généraux de l'organisation particulière de la femme, ainsi que les exigences de sa destination spéciale; car son éducation
devra bien nécessairement s'adapter à ces deux

ordres de données primitives. Or il est d'abord certain que la femme est généralement d'une constitution plus faible que la nôtre, et qui la soumet en outre à plusieurs infirmités qui nous sont étrangères; il est également certain que sa destination naturelle lui fait absorber une partie notable de ses belles années dans les soins de la maternité; or, de ces deux circonstances on est sans doute fondé à conclure qu'elle ne peut réellement pas se livrer, *autant que l'homme*, aux sciences qui exigent une grande contention d'esprit et une longue suite de recherches pénibles. Mais s'ensuit-il pour cela qu'elle doive rester dans l'état de dégradation intellectuelle où certains hommes voudraient la retenir?... C'est ce qu'il est également impossible de conclure, et voici quelle est à cet égard notre manière de voir.

La femme n'est pas seulement destinée à soigner *matériellement* l'intérieur du ménage; et, bien que de tels devoirs soient eux-mêmes des plus respectables, elle en a d'autres encore, dans lesquels elle ne peut même se faire remplacer aussi facilement que pour les premiers. Elle doit d'abord présider au développement des premières impressions de ses enfants, et elle doit par la suite seconder, ou même quelquefois suppléer son mari pour diverses parties du reste de leur éducation. Mais comment accomplira-t-elle une pareille tâche,

– –

si elle est remplie des préjugés de l'ignorance, si elle n'a aucune connaissance de ce qui fait l'objet de leurs études, si ses discours sont presque toujours en opposition avec les saines notions des choses qui seront, au contraire, familières à ses enfants? Pourra-t-elle même ainsi compter beaucoup sur un respect soutenu de leur part? Et comment encore pourra-t-elle se plaire dans la société d'un époux instruit, si elle est complètement étrangère aux objets de cette instruction? Comment l'époux, à son tour, supportera-t-il le vide, l'ennui accablant d'une conversation purement frivole, ou basée toute entière sur des idées fausses? Il faut donc le répéter : la femme, sans pousser aussi loin que l'homme l'acquisition des sciences, ne doit pourtant rester étrangère à aucune d'elles. C'est alors seulement qu'elle sera vraiment la compagne de son mari et la mère complète de ses enfants. C'est alors qu'on verra cesser toutes ces vaines querelles d'une prétendue prééminence d'un sexe sur l'autre. Chacun d'eux remplira au mieux sa destination propre; il y aura *concours* pour le même but, le bonheur commun, et non *rivalité* dans de sottes prétentions exclusives.

Il faut donc que l'instruction des femmes suive, autant qu'on le pourra, les mêmes progrès que celle des hommes. Il faut que notre éducation respective, sans être en tout la même, établisse néanmoins entre nous le plus de rapports possibles. Il faut qu'elle tende à rapprocher tous nos penchants, autant que peut le comporter la différence de nos destinations. Ainsi *la première instruction* doit être *presque entièrement la même*, puisque les deux sexes, dans le premier âge, n'existent pour ainsi dire point encore, et puisqu'il est des notions générales qu'aucun être humain ne devrait ignorer. Aussitôt que la prudence exigera la séparation des deux sexes, l'instruction commencera à différer davantage, puisqu'alors commence à poindre l'aurore des destinations diverses; mais elle devra toujours retenir une partie notable des premiers traits communs. Enfin, vers l'âge de puberté, puisqu'alors on voit se dessiner les grandes différences sexuelles dans l'organisation, les spécialités respectives se cultiveront toujours davantage, mais sans rompre jamais la chaîne qui doit lier sans cesse les relations des deux sexes, surtout dans l'union conjugale.

Nous sommes arrivés maintenant au point où nous n'avons plus qu'à présenter la division générale des matières de cet ouvrage, dont une partie exigera néanmoins quelques développements, pour lesquels nous réclamons de nouveau l'indulgence de nos lecteurs.

Une condition préliminaire, indispensable au

succès de tout établissement d'éducation, quoiqu'elle ne soit que matérielle en elle-même, est le choix *d'un local convenable*, ainsi que du *matériel mobilier*, dans lequel on doit comprendre, non-seulement les tables, bancs, instruments de diverses espèces, mais encore les livres, cartes, dessins, reliefs, et toute autre représentation d'objets pouvant servir à la culture intellectuelle. Nous croyons ainsi devoir commencer nos instructions par l'indication des *plans d'écoles* qui nous semblent le mieux appropriés aux principes que nous avons posés, et nous le ferons pour les deux degrés dont il a été question plus haut. Toutefois nous ferons une distinction quant à l'étendue des indications que nous aurons à présenter pour l'un et l'autre de ces degrés. Plusieurs ouvrages très-développés existant sur la construction des écoles regardées jusqu'à présent comme formant le premier degré, nous n'aurons à indiquer que quelques additions pour mettre les établissements de ce genre dans le cas de répondre à une plus large destination. Mais il ne peut en être de même pour les *salles d'asile*, que nous voudrions voir désormais appeler exclusivement écoles *primaires*. Pour celles-ci, il nous semble indispensable de donner un plan complet, parce que ce sujet est moins connu, et parce que, l'institution étant plus nouvelle, les meilleurs ouvrages qui en ont traité ne peuvent être considérés que comme de premières ébauches (1).

(1) Nous ne voulons pas laisser passer cette occasion sans payer un juste tribut d'éloges à M. Cochin, non-seulement pour tous les soins personnels qu'il a donnés à l'organisation des salles d'asile en France, mais encore pour l'excellent ouvrage qu'il a publié sous le titre de *Manuel des fondateurs et des directeurs des salles d'asile*, ainsi que pour la fondation d'une publication périodique intitulée l'*Ami de l'enfance*, destinée à recueillir successivement toutes les informations utiles pour l'institution. Ces deux ouvrages ont produit un bien inappréciable, d'abord en livrant au public les documents les plus complets qui aient été publiés jusqu'à présent sur le sujet, ensuite en donnant une heureuse tendance d'unité aux divers asiles fondés parmi nous. Cependant, voici quelques motifs qui nous ont fait penser que plusieurs des parties même qui ont été traitées par M. Cochin doivent être reprises de nouveau. D'abord, quant au plan du local, nous sommes persuadés que, d'après l'expérience qu'il a acquise postérieurement à la publication de son ouvrage, il modifierait maintenant beaucoup lui-même ses données primitives; et d'ailleurs, de notre côté, des circonstances particulières nous ont mis à même de comparer beaucoup d'établissements de ce genre, et de faire, sous ce rapport, une expérience particulière très-concluante. Quant à d'autres parties, également abordées par M. Cochin, et que nous croyons aussi devoir reprendre en sous-œuvre, nous avons son propre avis à cet égard, puisqu'il dit formellement (page 244) que, lorsque la première organisation sera faite, *il sera nécessaire d'indiquer aux directeurs de salles d'asile une série de leçons composées pour l'instruction de leurs élèves;* ce qui prouve qu'il sentait lui-même qu'il y avait sur ce point quelques lacunes dans son ouvrage, dont une grande partie est absorbée par des indications très-utiles sans doute pour les fondateurs de salles d'asile, mais étrangères aux fonctions des directeurs ou directrices. Malgré tout cela, on n'est pas moins fondé à dire, sans exagération, que M. Cochin peut être considéré jusqu'à présent, en France, comme le vrai législateur des salles d'asile.

On nous fera peut-être sur ce plan de construction l'objection qu'il doit entraîner des dépenses
trop fortes, qui l'empêcheront d'être applicable au
plus grand nombre de localités. A cela nous répondrons : Certainement, toutes les fois qu'on se trouvera dans des conditions moins favorables que
celles que nous allons supposer, il faudra bien se
réduire aux proportions qui seront de rigueur
pour cette position ; mais puisque nous écrivons
pour tous les établissements de ce genre, même
pour ceux des classes les plus riches ou ceux de
l'état, il est indispensable de présenter un type
de quelque perfection, sauf à retrancher plus ou
moins dans l'application , d'après les moyens de
chacun. D'ailleurs ceux même qui seront le moins
bien partagés à cet égard trouveront encore de
l'avantage à puiser leurs indications sur un modèle moins imparfait, auquel ils rapporteront
leurs efforts autant que possible.

Nous croyons devoir encore présenter, comme
un autre préliminaire du traité même de direction
de l'enfance, un *règlement général pour le service
intérieur d'une salle d'asile*, non-seulement en ce
qui touche l'action immédiate du maître sur les
enfants , mais aussi concernant leurs rapports
respectifs, soit avec les parents des élèves, soit
avec l'administration spéciale de l'établissement,
soit avec les autres autorités auxquelles il peut

se trouver soumis à certains égards. Nous pensons que c'est là une indication très-utile pour les détails journaliers d'application ; car, jusqu'à présent, tous les règlements de ce genre qui nous sont connus nous ont semblé très-incomplets, outre que, dans presque tous , il y a confusion des dispositions vraiment règlementaires du service intérieur avec des dispositions statutaires de fondation , ou de pure administration extérieure.

Entrant ensuite plus directement en matière , nous consacrerons une seconde partie du tome premier aux instructions qui doivent s'adresser *aux maîtres* ou *maîtresses* sur l'art de diriger les enfants. Cette partie sera subdivisée en trois sections. La première comprendra tout ce qui a rapport au régime *physique* des enfants; la seconde , ce qui concerne les règles de direction *morale*; la troisième, tout ce qui regarde la direction *intellectuelle* C'est là une sorte de traité particulier pour l'instruction générale des maîtres eux-mêmes, et qui doit être l'objet de leurs méditations continuelles.

Quant au tome deux, qui aura pour objet *la matière de l'enseignement*, il faut, pour en bien classer les parties, qui sont infiniment plus nombreuses que celles du tome premier, il faut, comme nous avons eu déjà l'occasion de l'énoncer, remarquer d'abord deux choses bien distinctes dans ce qui touche à la culture de l'esprit, savoir :

le fond des choses même qu'il s'agit d'apprendre, et *les simples moyens d'exprimer* les idées relatives à ces choses, ainsi que tout autre moyen auxiliaire pour l'étude du fond de la science. D'après ce point de vue, nous établirons d'abord une *première partie* pour ce dernier genre d'études, et nous consacrerons le reste du volume à la première classe, en faisant toutes les subdivisions nécessaires pour en disposer convenablement les objets divers, qui se sont si prodigieusement multipliés par le progrès de toutes les sciences. Ainsi nous aurons vraiment embrassé le cadre entier de tout ce qui constitue le domaine des connaissances indispensables, sauf à restreindre, selon l'exigence de notre but spécial, les développements à donner à chaque partie de ce vaste programme.

Ici se termine notre introduction, qui devait nécessairement indiquer le plan de notre ouvrage, ainsi que les principes qui peuvent légitimer ce qu'il offre d'opposé à quelques idées généralement reçues, et nous pensons que cette dernière considération surtout nous fera pardonner la longueur des développements qu'elle contient sur plusieurs points.

PREMIÈRE PARTIE.

DU MATÉRIEL DES ÉCOLES PRIMAIRES ET DE LEURS RÉGLEMENTS INTÉRIEURS.

PREMIÈRE SECTION.
Du matériel des Ecoles primaires.

Article 1er. — *Du matériel d'une salle d'asile pour cent soixante à cent quatre-vingts enfants.*

§ 1er. — Description des diverses parties du local, et de leurs accessoires *à demeure fixe.*

La planche 1 représente, figure 1, la façade des bâtiments, et, figure 2, le plan *par terre* de tout le local de l'établissement. La seule inspection de la première figure suffira pour donner une idée de l'édifice, sous le rapport de l'architecture, en le considérant comme monument public.

Quant à la figure 2, qui représente l'indication de toutes les parties du local, sous le rapport du service auquel il est destiné, il est indispensable d'en donner une description détaillée, avec l'énoncé des motifs de certaines dispositions du plan.

Pour exécuter un plan tout à fait semblable, il faut supposer qu'on ait un terrain de 35 mètres de face (environ 105 pieds) sur 40 mètres de profondeur (environ 120 pieds).

L'espace marqué par les n°s 1, 1, figure 2, qui règne sur toute la face du local, forme la COUR OU PRÉAU DÉCOUVERT, pour les récréations des enfants, lorsqu'il fait beau. Il doit être planté d'arbres dans toute son étendue. L'acacia *boule*, d'une venue un peu élevée, ou le tilleul, nous semble ce qu'il y a de mieux pour la facilité de l'accroissement, ainsi que pour l'épaisseur de l'ombre. Il faut calculer leur distance de manière à ce qu'il y ait assez d'ombre, sans qu'ils s'étouffent les uns les autres.

La lettre A indique une cloison en fort treillis de jardin, d'un mètre de hauteur, pour séparer les deux côtés attribués respectivement aux garçons et aux filles; en laissant une interruption à deux mètres de distance de la grande porte du préau couvert (n° 6), afin d'aller d'un côté à l'autre de la cour, et pour pouvoir faire entrer et sortir les enfants des deux sexes, réunis, mais en rangs séparés, de la cour dans le préau couvert, et réciproquement.

BB indiquent deux plates-bandes, de cinquante

centimètres ou d'un mètre de largeur, dont une de chaque côté de la cour, où seront quelques plantes et arbustes, pour donner aux enfants quelques notions de botanique et d'horticulture, pour les accoutumer au respect de la propriété, et les détourner de l'esprit de dégât.

Dans le quartier des garçons (1) on établira

(1) Si nous proposons ici l'établissement d'appareils gymnastiques seulement dans le quartier des garçons, ce n'est pas que nous ne regardions les exercices de ce genre comme très-utiles aux filles (en les appropriant à leur sexe); mais, comme il s'agit plus spécialement d'une salle d'asile destinée à la classe pauvre ou peu aisée, nous pensons qu'il serait très-difficile d'y introduire cette partie de l'éducation physique, à cause du surcroît de dépense qu'elle occasionnerait, soit à l'établissement, soit aux familles : à l'établissement, parce qu'il faudrait un petit gymnase séparé de celui des garçons, et peut-être une sous-maîtresse de plus pour présider à ces exercices; aux familles, parce qu'il faut, pour les personnes du sexe féminin, même en bas âge, des vêtements particuliers que réclame en pareil cas la décence, ainsi que la nécessité de rendre inoffensifs certains de ces exercices. Au reste, une telle lacune est peu sensible dans le premier degré de l'éducation primaire, les plus grandes filles de cette catégorie étant encore bien faibles. Enfin quoique, nous le répétons, des exercices rationnels soient aussi très-convenables pour le développement des organes chez le sexe féminin, il est cependant vrai que ce besoin est moins impérieusement senti que pour le nôtre, surtout à cet âge, et pour tout ce qui concerne les exercices de force. Dans tous les cas, une amélioration semblable devra être tentée dans les asiles payants, ainsi que dans les écoles primaires du deuxième degré, où leur nécessité est plus immédiate. Il faut observer d'ailleurs que le gymnase des filles étant moins compliqué que celui des garçons, la dépense des

quelques appareils gymnastiques, dont nous allons indiquer les plus convenables pour la première enfance, mais sans marquer ici la place où ces appareils doivent être établis, parce qu'il faudra nécessairement s'entendre pour cela avec un professeur de gymnastique, ou autre personne suffisamment instruite dans cette partie de l'éducation.

1° Un *mât à vindas*, planche 2, figure 1, pour les courses volantes et pour les exercices du mât de perroquet;

2° *Un portique*, même planche, figure 2, moins complet que celui indiqué dans l'ouvrage de M. Amoros, qui est destiné à de plus grands élèves. Cet appareil sert à quatre sortes d'exercices : l'ascension et descente aux cordes, l'ascension et la descente aux perches, l'ascension et la descente au mât vertical simple, et les divers modes d'ascension et de descente à l'échelle de corde et à celle de bois;

3° *Un sautoir*, mobile, figure 3, pour apprendre à sauter par-dessus une barrière, ou à passer rapidement au-dessous.

appareils ne serait pas exorbitante. En pareil cas il faudrait, pour l'exécution, réunir les avis du médecin à ceux d'un professeur de gymnastique pour le choix des exercices des jeunes filles, surtout aux approches de la puberté, où ils sont de la plus grande importance.

4° *Perche à suspension*, avec consoles et avec un banc au-dessous, figure 4; la perche et les consoles servant à faire suspendre les élèves par les *mains*, et le banc servant à les faire sauter;

5° *Un mât horizontal*, figure 5, pour apprendre à marcher, d'un pas ferme, sur des poutres, murs, etc.;

6° *Barres parallèles*, figure 6, servant à faire suspendre les élèves par les *bras*, de *bas en haut*, et à divers autres mouvements.

Il est bien entendu que, pour être dans le cas de présider à tous ces exercices, il faudra recourir, comme nous l'avons dit ci-dessus pour le placement des appareils, au secours pratique d'un professeur de gymnastique, ou de toute autre personne suffisamment instruite.

Revenons à la description des autres parties de la planche 1re.

Les n°s 2, 2, de la figure 2, indiquent les LA-TRINES, divisées en deux *parties*, l'une pour les garçons, et l'autre pour les filles, avec une porte de communication, dont la fermeture est hors de la portée des enfants. Le côté des garçons est un peu plus grand, l'entrée du cabinet des grandes personnes devant être de ce côté, et parce que l'urinoire, qui n'est pas nécessaire pour les filles, prend une partie de la place. Des trous d'observation sont placés à la porte de communication, ainsi qu'à chaque côté du cabinet des grandes personnes.

La lettre C indique l'*urinoire*, en trois compartiments, séparés par des planches peintes, saillantes en dehors de l'urinoire, afin que les enfants soient parqués, chacun dans son compartiment, tant pour la décence que pour qu'ils ne se salissent pas réciproquement. Ce qu'il y a de mieux pour l'auge de l'urinoire est une pierre dure, percée au fond, et placée à la portée de la fosse d'aisance.

D marque les siéges des garçons, E celui des grandes personnes, F ceux des filles. Les siéges des enfants sont absolument comme ceux des grandes personnes, sauf la hauteur et la largeur, qui sont moindres, ainsi que la grandeur des lunettes. Mais le bois doit avoir une bonne peinture à l'huile. Tout autre système nous a paru réunir plus d'inconvénients et moins d'avantages, notamment celui qui consiste à pratiquer la lunette au niveau du sol, comme dans la plupart des établissements publics d'éducation, ce qui ne convient pas pour de tout petits enfants. Chacun des siéges est séparé par des planches latérales saillantes en dehors du siége, mais sans portes sur le devant. L'ensemble de cette disposition permet de conduire et de surveiller parfaitement un grand nombre d'enfants à la fois, ce qui est indispensable après les repas, et serait extrêmement long si l'on n'avait que peu de siéges. On pratique, au-devant et au-dessous de chaque siége d'enfant, un petit trou d'écoulement pour l'urine et l'eau de lavage. Avec du soin tout ce système répond le mieux possible au besoin de propreté et de commodité, qui cependant laissera toujours quelque chose à désirer dans des établissements destinés à des enfants si jeunes et en si grand nombre.

Le n° 3 est un COULOIR D'ENTRÉE ET DE DÉGAGEMENT, où l'on peut établir des rayons tout autour du mur, hors de la portée des enfants, pour servir de succursale au magasin dont il sera parlé bientôt.

Le n° 4 est un PARLOIR ayant une croisée sur le préau couvert (6) afin de pouvoir observer de là les enfants. Il sera nécessaire, dans ce plan, de l'éclairer par le haut, la croisée du préau ne lui donnant pas assez de jour dans certains moments.

Le n° 5 est le MAGASIN. Cette pièce, dans notre système, sert à trois usages principaux : 1° au placement de tous les vases nécessaires pour abreuver les enfants et pour leur service de propreté ; 2° à l'entrepôt de tous appareils, instruments, ustensiles, figures solides, objets d'histoire naturelle, dessins, peintures, cartes, livres, etc., destinés à l'instruction ou à la récréation des enfants ; 3° à l'entrepôt des matières premières pour la confection de certains ouvrages manuels, ainsi que du produit de ce travail. On voit ainsi que, sous ce rapport, ce sera une sorte de musée ou de conservatoire des arts en abrégé. On y établira au besoin un ou plusieurs rangs de rayons tout autour des murs, hors de la portée des enfants, et même des placards, si cela est nécessaire. Il aura une entrée dans le préau couvert, et une dans le parloir ; cette dernière est pour qu'on puisse aller au besoin du dehors chercher certains objets, sans déranger les exercices du préau.

Le n° 6 est le PRÉAU COUVERT. Une première observation doit être faite sur ses dimensions, qui sont de 16 mètres de long (environ 48 pieds) sur 8 mètres de large (environ 24 pieds). Dans la plupart des autres asiles, cette pièce est infiniment moins grande, et M. Cochin, dans l'*Ami de l'enfance*, ne la porte qu'au tiers de la grande salle ou classe ; mais, dans ce système, elle n'est considérée que comme simple *réfectoire*, et l'on établit des appentis le long des murs de la cour, pour les récréations des enfants quand il pleut. Dans notre plan, au contraire, il n'y a pas d'appentis, et le *préau couvert* sert à la récréation toutes les fois que le temps ne permet pas d'être dehors, ce qui vaut infiniment mieux, puisque les appentis ne préservent nullement du froid. D'ailleurs cette pièce est aussi destinée à de petits travaux que les enfants réclament comme une faveur, et pour lesquels il faut aussi de l'espace. Au reste cette augmentation d'étendue, que nous regardons comme une grande amélioration, d'après une expérience de quatre ans, faite à la salle-modèle d'Angers, n'entraîne pas une augmentation de dépense, puisque la suppression des appentis permet d'avoir des murs de clôture infiniment moins élevés, et enfin parce que le dessus de notre préau sert au logement des directrices, ainsi qu'il sera plus amplement expliqué ci-après.

Nous devons aussi motiver la disposition combinée du préau couvert et de la classe en forme de T renversé. Outre que cette disposition permet de distribuer les pièces accessoires de chaque côté du préau, le placement du préau lui-même en travers de la classe est extrêmement commode pour les évolutions d'entrée et de sortie, la maîtresse pouvant voir tous ses enfants en se plaçant, durant la marche, sur le seuil de la porte de la classe. Cette partie des évolutions de l'asile d'Angers, déjà cité, a toujours fait l'admiration des visiteurs.

Entrons maintenant dans les détails de la même pièce. G est un petit *lit de camp*, pour le cas où quelque enfant aurait besoin de repos, durant la récréation, ce qui-est assez rare; et voilà pourquoi un seul lit suffit dans cette pièce, tandis qu'il en faut deux dans la classe.

HH sont deux *tambours*, avec *portes flottantes*, placés à la porte générale d'entrée et à celle qui conduit au jardin des enfants (n°ˢ 8, 8) et aux latrines des filles (F), pour empêcher les courants d'air qui seraient meurtriers dans une pièce qui doit avoir tant d'ouvertures, et qu'il serait impossible d'éviter lorsqu'on est obligé d'ouvrir les croisées du préau, ou même les portes intérieures de communication.

II sont deux rangs *de bancs fixés au sol*, de chaque côté du préau, pour faire asseoir les filles durant les repas ou durant les petits travaux de récréation ou d'attente d'entrée en classe.

JJ sont deux mêmes rangs *de bancs* pour les garçons. Ils sont plus longs que ceux des filles, parce qu'il n'y a pas de ce côté des tambours qui s'opposent à leur prolongation, et parce qu'il y a dans la plupart des asiles plus de garçons présents que de filles. Une partie du banc qui est près de la porte du jardin de la directrice (n° 9) est mobile, pour ne pas en gêner l'entrée. Ces bancs, qui ne diffèrent pas de bancs ordinaires, et qui sont élevés à sept pouces du sol, y sont fixés par des broches en fer qui plongent dans le plancher, ou dans une forme de bois de la dimension d'un carreau, bien consolidée elle-même au sol, dans le cas où l'on n'aurait pas de plancher. Ce système de bancs, plus économique que ceux à faces remplies, a aussi l'avantage de mieux permettre le balayage, et de ne pas exposer les parois latérales au frappement du pied des enfants.

KK sont les *bouches de chaleur d'un calorifère*, ou les *faces extérieures d'un poêle-calorifère*, qui serait enchâssé dans le mur de séparation du préau couvert et de la classe, de manière à chauffer les deux salles. Nous conseillons fortement l'usage des calorifères, qui sont plus sains et peut-être aussi économiques lorsqu'ils sont bien faits; mais, si l'on se décidait pour un poêle tout à la fois à bouches de chaleur et à tuyaux de tôle, il importe de ne pas prolonger les tuyaux au delà de la moitié de la salle, parce que les enfants, lorsqu'ils sont sur les gradins, situés au fond, sont toujours plus chaudement, soit parce qu'ils sont entassés, soit parce qu'ils sont élevés au-dessus du sol. Ceux qui sont aux rangs supérieurs ont souvent une chaleur insupportable quoique la température du sol, au bas, soit très-modérée. Il n'y a pas besoin de tuyau dans le préau couvert, où les enfants sont presque toujours en mouvement. La porte du poêle étant de ce côté, on en fait approcher les enfants qui viennent d'entrer, lorsqu'ils en sentent le besoin; mais il faut qu'elle soit garnie d'une balustrade pour empêcher les accidents.

Nous finirons la description du préau couvert en ajoutant qu'il faut poser tout autour des murs des *rayons* d'un pied de large, pour y placer les paniers dans lesquels les enfants apportent leur manger. On devra les mettre assez haut pour être hors de la portée des enfants et assez bas pour être à celle des maîtresses et autres employés. Pour ne pas être obligé d'avoir double rang de rayons, on place des crochets le long de toute leur partie antérieure. A chaque crochet est suspendu un panier, et les autres paniers sont mis sur la planche même, ce qui double la place.

Le n° 7 est LA CLASSE, large de 8 mètres 65 centimètres (environ 26 pieds), sur 17 mètres 32 centimètres de longueur (environ 52 pieds), avec une hauteur de 4 mètres 30 centimètres (environ 13 pieds). Cette classe pourrait facilement contenir deux cents enfants; mais, comme il y a ordinairement moins de filles que de garçons, et que cependant on doit leur destiner également un des côtés de la salle, soit sur le gradin, soit sur les bancs de côté, il en résulte qu'en supposant les places des garçons entièrement remplies, au nombre de cent, il n'y aura généralement que de soixante à quatre-vingts filles, et c'est ce qui nous a fait indiquer, en tête du plan, que cette salle d'asile n'était destinée qu'à cent soixante ou cent quatre-vingts enfants. Au reste nous croyons que, pour ce nombre, une salle plus petite ne serait pas commode pour les évolutions, et que, plus grande ou plus élevée de plafond, elle aurait le double inconvénient de fatiguer la poitrine des maîtresses et d'être plus difficile à chauffer.

KK représentent de nouveau les *bouches de chaleur du calorifère*, ou la *partie intérieure des poêles*. Nous ne répéterons pas ici les observations déjà faites sur ces moyens respectifs de chauffage, si ce n'est qu'il faut aussi placer des balustrades de ce côté, lorsque c'est un poêle qu'on a établi.

LL sont deux *petits lits de camp* pour les enfants qui s'endorment durant la classe, ce qui est assez fréquent durant les chaleurs, ou pour ceux qui sont indisposés momentanément.

MMMMMMMMMM indiquent les places où doivent être les *montants des tableaux de lecture* qui sont en usage dans les salles d'asile.

NN sont les trois rangées *de bancs* de chaque côté de la classe, et dont un touche au mur, auquel il est attaché, tandis que les autres sont fixés comme il a été indiqué pour ceux du préau couvert.

Au-dessus du banc qui touche au mur, et à un mètre du sol, doit régner une *tringle en bois*, avec *des crochets*, pour recevoir une partie des ardoises destinées à l'écriture.

Entre cette tringle et la base des croisées, on fera tracer, en gros caractère, les *lettres de l'alphabet*, dont un en majuscules, l'autre en lettres cursives.

On placera des *planches noires*, de distance en distance, entre la ligne inférieure des lettres et la tringle, afin d'y pouvoir écrire, au crayon blanc, diverses pensées ou sentences propres à moraliser ou instruire les enfants, et qu'on changera dès que les enfants en seront bien imbus, ou si l'on reconnaît qu'ils ne peuvent les goûter.

OO sont de petites *stalles* pour placer, durant les exercices de la classe, les enfants qui ne pourraient pas de suite être classés sur les bancs ou sur les gradins, sans troubler l'ordre, ou rendre leur surveillance trop difficile. Là ils s'habituent peu à peu à l'allure générale de la classe, et on les met successivement parmi les autres, dès qu'on peut le faire sans inconvénients.

P est le *gradin*, dans la construction duquel il faut bien observer l'échelle de proportion qui est au bas du plan. (Même observation pour les bancs tant de la classe que du préau couvert.) La distance indiquée doit être aussi exactement observée; car, généralement, elle n'est pas suffisante, dans les autres asiles, pour permettre aux maîtresses de passer entre deux, ce qui est pourtant très-utile.

QQ , *Placards* pour le dépôt journalier des objets le plus à l'usage des exercices de la classe. On doit en mettre la base à environ un pied de terre, afin de laisser le passage pour l'air qui doit se rendre, dans cette extrémité de la salle, à une *cheminée de rappel*, pratiquée dans le mur, qui sert à attirer dans tout le cours de la salle l'air chaud du calorifère ou des poêles.

Les n°° 8, 8, représentent l'ensemble du JARDIN DES ENFANTS, séparé par la cloison S, semblable à celle de la cour (1), en deux côtés, dont l'un pour les garçons, et l'autre pour les filles. Une autre cloison transversale, à laquelle sont les deux portes respectives (TT), sert à séparer les jardins du passage commun pour y aller, lequel sert aussi de passage particulier aux filles pour aller de la classe aux lieux d'aisance.

L'établissement de ce jardin a une grande importance dans toute école primaire basée sur un système perfectionné. C'est tout à la fois un moyen de haute récompense pour les enfants, et un moyen plein d'attraits pour les initier à plusieurs connaissances d'histoire naturelle, ainsi que d'horti-

(1) On pourrait remplacer cette cloison par une haie fructifère formée d'arbres nains que l'on grefferait par approche.

culture. On a déjà vu qu'une plate-bande était placée le long du mur des deux côtés de la cour, dans un but semblable; mais ce n'est pour ainsi dire qu'une ébauche de jardin, trop peu considérable pour pouvoir y faire cultiver quelque chose sérieusement, et pour y faire participer un assez grand nombre d'enfants. On pourrait même, si le local était assez étendu, ajouter à chaque côté du jardin une cour consacrée au soin d'animaux domestiques, ce qui augmenterait le cadre des moyens instructifs, soit encore d'histoire naturelle, soit d'économie domestique et rurale.

Le n° 9 est le JARDIN DES DIRECTRICES. Il est juste que des personnes qui exercent des fonctions aussi importantes, aussi pénibles, trouvent quelques agréments dans leur demeure, et qu'elles puissent avoir un lieu particulier pour respirer à l'aise, ou pour faire diversion à leurs travaux ordinaires. D'ailleurs rien n'attache mieux au lieu que l'on habite qu'un petit coin de terre que l'on puisse exploiter soi-même, et cette disposition rentre dans l'intérêt de l'établissement. Enfin nous ajouterons que le terrain se trouvant disposé de manière à laisser cet espace libre, nous avons cru pouvoir lui donner une telle destination sans nuire aux exigences de l'asile même.

Le n° 10 est l'ESCALIER pour monter à l'appartement des directrices, qui sera établi au-dessus du préau couvert. Nous avons pensé que cet escalier ne devait pas être dans le préau même, comme nous l'avons vu dans quelques asiles, parce que, dans le cas d'indisposition, le bruit que font les enfants, pénétrant par la cage de l'escalier, ne permettrait pas un instant de repos aux directrices ou aux autres personnes de leur maison.

Quant à l'APPARTEMENT auquel conduit cet escalier, nous n'avons pas cru devoir en donner un plan particulier, chaque administration d'un asile pouvant le distribuer selon les circonstances. On peut facilement établir, dans l'espace existant, trois ou quatre pièces avec un grand couloir tout le long, et en consacrant même une des extrémités au service de grenier, attendu qu'il n'y a que des faux greniers dans toute la partie supérieure des bâtiments. Si quelqu'un objectait que ce logement serait trop considérable, puisque, dans certains asiles, on le réduit à deux pièces, sans même y ajouter une cuisine, nous répondrons que, dans le principe de l'institution, une stricte nécessité a pu imposer cette exiguité de logement, qui est telle qu'on peut à peine y placer le lit de la domestique, et qu'en cas de maladie grave d'une des directrices, on ne pourrait l'isoler de celle qui serait en santé. D'ailleurs, une directrice peut être mariée et avoir des enfants; elle peut tenir un asile avec son mari, et cette seule circonstance peut établir la nécessité de deux chambres au moins dans certains cas. Elle peut aussi avoir avec elle son père ou sa mère. D'un autre côté, la direction de l'asile peut être partagée entre deux personnes de familles différentes, qui aient chacune quelqu'un de leurs proches avec elles. Il faut donc que, pour toutes occurrences, il y ait possibilité d'établir un nombre suffisant de pièces à logements. Enfin nous finirons sur ce point par des considérations semblables à celles que nous avons d'abord présentées en parlant des jardins : c'est qu'il faut procurer une existence douce à des personnes qui se consacrent à de telles fonctions. C'est même le seul moyen d'en trouver généralement d'assez distinguées pour ne pas rester au-dessous. On ne sait pas assez combien il faut de véritable habileté, en même temps que de dévouement, pour les bien remplir.

Le n° 11 est un HANGAR principalement destiné à l'entrepôt du combustible de l'asile, et, au besoin, à tout autre service de dépendances.

Le n° 12 est une espèce de CELLIER servant principalement de bûcher particulier à la directrice. On peut y établir au besoin un caveau.

Enfin le n° 13 est la CUISINE de la directrice.

Disons maintenant un mot de la planche 3, qui n'est qu'une variante de la planche 1ʳᵉ, et représente aussi une salle d'asile pouvant contenir de cent soixante à cent quatre-vingts enfants, mais avec quelques conditions d'économie que nous n'avons pas cru devoir présenter dans le premier plan, que nous supposons fait pour un établissement où l'on pourrait ne pas se borner au strict nécessaire.

1° La classe n'a que 7 mètres de largeur, au lieu de 8 mètres 65 centimètres, ce qui oblige à supprimer les deux couloirs latéraux du gradin, lequel touchera les murs par les côtés. Elle n'a que 15 mètres 50 centimètres de long, au lieu de 17 mètres 30 centimètres, et seulement 4 mètres de hauteur, au lieu de 4 mètres 30 centimètres.

2° Toutes les autres pièces sont proportionnellement plus petites, et le préau couvert n'a que 3 mètres 30 centimètres de hauteur.

3° Il n'y a point de parloir.

4° Le terrain total n'a pas besoin d'être aussi grand, n'ayant que 30 mètres de face, au lieu de 35, et pouvant n'avoir que 35 mètres de profondeur, au lieu de 40. Il est vrai que le plan n° 3 indique 38 mètres de profondeur, parce que le terrain pour lequel il a été fait se trouvait avoir cette dimension. Mais, si l'on n'avait que 35 mètres, on pourrait sans inconvénient diminuer de 3 mètres la largeur de la cour.

§ 2. — *Indication des objets mobiliers d'une salle d'asile.*

On doit faire d'abord à cet égard une première observation : c'est qu'un établissement *public* ne doit point fournir le mobilier *du loyement* des directrices; car ce qui suffirait à l'une pourrait ne pas suffire ou convenir à l'autre; et, dans ce dernier cas, il y aurait défaut de satisfaction, outre qu'il y aurait possibilité de confusion de la partie qui appartiendrait à l'asile et de celle que les directrices pourraient y ajouter. Il faut ajouter à ces considérations que la plupart des personnes qui entrent dans les asiles ont déjà un mobilier, dont elles répugnent souvent à se défaire, et qu'elles ne sauraient où placer, s'il en existait un appartenant à la maison.

Nous ne donnerons pas, dans ce volume, les planches des objets mobiliers relatifs à l'enseignement intellectuel dans les salles d'asile, tous les objets de ce genre, qui sont susceptibles d'être représentés par le dessin, devant faire partie d'un atlas général qui sera publié avec le second volume.

Quant aux objets, spéciaux à l'enseignement du premier âge, qu'on ne peut représenter par le dessin, ou qui n'ont pas besoin de l'être ainsi, ils seront aussi indiqués aux chapitres respectifs

des divers essais de cours que comprendra le
second volume. En voici toutefois qui ont une
destination générale, et que nous devons mentionner ici : cette partie du mobilier doit comprendre, autant que possible, des tabliers de toile
ou blouses de diverses tailles, pour couvrir les
enfants qui seraient trop mal vêtus; quelques
mouchoirs de poche pour suppléer au défaut de
ceux qui n'en auraient pas, ou qui en auraient de
malpropres, sans que ces objets puissent sortir
de l'asile; une fontaine, des baquets, des seaux,
de petits plats de bois ou de terre grossière; des
gobelets d'étain ou de fer-blanc, des godets en
bois et de petites cuillères pour jouer avec le sable
de la cour; une pendule, une cloche, une sonnette,
des sifflets et des claquoirs pour les exercices; des
ardoises, des crayons, des tableaux de lecture,
imprimés et à la main; des images représentant
des animaux, des plantes, des traits instructifs
ou moralisants; des registres et des cahiers de
notes; une ou deux tables, des chaises pour les
maîtresses et les visiteurs; des matériaux pour le
travail manuel, tels que chiffons de toile, de soie
et de laine; de la laine pour divers tricots; du
canevas pour apprendre à marquer et à faire de
la tapisserie, etc., etc.

Article 2. — *Modifications au matériel des écoles dites* primaires *jusqu'à ce jour.*

Nous avons dit, dans l'introduction, que nous ne sentions pas la nécessité de donner un plan complet des écoles de ce genre, parce qu'il existe plusieurs ouvrages où l'on peut, à cet égard, prendre des données principales consacrées par l'expérience. Nous allons donc nous borner ici à l'indication de quelques parties qu'il nous semble nécessaire d'ajouter à ces établissements, si l'on veut qu'ils se tiennent proportionnellement à la hauteur des salles d'asile.

§ 1er. — Du local et des objets accessoires *à demeure fixe.*

Quoique nous soyons fortement d'avis (ainsi que nous le motivons en parlant des méthodes, au chapitre de la direction intellectuelle) qu'on ne doit pas être exclusif à cet égard, et qu'on doit, dans toute espèce d'école, faire un usage alternatif de ce qu'on appelle le mode *simultané* et le mode *mutuel*, la construction ordinaire des écoles consacrées exclusivement à ce dernier mode nous semblant bien supérieure, pour la salubrité et la commodité, à celle du mode exclusivement simultané, nous prendrons pour point de départ un modèle d'école mutuelle, sauf à y ajouter ce qui nous paraîtra lui manquer.

Le *Manuel des écoles élémentaires*, par M. Sarrazin, contient deux plans d'écoles, l'une pour trois cent cinquante élèves, l'autre pour soixante-dix, ainsi qu'une description très-détaillée du local, dans les pages 11 à 14. On peut consulter ce plan et ces passages avec beaucoup de fruit, quant à la construction, et choisir dans les pages 14 à 22 les endroits qui indiquent des objets mobiliers *à demeure fixe*, les seuls dont nous ayons à nous occuper dans cet article.

Mais l'ouvrage qui nous semble le plus complet sur ce point, et qui a été, comme le précédent, approuvé par le ministre de l'instruction publique, est celui intitulé : *De la construction des maisons d'école primaire*, par A. Bouillon, architecte, qui contient, outre *les plans* et la *description* des parties, pour six maisons d'écoles adaptées à diverses localités, des *devis estimatifs* très-détaillés pour plusieurs de ces écoles, ainsi qu'un projet d'*école normale primaire*, un modèle de *gymnase*, avec description des machines, enfin des notions très-importantes sur la *ventilation* et le *chauffage* des classes.

Parmi les divers projets de l'auteur, nous choisirons celui de la planche III (dont la description et le devis sommaire sont l'objet des pages 27 et 28), parce qu'il renferme, à notre avis, une grande amélioration sur la plupart des autres plans connus, où l'on ne s'est guère occupé que de la *classe* proprement dite, en ne disant rien ou presque rien des pièces accessoires, telles que préaux, jardins, etc. M. Bouillon, au contraire, a mis dans ce plan deux préaux pour chaque division des sexes, l'un ouvert, l'autre fermé, et tous deux de bonnes dimensions. Il a mis aussi un jardin attenant à chacun des logements du maître et de la maîtresse.

Pour rendre ce plan complet, selon nos vues, il faudrait y ajouter quatre parties.

La première serait le GYMNASE, dont l'auteur donne le plan général, planche 14, les dessins de machines dans les planches 11, 12 et 13, et la description écrite, pages 59 à 67. Nous ne donnerons pas nous-mêmes cette description, ni les figures, parce que ce gymnase du second degré étant bien plus compliqué que celui des salles d'asile, il faudra absolument recourir à la fois à un professeur de gymnastique et à un architecte, tant pour la confection des appareils que pour leur distribution sur le terrain, ce que nous pourrions dire à cet égard ne pouvant suffire pour mettre les instituteurs dans le cas de faire exécuter eux-mêmes toutes ces dispositions.

La seconde pièce à ajouter serait un MAGASIN, ou espèce de MUSÉE, analogue à celui dont nous avons parlé, page 55, à l'article des salles d'asile, mais qui doit être proportionnellement plus grand, parce qu'il faut proportionnellement un mobilier d'instruction bien plus considérable pour de grands enfants que pour les petits. Nous voudrions même qu'une partie de cette pièce, ou même une pièce particulière y attenante fût un petit CONSERVATOIRE DES ARTS ET MÉTIERS, contenant des modèles en petit de tous les instruments les plus usuels dans les arts.

La troisième partie à ajouter est une CLASSE PARTICULIÈRE, pour cinquante élèves, destinée à des leçons *simultanées*, d'après ce que nous avons déjà dit, page 70, et que nous motiverons bien plus amplement par la suite. Une moitié de cette salle aurait des *bancs-tables*, disposés comme dans les écoles simultanées actuelles, afin d'y faire travailler les élèves d'après ce mode, pour les études où ils ont besoin d'avoir une table à leur disposition; et l'autre moitié aurait un *gradin*, comme dans les salles d'asile, ou comme les amphithéâtres des cours de plusieurs écoles spéciales, afin de pouvoir faire aux élèves certaines expositions et démonstrations, notamment pour leur donner des notions d'histoire naturelle et sur les phénomènes de la nature. La chaire du professeur serait portative, afin de la mettre dans une place convenable lorsque le professeur doit faire ses leçons d'un lieu élevé, et qu'elle pût être retirée de cette place lorsqu'il doit être placé plus bas que les élèves, comme dans tout ce qu'il leur communique au gradin.

Enfin, la quatrième partie, dont nous voudrions voir augmenter le local des écoles primaires du deuxième degré, serait un JARDIN D'INSTRUCTION ET DE RÉCOMPENSE pour les enfants, avec une cour peuplée d'animaux domestiques, et que tout cela fût aussi proportionnellement plus étendu que pour les enfants des salles d'asile.

Si l'on objectait que ces additions rendraient bien cher ce genre d'établissement, nous rappellerions ce que nous avons dit dans l'introduction, que chacun ne prendra dans nos plans que ce qu'il peut exécuter, mais qu'ayant, nous, à présenter un système aussi parfait que nous le concevons, et pour les riches comme pour les pauvres, nous avons dû faire abstraction du plus ou moins de moyens d'exécution. D'ailleurs nous avons la ferme espérance que bientôt nos gouvernements, délivrés des sacrifices énormes qu'ils sont encore obligés de faire pour leur conservation, pourront employer des ressources bien plus considérables pour l'objet le plus important de l'administration, celui qui a pour but de former, d'améliorer sans cesse les éléments de la société. Alors, nous en avons le pressentiment, il est tel de nos plans qui, loin de sembler trop complet, n'attirera plus que le reproche tout à fait opposé.

§ 2. — Des objets *mobiliers* des écoles dites *primaires*.

L'ouvrage de M. Sarrazin, pages 14 à 22, indique avec beaucoup de précision tout le *mobilier* nécessaire aux établissements actuels d'enseignement mutuel pur. Il faudra choisir dans ces pages les objets qui concernent le présent article.

Quant aux autres objets que nous croyons nécessaires pour élever proportionnellement l'instruction des élèves de ce degré à la hauteur de celle que recevront les plus petits dans les salles d'asile bien organisées, nous ne pouvons en donner ici le détail; car nous ne pouvons nous-mêmes prévoir avec précision tous ceux qui seront propres à remplir ce but. Mais nous en avons indiqué la nature, et l'expérience amènerait bientôt les maîtres à déterminer progressivement tout ce qu'il faudrait ajouter au mobilier actuel sous ce rapport. Il nous suffisait de poser les principes à cet égard. D'ailleurs, dans nos divers chapitres relatifs à l'instruction, nous aurons soin de désigner successivement la plupart de ceux qui seront nécessaires. Nous devrons même donner le dessin d'une certaine partie d'entre eux.

§ 3. — Du matériel d'une école *rurale* pouvant réunir
les enfants des deux sexes, et servir en même temps
de *salle d'asile* et d'école dite *primaire.*

M. Bouillon, dans l'ouvrage précité, a commencé son travail par se proposer la solution du
premier des deux problèmes indiqués dans le titre
de ce paragraphe, savoir : la réunion des garçons
et des filles dans la même école, pour certaines
localités rurales où il est souvent impossible,
soit de se procurer tout à la fois un maître et
une maîtresse, soit de rassembler sur un même
point assez d'enfants de chaque sexe pour former
deux écoles distinctes. Nous croyons que l'auteur
a présenté un plan très-convenable, planche 1re,
si nous devions nous borner aux idées reçues
jusqu'à présent. Nous croyons, comme lui, que,
dans les campagnes, il n'y a pas d'inconvénient
à réunir les deux sexes dans une même école, en
faisant deux entrées séparées, et en mettant une
cloison au milieu de la classe, disposée de manière que les deux divisions, garçons et filles,
ne se voient pas, et qu'elles soient également
sous la vue du maître. A la campagne, en effet,
les enfants des deux sexes ont toute liberté de se

voir, même en particulier, et souvent la nuit. C'est donc là qu'il y a du danger pour les mœurs, et nullement dans une réunion publique et en plein jour. Il y a plus, c'est que la tenue qu'on exigera d'eux alors, et même à l'arrivée et à la sortie des classes, les accoutumera à se respecter bien davantage que lorsqu'ils sont livrés à leur isolement ordinaire. On pourra donc précisément prendre occasion de là pour leur donner chaque jour des leçons pratiques de décence réciproque et de respect public.

Mais, pour que cette école mixte puisse rentrer complétement dans notre système général d'éducation, il est bien entendu qu'on devra y faire les additions indiquées plus haut, tant pour les diverses pièces du local que pour les accessoires, soit à demeure fixe, soit mobiliers. Nous nous en référons donc à ce que nous avons dit à cet égard pour toutes les écoles de ce degré, et c'est ce qui nous dispense de consacrer un article spécial pour le mobilier de celle-ci.

Il nous reste à dire ce qu'il faudrait faire pour rendre cette école propre à recevoir les enfants de deux ou trois ans à six ans en même temps que les plus grands. Nous indiquerons les moyens de rendre ce mélange possible, quant aux exercices, dans la section 2 de ce chapitre, qui traite des dispositions réglementaires ; nous n'avons ici qu'à parler des dispositions modificatrices du *local*, pour le rendre propre à cet usage nouveau.

En adoptant les dispositions du plan de la classe présenté par M. Bouillon, planche 1re de son ouvrage, nous y ajouterions deux choses seulement :

1° Un *petit banc*, comme ceux des salles d'asile, le long des murs où sont les cercles de lecture, afin d'y placer les enfants dans les circonstances dont il sera parlé à la section 2 de ce chapitre ;

2° Sur les bancs placés au-devant des tables d'écriture, on placerait une série de petits *extra-pontons* arrangés de manière à pouvoir exhausser assez les petits enfants pour qu'ils puissent, étant assis à côté des grands, n'être pas gênés par eux, et, en outre, mieux voir le maître sur son estrade, pour participer à certaines allocutions générales et à des démonstrations d'objets amusants, en même temps que récréatifs, dont nous parlerons plus amplement à la section 2, et que nous voudrions voir emprunter au système des salles d'asile pour tous les autres degrés d'éducation, sans excepter les plus élevés. Ceci remplacerait les exercices du gradin, si généralement admirés dans les salles d'asile, mais qui ne sont complétement indispensables que pour les petits enfants. On peut très-bien combiner la substance de ce moyen d'instruction avec la forme des autres écoles, où le maître, étant plus haut placé que les élèves, ceux-ci restent sur les bancs destinés aux leçons d'écriture.

Il faudrait, outre ces deux additions à la classe, avoir des *montants* et des *tableaux* de lecture particuliers aux enfants des salles d'asile, qu'on placerait dans le préau fermé, pour faire la leçon de lecture aux plus petits, pendant que les grands prendraient la leur aux cercles de la classe.

Nous croyons devoir terminer ici ce que nous avons à proposer touchant le *matériel* des deux degrés actuels d'éducation primaire. Nous aurons sans doute été bien longs pour l'impatience de quelques lecteurs; mais nous ne croyons pas avoir dit un seul mot qui ne fût indispensable, surtout dans l'état actuel de la théorie et des pratiques pédagogiques.

DEUXIÈME SECTION.

Règlements intérieurs des diverses Ecoles primaires.

———

§ 1er. — Règlement intérieur des salles d'asile.

Admission des enfants.

Art. 1er. L'asile est ouvert à tout enfant de l'un ou l'autre sexe, de deux ans jusqu'à six. Lorsqu'ils auront passé ce dernier âge depuis leur admission, ils pourront rester à l'asile jusqu'à la première rentrée classique des autres écoles destinées aux enfants au-dessus de six ans.

Art. 2. Seront admis tous les enfants, sans distinction de fortune, sauf à exiger une rétribution proportionnelle des parents qui en auront le moyen, selon le taux réglé par qui de droit. Il ne pourra être reçu aucun don particulier par le directeur (ou la directrice) ou autre employé de l'établissement, même pour le motif de gratitude des parents.

Art. 3. Aucun refus d'admission ou renvoi n'aura lieu définitivement sans une décision écrite et motivée de la personne ou du comité chargés spécialement des détails d'exécution par l'administration de l'asile. Toutefois le directeur (ou la directrice) de l'asile pourra *prendre sur lui de refuser l'admission d'un élève*, *ou de le renvoyer*, à la charge d'en faire son rapport, dans les vingt-quatre heures, à la personne ou au comité dont il s'agit ci-dessus.

Art. 4. Les élèves admis seront inscrits sur un registre spécial, par numéros d'ordre de l'admission, avec l'indication bien précise de leurs noms et prénoms, de leur âge, et des noms et prénoms de leurs parents, ainsi que de la profession et de la demeure de ceux-ci.

Art. 5. Aucun enfant ne peut être admis sans un certificat de vaccine, ou, à défaut, s'il n'en porte des marques non équivoques. On peut suspendre son admission, ou même le renvoyer, s'il a un mal susceptible d'être communiqué, ou dont l'aspect soit rebutant, ou qui exige des soins qu'on ne peut donner à l'asile. La vermine *de corps* est aussi un motif de refus ou de renvoi jusqu'à sa complète disparition.

Obligations des parents (1).

Art. 6. Outre la rétribution qui pourra être

---

(1) On fera imprimer ou lithographier ce chapitre, dont une copie sera remise aux parents de chaque enfant, la première fois qu'ils se présenteront à l'asile. S'ils ne savent lire, le directeur leur en donnera lecture, et leur en laissera pareillement un exemplaire.

exigée des parents aisés, aux termes de l'article 2, tous les parents seront tenus de fournir à leurs enfants un panier contenant leur nourriture pour la journée, divisée en autant de parts que les enfants devront prendre de repas à l'asile. S'ils n'ont pu le faire le matin, ils pourront reporter des aliments dans la journée, mais sans pouvoir alors communiquer avec leurs enfants.

Art. 7. Les filles et les garçons en fourreau porteront, l'été, un simple serre-tête en toile ou coton blanc, et l'hiver, un bonnet de couleur, sans aucune garniture dans l'un et l'autre cas. Les autres garçons porteront un bonnet grec ou une casquette.

Art. 8. Chaque jour les parents, avant d'amener leurs enfants, les peigneront avec soin, leur laveront les mains et la figure, et s'assureront qu'ils sont pourvus d'un mouchoir de poche. Ils auront également soin que leurs vêtements soient propres et raccommodés. Ils tiendront leurs cheveux assez courts pour qu'ils ne nuisent pas au service de propreté.

Art. 9. Les enfants ne seront pas reçus après neuf heures et demie du matin. Ceux qui arriveront à l'asile avant cette heure pourront y déjeuner; ceux qui viendront après ne prendront aucun repas jusqu'à midi. Les parents ne pourront reprendre leurs enfants qu'après quatre heures et demie, mais ils pourront les laisser plus tard, aux termes de l'article 12.

Art. 10. On cessera de recevoir les enfants qui, dans l'espace d'un mois, se seraient présentés plus de quatre fois après l'heure, sans excuse valable. Il en sera de même pour ceux qui s'absenteraient entièrement de l'asile plus de deux fois par mois, sans un avertissement ou une excuse valable.

Art. 11. Les parents, qui ne pourront amener leurs enfants ou les venir chercher, se feront remplacer de manière qu'ils ne puissent rester en route, ou divaguer dans les rues, ou se comporter de toute autre manière qui les expose à des accidents, ou à manquer d'exactitude pour se rendre à l'asile et en revenir.

Service de l'asile.

Art. 12. La salle d'asile sera à la disposition des enfants tous les jours, excepté les dimanches et les fêtes conservées, depuis le lever jusqu'au coucher du soleil. Le comité d'exécution pourra autoriser, deux fois par an, le chômage de l'asile pendant une semaine au plus. En cas de maladie de la directrice ou sous-directrice, qui n'entraînerait pas la nécessité absolue de quitter sa profession, il sera pris des mesures pour la faire remplacer momentanément, sans qu'elle en éprouve aucun préjudice. Il en sera de même pour la domestique.

Art. 13. La directrice et la sous-directrice ne pourront quitter les enfants, même pour dîner, que chacune à leur tour; et l'une d'elles, au moins, devra toujours rester avec eux pour les surveiller. Elles auront constamment soin que la domestique fasse convenablement son service.

Art. 14. La domestique nettoiera successivement la classe, le préau fermé et les lieux d'aisance, à mesure que les enfants en seront sortis, et elle aura soin de les tenir bien aérés. Elle servira exactement le boire et le manger des enfants. Elle secondera les maîtresses dans tous les soins de propreté des enfants, et accompagnera ceux-ci aux lieux d'aisance pour les aider et les surveiller.

Art. 15. A l'arrivée des enfants, chaque matin, on les fera placer sur les bancs du préau fermé, par ordre de sections, chacune sous la surveillance d'un moniteur. Si le temps de la classe n'est pas arrivé, on les occupera à de petits travaux manuels, et on aura soin de faire déjeuner ceux qui seront admis à faire ce repas à l'asile, conformément à l'article 9.

Art. 16. A neuf heures et quart, les enfants seront envoyés aux lieux, aussi par sections. A leur retour, l'inspection de propreté aura lieu, et on

— —

fera l'appel nominal, en rangeant encore les enfants par sections. On tiendra note des absents
ou retardataires, afin de pouvoir faire des observations aux parents, et statuer ce qu'il appartien-
dra selon les articles 9 et 10.

Art. 17. A dix heures commencera la classe
du matin, d'après le tableau d'exercices joint au
présent règlement.

Art. 18. A midi, rentrée au préau fermé, pour
le dîner. Puis récréation au préau ouvert, quand
il fera beau, et dans le préau fermé, quand le
temps sera mauvais. Durant la récréation, on fera
de petits exercices gymnastiques dans les asiles
où ils pourront être organisés. A une heure et
demie, les enfants seront conduits aux lieux par
sections; puis on leur lavera exactement les mains
et le visage.

Art. 19. A deux heures, classe de l'après-dînée,
aussi d'après le tableau ci-joint..

Art. 20. A quatre heures, rentrée au préau
fermé, et collation pour les enfants que l'on ne
vient pas reprendre à quatre heures et demie;
puis envoi aux lieux d'aisance, et récréation pendant trois quarts d'heure. Après ce temps, travail manuel, avec une leçon *particulière* d'instruction ou de gymnastique aux plus avancés. Enfin
supplément de récréation, si le séjour à l'asile se
prolonge au delà de six heures.

Inspections et visites.

Art. 21. Un médecin sera chargé de faire au moins une fois par semaine une visite à l'asile. Non-seulement il prescrira ce qui doit être fait à l'égard des enfants malades, mais encore il donnera aux directrices et à la domestique toutes les indications d'hygiène et de régime convenables aux enfants. Il leur indiquera aussi les moyens de remédier aux accidents qui pourraient nécessiter de prompts secours. Il écrira, dans le registre d'inspection, le rapport de l'état sanitaire de l'asile en général, ainsi qu'une note sur les cures entreprises, ou qu'il proposerait d'entreprendre à l'asile, lorsque cela est possible sans dénaturer le but principal de l'établissement.

Art. 22. Outre l'inspection attribuée par la loi à diverses personnes sur les salles d'asile, comme faisant partie du système général de l'instruction publique, l'administration spéciale de ces établissements instituera un ou plusieurs inspecteurs ou inspectrices (1), qui visiteront l'asile au moins une fois par semaine, et qui lui rendront compte du résultat de chacune de leurs inspections.

(1) Il est aussi entendu que cette dernière disposition ne s'applique pas aux asiles tenus par entreprise privée.

Art. 23. Il y aura dans chaque salle un registre particulier des inspections, dans lequel l'inspecteur (ou l'inspectrice) inscrira son nom, avec mention du nombre des enfants présents. Il ajoutera ses observations, *après en avoir conféré avec la directrice*, ainsi que les propositions qu'il jugerait utile de soumettre à l'administration de l'asile.

Art. 24. L'entrée de l'asile est ouverte à toute personne qui se présente décemment; mais, pour que la présence des visiteurs ne nuise pas à la tenue de l'établissement, on placera dans la classe et dans le préau fermé un écriteau, en gros caractère, portant ce qui suit :

LES PERSONNES QUI VISITENT L'ASILE SONT INSTAMMENT PRIÉES DE N'ADRESSER AUCUNE QUESTION AUX DIRECTRICES, DURANT LES CLASSES, ET DE N'INTERVENIR D'AUCUNE MANIÈRE DANS LA DIRECTION DES ENFANTS, MÊME HORS DE LA CLASSE. IL EST EXPRESSÉMENT DÉFENDU DE LEUR RIEN OFFRIR.

LES PERSONNES CHARGÉES DES DIVERSES INSPECTIONS SONT ELLES-MÊMES SUPPLIÉES DE VOULOIR BIEN NE PAS DÉROGER A CES RÈGLES IMPORTANTES, A MOINS D'UNE ABSOLUE NÉCESSITÉ DANS L'INTÉRÊT DE L'ASILE.

Art. 25. Un registre distinct sera consacré à recevoir les noms des visiteurs autres que les personnes chargées de l'inspection. Celles qui voudront *spontanément* y ajouter quelques réflexions en auront la faculté ; mais on ne sollicitera d'elles que la simple indication de leurs noms, qualités et lieu de résidence.

Conservation des objets appartenant à l'asile.

Art. 26. La directrice de l'asile prendra en charge, tant à son entrée que par la suite, tous les objets qui seront mis à sa disposition. Il sera tenu, à cet effet, un registre particulier, qui sera vérifié et arrêté au besoin par le trésorier-conservateur, ou autre personne à ce déléguée.

Art. 27. La directrice tiendra note, sur un registre courant, des menues dépenses dont le soin pourra lui être confié, ainsi que du produit des ouvrages des élèves, et des dons qui pourraient être déposés entre ses mains pour l'asile.

Art. 28 et dernier. La clef des *troncs*, qui seront placés dans la classe et dans le préau fermé, restera entre les mains du trésorier, ou autre personne déléguée à cet effet, qui les ouvrira de temps en temps, en présence de la directrice, et qui en constatera le montant sur ses livres.

TABLEAU DES EXERCICES DE LA CLASSE (1).

Exercices du matin.

De dix heures à dix heures trois quarts, marche pour l'entrée en classe, prière, puis lecture aux petits tableaux. Les enfants qui ne seront pas assez avancés pour ce genre de lecture resteront sur les bancs, où ils seront occupés avec les ardoises, ou de petits travaux à leur portée.

De dix heures trois quarts à onze heures trois quarts, montée au gradin, lecture au grand tableau, ou numération au boulier-compteur, et allocution instructive et moralisante ; le tout entremêlé de mouvements des bras et des mains.

(1) Ce tableau doit certainement faire la base des opérations de la directrice, mais il ne doit pas être regardé comme une règle inflexible. L'expérience journalière des salles d'asile prouve qu'il est impossible, sans inconvénient, de soumettre toujours des enfants si jeunes à l'uniformité constante des exercices, ni à la régularité mathématique des heures pour chaque exercice. Toutefois il faut se garder de passer à l'extrême contraire ; car il importe extrêmement de former de bonne heure les hommes à l'esprit d'ordre et à la nécessité de faire quelques efforts pour remplir leurs devoirs. La juste balance entre ces deux points délicats doit être l'objet constant des méditations de toute directrice, ainsi que des autres personnes préposées à la gestion des asiles.

De onze heures trois quarts à midi, descente du gradin et rentrée au préau fermé.

Exercices de l'après-dînée.

De deux heures à deux heures trois quarts, marche pour rentrer à l'asile, puis le travail manuel qui exige la propreté des mains, surtout la charpie pour les malades; ensuite écriture sur l'ardoise.

De deux heures trois quarts à trois heures trois quarts, montée aux gradins, représentation d'objets amusants et instructifs, ou notions sur les phénomènes ou les productions de la nature; en un mot, tout ce qui peut le mieux soutenir l'attention des enfants, ordinairement plus fatigués le soir que le matin.

De trois heures trois quarts à quatre, descente du gradin et prière du soir; rentrée au préau fermé.

Observations sur la distribution des exercices du gradin pour les divers jours de la semaine.

On ne peut indiquer ici d'avance aucune distribution de ce genre. Chaque directrice calculera, selon l'avancement et les dispositions de ses enfants, ce qui doit faire l'objet de ses leçons d'un jour plutôt que de l'autre. Elle fera en sorte que, dans chaque semaine, on ait abordé un peu de toutes les parties de l'enseignement, de manière à aller par degrés, et à ne pas sacrifier entièrement une partie pour en développer une autre outre mesure.

APPENDICE AU RÈGLEMENT DE LA SALLE D'ASILE.

Le règlement qui précède suppose que tous les enfants d'un asile, depuis deux ans jusqu'à six, sont confondus en une seule masse pour leurs exercices, sauf la distinction des sexes en deux groupes distincts, et c'est ainsi que cela a eu lieu jusqu'à présent dans le plus grand nombre de ces établissements ; mais il se présente à cet égard une question grave, savoir : s'il ne conviendrait pas mieux de former *deux classes* séparées, l'une, pour les enfants de *deux à quatre*, l'autre pour ceux de *quatre à six ;* et comme il y aurait quelques modifications à faire au règlement dans le cas où l'on adopterait ce dernier parti, ou quelque autre combinaison qui s'éloignerait de l'organisation actuelle sur ce point, nous nous trouvons engagés à discuter ici la question dont il s'agit, qui a surtout pris un grand intérêt par la manière dont elle a été traitée dans l'*Ami de l'enfance* (23 janvier 1837) par une dame qui paraît avoir une grande expérience de l'institution, unie au zèle le plus pur et le plus éclairé.

Les objections faites à la réunion des enfants dans une même classe ont surtout rapport à ce qui regarde leur instruction, et voici les principales :

1° Il est indispensable de proportionner l'enseignement à la capacité des enfants; et ceux de deux à quatre ans ne pouvant comprendre ce que saisit fort bien le plus grand nombre de ceux de quatre à six, il faut absolument, lorsqu'il y a réunion des deux sections, faire les leçons trop fortes pour les petits, ou trop faibles pour les grands. Il faut même, pour certaines parties de l'instruction, si l'on ne veut ennuyer les premiers, priver entièrement les autres de certains sujets fort intéressants pour eux, mais qui ne seraient pas compris de leurs camarades;

2° L'attention des petits ne pouvant être soutenue aussi longtemps que celle des grands, même lorsque le sujet est à leur portée, il faut faire des leçons plus courtes que si l'on n'avait que des grands, ou se résigner à leur faire supporter une fatigue qui peut être nuisible à leur santé, et qui les dégoûte du désir d'apprendre;

3° L'obligation de recevoir chaque jour de nouveaux venus, dans une salle d'asile, emporte celle de répéter chaque jour les mêmes enseignements; et, s'ils sont nouveaux pour l'enfant qui arrive à l'école, les anciens écoliers en sont bientôt fatigués, ce qui est une autre source de désordre;

4° Outre qu'il est impossible de maintenir le silence et la tranquillité parmi les enfants, lorsqu'ils ne sont pas tous également intéressés à l'objet des leçons, on ne peut, dans aucun cas, obtenir ce résultat au même degré de la part des plus petits; en sorte que les leçons, troublées à chaque instant par ces derniers, sont infiniment moins profitables et deviennent très-fatigantes pour les maîtresses, qui sont obligées de forcer leur voix et de s'interrompre sans cesse pour ramener l'ordre général, sans être certaines d'y parvenir, même par des moyens de contrainte.

« Il y a pourtant (pour nous servir des expressions mêmes de l'article cité plus haut), il y a un avantage immense et incalculable de pouvoir obtenir, sans contrainte, ce parfait silence, cette heureuse tranquillité. Cette paix, qui continuellement entoure les enfants, a indirectement une influence des plus fortes, en faisant de leur asile un lieu de calme et de paix. Toutes leurs impressions paraissent s'adoucir, la maîtresse parle à voix basse pour en donner l'exemple. Le calme qui l'entoure le lui permet; les ordres sont donnés sans élever la voix, les mouvements s'exécutent avec plus de précision; alors les moments des marches et des changements de place, ayant lieu sans tumulte, deviennent de véritables délassements. Les enfants du peuple apprennent ainsi qu'on peut être gai, content et heureux, sans faire de bruit et sans jamais s'éloigner des manières convenables. »

On voit que nous avons présenté, dans toute leur force, les objections qui s'élèvent contre la réunion des enfants en une seule classe, et l'on doit avouer qu'elles sont toutes assez fondées; mais le remède proposé par madame M. C. est-il en tout convenable, et ne présenterait-il pas à son tour de graves inconvénients? Ensuite, en cas d'affirmative sur cette dernière question, n'est-il pas quelque autre moyen d'obvier d'une manière satisfaisante au mal signalé plus haut?

La séparation constante des enfants d'un même asile en deux classes distinctes nous semble avoir plusieurs résultats très-fâcheux.

1° Elle rompt l'*unité*, qui est surtout désirable dans ce genre d'établissement, où il ne doit y avoir qu'un esprit et qu'un cœur, où les mêmes principes doivent être simultanément et uniformément appliqués, sous peine de voir naître des contrariétés d'effets qui détruiraient cette heureuse harmonie, et priveraient ainsi l'institution d'un de ses caractères les plus précieux ;.

2° Les deux sections d'enfants étant séparées pendant presque tout le jour, on ne pourrait établir entre les grands et les petits cet échange touchant de soins qui attire souvent l'admiration dans les salles d'asile ; heureux apprentissage de tous les sentiments de bienveillance, dont on se priverait aussi, au grand préjudice du perfectionnement moral des uns et des autres ;

3° La *sous-maîtresse*, qu'on chargerait sans doute de la section des *petits*, ne participant jamais aux exercices des *grands*, resterait sans moyens d'influence auprès de ceux-ci, en sorte qu'elle ne pourrait momentanément remplacer la directrice, en cas d'empêchement ; car, pour avoir de l'empire dans une salle d'asile, il faut tout à la fois avoir de l'habileté dans l'art de s'adresser aux enfants, et les connaître tous individuellement, en même temps qu'on est connu de chacun d'eux ;

4° Par la même raison, la sous-maîtresse resterait toujours dans un tel degré d'infériorité, quant à l'art de la direction, qu'il lui serait difficilement permis d'aspirer, à son tour, aux fonctions de directrice ;

5° A moins qu'un asile n'eût pas plus de trente

à quarante enfants , il faut toujours, *pour bien opérer*, trois personnes pour le service , comme lorsque le nombre est plus considérable. La maîtresse, occupée aux mouvements et instructions d'ensemble, ne peut surveiller les détails de tenue et de discipline dont le soin doit appartenir à la sous-maîtresse. D'un autre côté, la domestique doit toujours être disponible pour conduire les enfants aux lieux, sur le lit de camp , etc., ou pour ouvrir et fermer la porte, et souvent même pour aller au dehors chercher les parents ou le médecin , en cas d'accident ou d'indisposition instantanée. Il faudrait donc , dans le cas de deux classes distinctes , augmenter le personnel de chaque asile, ce qui n'est pas sans doute entré dans la pensée des personnes qui proposent ce mode , et ce qui aurait une foule d'autres inconvénients.

Après avoir réfléchi sérieusement aux difficultés diverses que présente cette partie de notre organisation , on serait tenté de conclure, non qu'on doive faire deux divisions distinctes dans un même asile, mais qu'il faudrait se décider à instituer des asiles séparés pour les enfants de deux à quatre ans et ceux de quatre à six. Mais, outre qu'une partie des inconvénients qui viennent d'être signalés s'appliquerait à cette séparation encore plus complète , ce serait peut-être aussi trop compliquer les rouages de l'éducation primaire. Ensuite il n'est pas dans ce moment beaucoup de localités où l'on pût changer à cet égard les dispositions faites dans un autre sens, et même où l'on pût organiser de nouveau dans celui que nous supposons. Dailleurs ce sera à jamais impossible dans toute commune où l'on a besoin de toute la population d'enfants de deux à six ou sept ans, pour compléter le nombre nécessaire à une seule salle d'asile.

Dans cette alternative d'objections, presque également fortes, qui s'élèvent contre les trois combinaisons que nous venons d'examiner, il en est une autre que nous nous hasardons à proposer, non qu'elle nous semble entièrement propre à résoudre le problème, qui n'est peut-être pas encore arrivé à son point de maturité, mais parce qu'elle est un terme moyen, susceptible de diminuer au moins les divers inconvénients signalés, et de retenir une grande partie des avantages. Nous la proposons cependant avec quelque confiance, parce qu'elle a pour elle une certaine sanction pratique, ayant été essayée avec succès, pendant un mois environ, par Mlle Mahieu, directrice de la salle-modèle d'Angers, à laquelle l'idée même en appartient. Cette combinaison consiste à adopter la séparation des enfants, *mais une fois le jour seulement*, et de préférence l'après-midi, parce qu'alors les enfants sont plus difficiles à tenir tranquilles. Ainsi la classe du matin étant générale, l'unité serait maintenue, les rapports moraux des grands et petits enfants ne seraient que momentanément rompus, et les sous-maîtresses ne seraient pas rendues impuissantes à remplacer les maîtresses ou à le devenir elles-mêmes. Dans la classe du soir, on pourrait encore maintenir, à quelques égards, les relations d'unité de la manière suivante : En supposant que le préau couvert, qui servirait à la petite classe, fût voisin de la grande classe, comme dans notre plan, la maîtresse pourrait veiller jusqu'à un certain point sur les deux classes, en se plaçant de temps à autre sur la porte commune, ou bien par un échange momentané de ses fonctions avec celles de la sous-maîtresse, qui passerait alors dans la grande classe. Il faudrait même, deux ou trois fois par semaine, que cet échange eût lieu pendant tout le temps des exercices de l'après-midi, afin que l'empire de la maîtresse et de la sous-maîtresse s'étendît sur tous les enfants, ce qui est impossible lorsque l'une d'elles se tient trop particulièrement auprès de l'une des divisions.

Mlle Mahieu (1) proposerait d'ajouter à cette combinaison une modification nouvelle, qui con-

____

(1) Je saisis avec empressement cette occasion de rendre un hommage éclatant à Mlle Mahieu, pour la manière vraiment

serverait de plus en plus l'unité d'action dans l'asile, en même temps qu'elle serait un heureux moyen d'émulation parmi les élèves : au lieu de séparer de suite les deux classes lors des exercices de l'après-midi, on les ferait entrer réunies dans la grande salle, où elles se livreraient d'abord également au travail manuel indiqué pour cette heure. Ensuite, au moment de mener la section des grands au gradin, la directrice avertirait les autres qu'elle va choisir parmi eux ceux qui auraient été les plus attentifs à la leçon générale du matin, pour les faire participer aux avantages de la même leçon du soir. Ainsi l'on rentrerait avec fruit dans l'application de ce grand principe, trop oublié dans notre système général d'instruction, que les leçons ne doivent jamais être présentées comme une tâche onéreuse et presque une punition, mais, au contraire, comme une

remarquable dont elle remplit ses fonctions. Il est impossible d'être plus pénétrée de la hauteur de sa tâche. Il ne s'agit pas seulement pour elle des soins maternels les plus tendres, et de tous les instants ; elle sait encore comprendre qu'elle exerce une *mission sociale* de la plus haute importance. Il y a plus : elle ne borne pas ses soins à l'intérieur de l'asile ; elle suit les enfants jusque dans leurs familles, qu'elle fait aussi participer à sa sollicitude en leur donnant d'excellents avis, et en attirant sur elles les bienfaits de la charité particulière. En un mot, Mlle Mahieu est tout à la fois une éducatrice des plus distinguées et la protectrice la plus zélée des pauvres. -

récompense et une marque d'affection et de confiance.

Voilà, nous le répétons, l'ensemble des modifications qui nous paraissent un terme moyen entre les autres moyens extrêmes indiqués plus haut, et que nous croyons réunir le plus d'avantages, avec le moins d'inconvénients. Quant aux changements que ce mode nécessiterait dans le règlement, ils seraient peu substantiels, et quelques jours de tâtonnement conduiraient facilement à ceux que réclamerait chaque asile. La seule observation importante que nous ayons à faire à ce sujet, c'est que la classe des *petits* doit plus consister en évolutions, en mouvements des bras, en chants et en jeux de *demi-récréation*, qu'en leçons proprement dites, qu'il ne faut pas cependant négliger tout à fait, mais en ayant soin de ne pas trop fatiguer les enfants, au physique et au moral.

§ 2. — **Indication des perfectionnements à apporter dans les règlements des autres écoles dites *primaires*.**

D'après ce qui a été dit au paragraphe 2 de la section précédente, comme il faudrait introduire dans les écoles dites primaires de nouveaux objets d'étude, ainsi que le mélange des deux modes d'enseignement, *simultané* et *mutuel*, il en résulte

déjà la nécessité de changer une partie des dispositions réglementaires actuelles, pour les adapter
à ces modifications. Ensuite, cette augmentation
de tâche devant amener une augmentation de
personnel, comme nous le développerons ailleurs,
cette circonstance amènerait aussi nécessairement
le besoin de remanier les règlements, pour distribuer à chacun les diverses phases de son emploi.

Mais, jusqu'à ce qu'on ait fait une expérience
un peu suivie de ce nouvel état d'enseignement,
nous ne pouvons proposer à cet égard un projet
de nouveau règlement; car ce n'est que la pratique, soutenue pendant quelque temps, qui peut
faire voir les exigences de détail sous ce rapport.
Nous devions toutefois énoncer ici le principe de
cette nécessité, pour fixer là-dessus l'attention
des personnes qui auront à organiser cette importante modification, et nous sommes certains qu'un
maître habile, à qui seul on doit en confier l'expérience, arrivera bientôt aux modifications réglementaires qui devront en être la conséquence.
On ne devra d'ailleurs agir que progressivement,
c'est-à-dire n'introduire les changements que l'un
après l'autre.

§ 3. — Modifications aux réglements des asiles et des écoles dites *primaires*, combinées pour les rendre propres à l'établissement d'une école rurale pour les deux sexes, et pour les enfants de trois à six ans et au-dessus.

Aussitôt qu'un enfant serait inscrit pour entrer à l'école, il faudrait le classer dans une des deux catégories de la première ou de la deuxième division, c'est-à-dire au-dessous ou au-dessus de six ans. Ensuite on assignerait à chaque élève de la première division un *protecteur* spécial dans la seconde, qui serait chargé d'aller le chercher, pour le conduire à l'école, et le ramener après, de l'assister dans ses repas, dans le service de propreté, et enfin dans tout ce qui pourrait être l'objet d'un soin personnel.

Chaque matin, en entrant à l'école, le protecteur et le protégé seraient placés l'un à côté de l'autre, sur les bancs du préau couvert, pour déjeuner, s'ils étaient venus assez à l'avance pour cela, et, dans tous les cas, pour l'inspection de propreté et pour la formation des sections, qui seraient alors composées du mélange des grands et des petits, toujours en mettant le protégé à côté du protecteur.

A l'heure fixée pour entrer en classe, le protégé serait au-devant du protecteur, et tous iraient d'abord se placer en rang le long des murs, les garçons d'un côté, les filles de l'autre, pour faire la prière en commun dans le mode usité dans les salles d'asile. Cette marche s'exécuterait d'une manière cadencée, en chantant et avec toute la régularité possible.

Après la prière, les enfants, grands et petits, iraient s'asseoir aux bancs à écrire (les petits sur les *extra-pontons*), et c'est alors qu'aurait lieu une allocution générale à la portée au moins des plus grands enfants de la première division, ou une représentation d'objets intéressants qui, en fournissant l'occasion d'instruire positivement les enfants de la seconde, pussent au moins amuser les autres et les préparer à l'instruction. Si, parmi les plus jeunes enfants, il en était qu'on ne pût retenir sans contrainte à leur place durant un exercice, on les laisserait sur l'un des bancs placés le long des murs, et on les amuserait au moyen de petits travaux d'effilures, ou en leur livrant de petites ardoises sur lesquelles on leur laisserait tracer tout ce qu'ils voudraient. On a remarqué, dans les asiles, que ces deux genres d'occupation fixent facilement de très-petits enfants. Au surplus, ceux même qui ne voudraient pas s'y assujettir seraient à peu près laissés libres, sauf l'inspection nécessaire pour qu'il ne leur arrive rien de nuisible, et pour qu'ils ne troublent pas trop essentiellement l'ordre. A cet effet, le sous-maître (ou la sous-maîtresse) resterait en observation le long du banc où ils seraient placés. Il est entendu qu'alors les enfants des deux sexes seraient confondus, ce qui n'amène aucun inconvénient à cet âge, et pour qu'une seule personne pût les surveiller tous à la fois.

Après cet exercice, avant de passer à ceux qui sont tout à fait particuliers aux *grands* enfants, tous les enfants qui étaient sur les bancs à écrire en descendraient, et toute la classe se formerait en deux grands rangs, distincts pour chaque sexe. On ferait une évolution générale, en chantant, tout autour de chaque partie de la classe ; et alors les *grands* retourneraient à leurs bancs, tandis que les *petits* se placeraient aux leurs, où on les maintiendrait autant que possible par les moyens indiqués plus haut, ou par tout autre moyen à leur portée. Enfin, quand on ne pourrait plus les garder dans la grande classe, sans qu'il en résultât du trouble pour les grands ou trop d'ennui pour eux, et, dans tous les cas, lorsque les *grands* devraient venir aux cercles de lecture, placés au-dessus des petits bancs, comme on l'a vu dans la section ci-dessus, le sous-maître conduirait les *petits* dans le préau couvert, où il leur ferait faire des exercices de lecture à leur portée, au moyen des petits *montants* et des *tableaux* qui sont usités dans les salles d'asile. Si la grande classe se prolongeait trop avant le dîner, pour l'impatience des petits, on ferait faire à ceux-ci des promenades, soit dans la cour, soit dans le préau couvert, et, lorsqu'ils seraient assis, on leur ferait faire divers mouvements gymnastiques des mains et des bras, tant pour leur servir de diversion que pour le bénéfice de leur santé.

Lorsque les *grands* reviendraient au préau pour dîner (car, dans notre système, aucun enfant ne doit quitter l'école durant la journée), on rangerait tous les enfants comme le matin, par séries de *protecteurs* et *protégés*, et le dîner aurait lieu en bon ordre, comme cela se pratique dans les asiles bien organisés. La récréation et les exercices gymnastiques auraient ensuite lieu jusqu'à la rentrée en classe, qui s'effectuerait à peu près après midi comme le matin.

Telle est l'idée, bien imparfaite sans doute, d'un règlement pour l'école mixte de garçons et de filles, et d'enfants d'âges divers, dont la nécessité se fera surtout sentir dans les campagnes. Nous avons cru devoir présenter à cet égard quelques premières données, puisque la combinaison est toute nouvelle. Mais, à cet égard, comme pour les établissements mentionnés au paragraphe 2, une expérience intelligente amènera sans doute peu à peu toutes les améliorations nécessaires.

SECONDE PARTIE.

INSTRUCTIONS SUR LA PÉDAGOGIE, OU L'ART D'ÉLEVER LA JEUNESSE.

Considérations générales sur l'art pédagogique.

Cet art, si estimé chez les anciens, et si bien apprécié encore en Suisse et en Allemagne, est tellement discrédité en France que, dans notre langue, le nom de *pédagogue* est devenu presque une injure. Cependant, à considérer l'utilité d'une telle profession par son but, et sa dignité par les qualités qu'elle suppose, en est-il une seule qui dût mériter plus de respect et plus d'égards? Quelle tâche immense en effet que celle de former les éléments mêmes de la société....! Quelle tâche sainte que celle de donner une direction utile et morale aux êtres qui doivent la composer, de développer en eux tous les germes du bien, de poser dans leur cœur une digue efficace à l'empire du mal!.... Que de véritables lumières, que de hautes vertus ne faut-il pas réunir pour accomplir de si grands devoirs....! Comment se fait-il donc que ceux qui en sont chargés ne recueillent généralement que dédain, surtout dans les premiers degrés, dont nous avons pourtant fait voir l'incomparable importance , puisque c'est là que repose la base de tout l'édifice? Une telle singularité de l'opinion exige que l'on en recherche la cause avec soin, d'autant plus que cet examen devra nécessairement conduire à d'utiles développements sur les qualités de l'instituteur, dont nous ne venons que donner un simple aperçu, et qu'il importe d'apprécier plus en détail, avant de tracer les règles qui doivent le diriger dans sa carrière, objet spécial de cette première partie.

Nous avons remarqué, dans l'introduction, que le défaut de progrès suffisants, dans la science de l'éducation, venait surtout de l'étroitesse de vues qui avait présidé aux divers systèmes suivis à cet égard. Or l'une des conséquences les plus fâcheuses de ce faux point de départ est de placer trop souvent les instituteurs dans des rapports également faux avec leurs disciples, et qui rendent presque impossible toute véritable harmonie entre eux. Ainsi, loin d'éprouver respectivement ces sentiments d'amour et de confiance qui adouciraient toutes leurs relations, il n'existe généralement entre eux que des dispositions hostiles, qui se manifestent, d'un côté, par une lutte sourde de chaque jour, souvent même par la révolte ouverte, et de l'autre, par une impitoyable répression, ou par une sécheresse constante de manifestations. Ainsi les élèves se croient sincèrement victimes d'une odieuse tyrannie, parce qu'on n'a pas su, malgré de bonnes intentions, leur rendre la règle douce; et les maîtres, à leur tour, ne voyant là que le résultat d'une affreuse ingratitude, finissent par être, vis-à-vis de l'enfance, dans un état continuel d'irritation, ou par se tenir au moins à son égard dans les termes d'une autorité froide et sévère, peu faite pour la ramener et lui faire accepter sans aversion le joug de l'obéissance. Eh bien! c'est, n'en doutons pas, l'effet général produit par cette position disgracieuse de l'instituteur, qui, l'empêchant de se mettre à la hauteur de sa mission, est la cause du peu de considération dont il jouit dans la société. Plus on sent que sa mission serait belle, convenablement remplie, plus on est porté à lui refuser estime et affection lorsqu'on s'aperçoit, même sans pouvoir bien s'en rendre compte, que le but est manqué. Mais, s'il en est ainsi, et dès qu'on est convaincu de l'impossibilité d'atteindre ce but sans un ensemble de conditions difficiles à obtenir, combien ne devons-nous pas redoubler d'efforts pour tâcher d'indiquer la nature et l'étendue de ces conditions!

Il en est une première, qui est indispensable pour toute carrière, et à laquelle on ne songe cependant presque jamais quand on veut entrer dans la plus importante de toutes : c'est *d'avoir une véritable vocation.* Le plus souvent on s'y décide par les motifs les plus légers, et sans même s'être interrogé sur les dispositions dans lesquelles il faut être, sur les qualités qu'il faut avoir pour bien remplir de telles fonctions. Comment s'étonner ensuite qu'on se trouve si au-dessous d'elles, et que le public, qui ne juge que d'après les résultats généraux, ne rende pas même justice à ceux qui ont mieux compris leur noble destination? La première condition est donc de se consulter sérieusement dès qu'on a conçu la pensée de suivre cette carrière, et de se demander si vraiment on y est entraîné.

Un des indices les plus satisfaisants, sous le premier rapport, est *l'amour des enfants,* et je ne puis me refuser au plaisir de citer à cet égard un excellent morceau d'un des hommes qui se sont occupés avec le plus de distinction d'éducation primaire, de M. Dégérando, dans son *Cours normal des instituteurs :* « Je vous demanderai d'abord (dit-il, pages 20 et 21) si vous aimez les enfants, si vous vous plaisez au milieu d'eux. C'est le signe le plus certain de votre vocation; car c'est tout ensemble et la garantie de votre zèle, de votre persévérance dans la tâche difficile que vous entreprenez, et le moyen le plus sûr de prendre sans efforts sur vos élèves l'ascendant qui vous est nécessaire. A la vue des enfants, éprouvez-vous pour eux une disposition naturelle de bienveillance? N'êtes-vous point fatigués par leur étourderie, importunés par leurs questions? Ne vous laissez-vous point décourager par leur ignorance, rebuter par leur grossièreté? Etes-vous émus à la pensée de l'avenir qui les attend, des maux et des biens qui peuvent être renfermés dans leur destinée? Etes-vous plus particulièrement encore attirés vers les enfants pauvres, délaissés, disgraciés? Entendez-vous alors au fond de votre âme une voix qui vous crie de venir au secours de ces êtres encore si faibles, à l'entrée de la vie, pour les préserver des dangers qui les menacent, pour travailler à leur bonheur? Alors, *mais seulement alors*, votre vocation est véritable. » Le passage que nous venons de citer exprime parfaitement ce que nous pensons; mais, à notre avis, le sentiment purement individuel, dont parle l'auteur, quoique déjà bien précieux, ne suffirait pas encore pour élever un instituteur à toute la hauteur de son ministère. Il doit penser, de plus, qu'il est chargé de la plus importante des œuvres sociales, qu'il s'agit de donner des enfants à la patrie, des frères à la grande-famille humaine, et que nul ne peut contribuer plus efficacement à la civilisation générale. Combien donc ce nouveau point de vue ne doit-il pas lui faire sentir quelle grave responsabilité pèserait sur lui s'il venait à négliger de tels devoirs! Mais aussi combien ils seront ennoblis à ses yeux, et combien cette pensée doit relever son courage, soutenir ses forces, et lui offrir de douces compensations pour les fatigues, les sacrifices dont leur accomplissement est inséparable...!

Lorsque celui qui se destine à l'éducation publique s'est bien assuré de sa vocation, lorsqu'il a su mesurer toute l'étendue de sa tâche, il doit encore, avant d'oser passer outre, faire un sérieux examen de soi-même, sous le rapport des qualités qui lui sont nécessaires. Croira-t-il, uniquement parce qu'il a quelque tendresse pour l'enfance, qu'il peut sans crainte se charger de sa direction..? Combien serait grande son imprudence! Bientôt il en recueillerait les fruits amers, et il ne tarderait pas à se repentir d'une résolution aussi légère. Qui sait même si le dégoût qui s'ensuivrait, irritant son cœur, ne rendrait pas nulles ses bonnes dispositions primitives? Alors que lui resterait-il? Rien, absolument rien. Certes la bonté, l'amour sont les conditions indispensables de tout empire salutaire sur nos semblables; rien ne peut les remplacer, mais seules elles seraient également insuffisantes. A la bonté, à l'amour, qui l'animeront sans cesse, il devra joindre une sage fermeté de caractère, unie à la patience, au calme, enfin à l'empire constant sur lui-même, sans lequel il faut renoncer à la prétention d'apprendre aux autres à se gouverner. Nous développerons les conséquences principales de ces heureuses dispositions dans le chapitre consacré spécialement aux instructions sur la direction *morale* des enfants; nous n'avions ici besoin que d'en présenter l'aperçu général.

Ce n'est pas tout : les qualités du cœur, les meilleures dispositions de caractère seraient stériles, elles seraient peut-être funestes, si elles n'étaient accompagnées de la *portée intellectuelle* nécessaire pour leur faire produire leurs véritables fruits. Et, qu'on ne s'y trompe pas : nous ne voulons pas exalter *sans distinction* l'avantage de la capacité scientifique, ni des lumières acquises; car, selon nous, un faux jugement, des préjugés dangereux, une science étroite ou mal dirigée détruiraient tout le bienfait du plus grand savoir, et pourraient faire regretter jusqu'à l'ignorance d'un instituteur. Cependant il est certain qu'en ce dernier cas une partie importante de sa tâche ne serait pas remplie; il est également certain que l'ignorance étant la source de toute erreur, aucune garantie n'existerait contre ses cruelles conséquences. Il faut donc que celui qui se destine à l'instruction de ses semblables, aussi bien qu'à la direction de leur cœur, soit lui-même convenablement instruit, que ses vues soient larges, son jugement sain ; il faut, en outre, qu'il ait assez de sagacité pour bien juger l'aptitude respective de ses élèves, et pour savoir employer envers chacun les meilleurs moyens de faire pénétrer les notions utiles qu'il est dans le cas de leur donner. Nous développerons aussi les conséquences de ces données principales dans le chapitre spécial des règles de direction *intellectuelle.*

Ici nous devons nous attendre à une objection dont nous reconnaissons la gravité, sous un rapport : si vous voulez, dira-t-on, autant de perfection dans les personnes chargées de la direction de la jeunesse, où pourrez-vous en trouver un assez grand nombre pour tous les besoins d'une éducation aussi générale et aussi étendue que vous le désirez? N'est-ce pas demander l'impossible? Voici notre réponse : nous convenons de la difficulté, de l'impossibilité même de trouver *en ce moment,* pour tous les instituts de ce genre que nous voudrions voir former, assez d'individus possédant toutes les qualités dont nous venons de donner l'esquisse. Notre éducation, à tous, a été si fautive, qu'il est bien difficile de rencontrer maintenant un tel assemblage dans un même sujet. Mais est-ce donc une raison pour ne pas indiquer ce qui nous semble nécessaire à cet égard, si l'on veut travailler à l'amélioration sincère de notre espèce? N'est-il pas utile d'ailleurs de présenter à ceux qui se vouent à un si noble dessein le type qu'ils devront se proposer pour modèle? Comment pourraient-ils autrement s'en rapprocher, au moins dans les points essentiels? Nous croyons donc avoir rempli un devoir urgent en faisant voir toutes les données du problème, sauf à accepter momentanément les solutions qui seront le moins imparfaites.

Mais le sentiment de cette insuffisance même, dans les moyens actuels de l'art pédagogique, nous conduit naturellement à émettre le vœu que le gouvernement fonde au plus tôt le complément nécessaire à ses écoles *normales*, non-seulement en établissant dans chacune d'elles un cours *théorique* tel que celui publié par M. Dégérando, mais encore en faisant de son application *pratique* un devoir de chaque jour, de chaque minute, de la part de tout chef de semblables institutions, et en regardant une haute capacité dans ce genre comme la condition la plus indispensable des nominations à ces emplois. Un directeur d'école normale ne doit pas être un simple *économe*, ou bien un *savant théoricien*, sans art directionnaire; il doit, avant tout, posséder les moyens de développer et diriger lui-même convenablement toutes les facultés de ceux qui, sortant de ses mains, seront eux-mêmes chargés du soin si difficile de développer et diriger une portion nombreuse de leurs semblables.

Un autre vœu, que nous désirerions encore vivement voir réaliser, serait qu'on établît au plus tôt des écoles normales pour les *institutrices*, à peu près sur le même pied que celles qui existent pour les instituteurs, sauf les différences qui seront vraiment nécessitées par la différence de destination des deux sexes, mais en retenant pour base commune de l'instruction tout ce dont la connaissance peut tendre à l'harmonie d'idées et de sentiments entre les deux moitiés de l'espèce humaine. Une telle institution est désormais indispensable, car, sans elle, l'existence des salles d'asile serait bientôt compromise, et l'on verra d'ailleurs quelle influence heureuse elle exercera sur les autres degrés de l'éducation du sexe féminin. Il y a plus : pour l'éducation même de notre sexe, n'importe-t-il pas que celle des femmes soit rendue plus solide ? On a vu, dans l'introduction, que nous n'admettons pas la pensée de M. Aimé Martin, qui voudrait que notre enseignement *moral* fût *exclusivement* confié à la mère; mais, comme nous l'avons alors remarqué, n'est-il pas dans la nature des choses qu'elle y ait nécessairement la plus grande part dans la première enfance? N'est-ce pas la mère, en effet, qui, du fond de ses entrailles, nous porte sur son sein, pour nous y faire puiser un second bienfait de vie? N'est-ce pas elle alors qui doit principalement veiller au développement de tout notre être, physique, intellectuel et moral? Or, comment pourra-t-elle remplir une si haute fonction, si son propre développement n'a reposé que sur des bases vicieuses? Et puis, dans les autres relations de la femme avec l'homme, comme fille, comme sœur, comme épouse, n'avons-nous pas aussi fait voir combien il importe qu'elle soit à l'unisson avec lui par l'esprit et par le cœur? Il nous serait facile aussi de montrer que presque tous les écarts entre les deux sexes n'ont pas d'autre cause que le défaut d'accord dans les goûts et les principes; mais nous sommes obligés d'abréger ces considérations, quelque immense que soit leur intérêt, et nous croyons du reste avoir assez prouvé qu'une éducation rationnelle, étant aussi indispensable pour un sexe que pour l'autre, les établissements normaux pour les institutrices sont un besoin aussi impérieux que ceux créés pour les instituteurs. Il y a donc identité parfaite de raison dans les arguments pour ou contre ces deux genres d'établissements, et l'on finira par se convaincre qu'il faut les organiser complétement les uns et les autres, ou les supprimer également. Entre ces deux extrêmes , un gouvernement paternel et éclairé pourrait-il balancer un seul instant (1) ?

(1) En attendant qu'on institue des écoles normales spécialement destinées aux filles, et peut-être même concurremment avec elles, nous conseillerions d'établir, au sein des salles d'asile, une sorte de pépinière de futures institutrices, dont les sujets seraient choisis parmi les petites filles qui annonceraient tout à la fois le plus d'intelligence et de bonté, joint à un goût bien prononcé pour donner des soins aux autres enfants. Voici comment on pourrait s'arranger avec leurs familles, pour en disposer dans ce but. Supposons qu'une d'elles, à l'âge où elle devrait quitter l'asile, paraisse propre à la destination dont s'agit, on ferait part de cette idée aux parents, en leur offrant une légère gratification annuelle pour son entretien, avec promesse de porter son instruction, tant manuelle qu'intellectuelle, au même point que si elle allait dans les écoles primaires du second degré; ce qui s'obtiendrait facilement au moyen de leçons particulières de la directrice, joint au fait même de la part qu'on lui ferait prendre successivement à l'enseignement de l'asile. A mesure qu'elle avancerait en âge, on augmenterait progressivement le traitement annuel, jusqu'à ce qu'elle parvînt à celui de sous-directrice en titre. Jusqu'à cette époque elle porterait le titre d'*aide*. Ces enfants seraient en effet d'un très-grand secours pour la tenue des salles d'asile, même indépendamment des vues ultérieures qu'on aurait sur elles, et c'est ce qui nous fait penser que cette institution pourrait marcher de front avec celle d'écoles normales féminines, distinctement organisées, où l'on pourrait d'ailleurs envoyer les *aides* d'asile sur la fin de leur éducation. Nous disons qu'elles seraient d'un grand secours aux asiles; car, d'abord elles serviraient journellement de *monitrices générales*, fonctions d'une grande utilité, et ensuite parce que, avec leur coopération, la directrice ou sous-directrice, en cas d'empêchement de l'une ou de l'autre d'elles, pourrait, moyennant quelque surcroît d'efforts, conduire momentanément l'école; tandis que, dans

Nous voudrions aussi que le ministère de l'instruction publique (qui devrait désormais être celui de l'ÉDUCATION publique) développât une mesure dont il a présenté le germe dans le rapport sur la loi de juin 1833, c'est-à-dire l'établissement de *conférences périodiques* entre les instituteurs primaires, et qu'il étendît cette mesure aux *institutrices*. Il faudrait qu'un règlement général organisât ces conférences dans toute la France, et les rendît obligatoires de facultatives qu'elles sont simplement. On pourrait en établir de *cantonales* entre tous les instituteurs d'un même canton, et de *départementales* entre les instituteurs des chefs-lieux de canton. Ceux-ci, qui seraient les présidents de la conférence cantonale, seraient ainsi les interprètes naturels des idées de leurs collègues non présents à la conférence départementale, qui serait elle-même présidée par l'inspecteur départemental. Les unes et les autres de ces assemblées rédigeraient des pro-

l'état actuel des choses, les malheureuses directrices et sous-directrices ne peuvent s'absenter un seul instant, même en cas d'indisposition ou d'affaire urgente. La plupart sont ainsi forcées de compromettre gravement leur santé et leurs autres intérêts, et de renoncer même aux devoirs de famille. Or, pour attirer des personnes distinguées vers ce genre de fonctions, si belles, mais si pénibles, il ne faut pas en faire un métier d'esclaves, ni un emploi au-dessus des forces des personnes les plus robustes.

cès-verbaux de leurs séances, qui seraient envoyés au ministère. On pourrait aussi réunir dans
la capitale, une fois par an, une grande conférence nationale, où seraient représentées toutes
les conférences départementales, et que préside-
rait le ministre ou l'un de ses délégués spéciaux.
Enfin l'on fonderait, dans chaque département,
une *revue* ou des *annales* d'éducation primaire,
et à Paris une revue GÉNÉRALE du même genre.
Il nous semble qu'ainsi le gouvernement et le
public acquerraient, sur cet important sujet, une
masse de connaissances tellement supérieure à ce
qu'on possède maintenant, qu'aucun progrès dans
ce genre ne pourrait désormais rester sans un
succès aussi rapide que général. Enfin, pour
faire produire à cette organisation tout le fruit
dont elle est susceptible, il faudrait décider qu'à
partir d'une certaine époque, aucune place supérieure, dans toute la carrière du professorat,
ne pût être occupée sans avoir auparavant passé
par tous les degrés inférieurs, absolument comme
dans l'armée. C'est alors qu'on aurait une *véritable hiérarchie*, fondée sur le mérite et les services.
Pourquoi faut-il donc que jusqu'à présent on ne
soit arrivé jusqu'à ces hauts principes que dans
la cruelle science de détruire nos semblables....?
Nous ne terminerons pas cette émission de
nos vœux, sur les moyens de rendre à la carrière

de l'éducation primaire toute la bienfaisante importance qu'elle réclame, sans y ajouter encore celui qu'on assure enfin une existence convenable aux ministres de ce noble sacerdoce. Ils ne devraient plus être obligés, pour augmenter leur chétif traitement, de cumuler d'autres emplois qui les détournent de leurs principales fonctions, et les mettent sous la dépendance de deux ou trois supérieurs, qui souvent se disputent à la fois leurs services. Ils devraient encore être délivrés des cruels soucis de l'avenir, pour eux et leur famille, afin d'avoir le calme et la liberté d'esprit qui leur sont si nécessaires. Il faudrait donc qu'on établît pour eux un large système de retraite, qui s'étendrait à l'époux survivant. Enfin, lorsqu'ils mourraient sans fortune ou lorsqu'ils seraient chargés d'une nombreuse famille, leurs enfants seraient adoptés par l'état, juste réciprocité du bienfait qu'ils auraient exercé envers les enfants des autres citoyens. Alors, *mais seulement alors*, on pourrait obtenir un nombre suffisant de personnes dignes d'une si haute distinction, et c'est alors aussi que la patrie cesserait d'être ingrate envers un ordre de fonctionnaires qu'on peut à juste titre appeler le premier de la société, puisqu'il a pour mission spéciale de former tous ses membres à l'amour et à la pratique des vertus sociales.

PREMIÈRE SECTION.

Education physique des Enfants.

Considérations sur l'importance de l'éducation physique.

Nous avons déjà, dans l'introduction, énoncé rapidement les motifs qui nous font regarder l'éducation matérielle comme aussi indispensable que celle des autres parties de nous-mêmes. Nous avons fait observer en effet que l'homme faible ou maladif, indépendamment des souffrances auxquelles il sera sujet, ne jouira jamais aussi bien de ses facultés que l'homme sain et vigoureux. Nous avons ajouté qu'en supposant même chez un individu la force et la plénitude de la santé, il ne pourra jamais être aussi utile, soit à lui-même, soit à la société, si ses forces n'ont pas été exercées d'une manière convenable ; d'où suit la double nécessité de veiller, dans l'enfance, à la formation d'une constitution robuste, ce qui est particulièrement du ressort de l'*hygiène*, et à l'exercice intelligent des facultés corporelles, ce qui est l'objet spécial de la *gymnastique*. Mais ces propositions générales, suffisantes pour motiver la compréhension de l'éducation physique dans la sphère de notre travail, ont besoin d'être développées pour en faire saisir toute la portée aux instituteurs, et les convaincre même que, sans cette première base, leur œuvre serait aussi fautive qu'incomplète.

« La santé est le plus précieux des biens, » dit un adage vulgaire. En effet, peut-on jouir de quelque bonheur si le corps est souffrant, si les facultés sont languissantes ou douloureusement excitées, si toute l'existence est absorbée par les soins qu'exige la cure d'un mal, ou un simple soulagement ? Et ce n'est pas à la souffrance directe de l'individu que se bornera le résultat malheureux du défaut de santé, même en ne considérant encore la question que sous le rapport matériel ; toute sa famille peut en être victime, si sa coopération lui est indispensable pour les moyens journaliers de subsistance, ou pour conserver l'avantage d'une fortune antérieurement acquise. La société entière en éprouvera aussi un préjudice, puisqu'elle sera privée de son concours pour tout ce qui est d'intérêt public, et puisque, pour satisfaire à l'humanité, elle devra venir à son secours et à celui des personnes dont il eût été l'appui. L'instituteur manquerait donc en même temps à ses devoirs envers les individus, les familles et l'état, sous le rapport matériel, s'il n'apportait le plus grand soin à tout ce qui peut conserver la santé des élèves qui lui sont confiés.

Mais cette conservation est encore des plus importantes pour le bon développement de nos facultés affectives et intellectuelles ; car, nous l'avons aussi déjà remarqué, tout est lié dans notre organisation. Ainsi, quant aux facultés affectives, ne voit-on pas fréquemment les meilleurs naturels se détériorer dans l'enfance après une maladie grave? C'est d'abord parce que l'être qui souffre, surtout quand il n'a pas encore de raison, devient nécessairement irritable, et s'en prend à tout ce qui l'entoure pour la douleur qu'il éprouve. Cette disposition ne tarde pas à aigrir son caractère, à changer de douces tendances contre des tendances pénibles, et quelquefois à altérer les sentiments qui formaient le lien d'affection entre lui et les divers membres de la famille. D'un autre côté, ses parents, obligés d'avoir les plus grands ménagements tant qu'il est malade, et n'osant alors lui rien refuser, il devient exigeant, volontaire; ensuite, après la guérison, lorsqu'ils sentent la nécessité de résister à ses caprices, à ses exigences, l'enfant, les croyant injustes ou moins bons à son égard, se révolte ou s'afflige, et les parents, à leur tour, se trouvant excédés, s'impatientent ou se désolent, et finissent trop souvent par ne trouver d'autre remède à ce mal que dans les réprimandes amères ou les punitions. Or ces nouveaux rapports, si différents de ceux qui existaient naguères entre des êtres qui ne savaient que s'aimer, doivent nécessairement porter atteinte à ce premier sentiment, et jetteront quelquefois un trouble complet dans le cœur d'un malheureux enfant, trop peu raisonnable pour comprendre la légitimité de la résistance qu'on lui oppose maintenant. On voit donc de toutes les manières que la conservation de la santé, particulièrement dans le premier âge, est la plus sûre garantie du juste développement de nos facultés affectives.

Il en est de même des facultés intellectuelles. D'abord, on ne peut songer sérieusement à l'instruction d'un enfant malade. Il faudra souvent l'interrompre tout à fait; et, dans tous les cas, on ne pourra la donner que d'une manière incohérente, ce qui amènera peut-être pour toujours la même incohérence dans son esprit. Il faudra également qu'elle soit faible, pour ne pas fatiguer l'enfant débile; et alors que de précieux moments perdus! que d'occasions manquées peut-être pour lui faire franchir à propos les degrés les plus importants d'un utile savoir! D'un autre côté, les médecins s'accordent à penser que, dans les maladies, surtout celles de l'enfance, il arrive souvent que l'équilibre antérieur des facultés se rompt tout à fait, un organe ayant subi le plus grand affaiblissement, tandis qu'un autre a acquis une prépondérance disproportionnée. Alors, quelquefois, les aptitudes pour les divers genres d'instruction ont entièrement changé : les unes se sont effacées pour faire place à de nouvelles; d'autres sont devenues presque nulles, tandis qu'il en est de faibles auparavant qui ont pris le caractère de la plus grande énergie. Combien alors les parents ou les instituteurs ne seront-ils pas embarrassés pour reprendre le fil de leur enseignement, et l'ancien gouvernail de leur direction intellectuelle ! Dans combien de méprises fâcheuses ne pourront-ils pas tomber, malgré tous leurs soins! Enfin, quelquefois il suffit d'une seule maladie pour enlever à la fois toutes les espérances qu'avait fait naître l'organisation la plus heureuse. L'esprit le plus vif a perdu tout son ressort, et le dégoût complet de l'étude succède à l'ancienne impatience de tout savoir; le jugement le plus solide est remplacé par une fatale disposition aux associations d'idées les plus fausses. Heureux alors les parents si l'enfant chéri, l'enfant qui avait fait naître tant de brillantes illusions ne tombe pas dans le cruel état de la démence ou d'un complet idiotisme !

Nous venons de démontrer l'importance de cette partie de l'éducation physique dont le but spécial est l'*entretien de la santé;* nous devons maintenant faire voir les avantages de celle qui a pour objet le *développement et le bon emploi des forces corporelles*, et nous le ferons encore sous le double point de vue physique et moral.

La *gymnastique*, c'est-à-dire l'art des exercices corporels, soumis à des principes scientifiques, n'est regardée par beaucoup de personnes que comme moyen de former des faiseurs de *tours de force*, et comme étant ainsi parfaitement inutile, ou même nuisible, dans l'éducation générale, d'autant plus que, selon ces personnes, les enfants seraient toujours assez bien inspirés par la nature pour faire d'eux-mêmes tous les exercices vraiment nécessaires au développement de leur corps. Une telle opinion, nous devons le dire, n'annonce qu'une observation superficielle, et de l'art dont il s'agit, et des moyens par lesquels chaque enfant y supplée par sa propre impulsion.

L'expérience de chaque jour prouve que les enfants, livrés à eux-mêmes, dans leurs récréations, ou lorsqu'il s'agit d'efforts pour vaincre un obstacle, le font sans mesure ni prévoyance, et cela s'explique naturellement par la vivacité de leur âge et leur ignorance des choses. Chacun d'eux, pris isolément, serait donc, par cela seul, exposé à des accidents qui peuvent être funestes; mais que sera-ce lorsqu'on songe que, presque toujours, c'est en commun qu'ils s'adonnent au jeu, et qu'alors ils sont vivement excités, soit par la simple émulation, soit par les défis qui leur sont faits par leurs camarades, et qui les poussent quelquefois aux actes les plus téméraires? Sous ce rapport, celui du danger que peuvent courir les enfants par un excès d'ardeur ou par suite de leur imprévoyance, il serait donc très-utile déjà de trouver un moyen de tempérer leurs ébats, de leur apprendre à mesurer la difficulté des exercices auxquels ils vont se livrer, ainsi que l'étendue de leurs forces, enfin de les instruire sur la manière d'en régler l'usage et d'en augmenter au besoin la faculté. Or tel est le but principal de la gymnastique, réduite en système raisonné.

Mais ce n'est pas à cet avantage seul qu'elle borne son bienfait, elle est en même temps le plus sûr moyen de maintenir les enfants en santé, et de fortifier l'ensemble de leur constitution ; elle sert en outre à développer d'heureuses dispositions, et à corriger les mauvaises. Ainsi, pour prendre des exemples de ce dernier genre, les enfants exposés à un excès d'irritabilité nerveuse se trouveront bien des exercices qui agissent fortement sur le système musculaire, tandis que ceux dont la force musculaire est dominante devront surtout s'adonner à ce qui peut exercer leur intelligence ; l'enfant lymphatique devra être soumis aux exercices qui développeront à la fois le système musculaire et la circulation, et celui qui est disposé aux déviations osseuses devra surtout se livrer à certains mouvements qui agissent sur tel ou tel muscle particulier. Ainsi encore, quoique la course offre un moyen de développer avantageusement un nombre considérable de muscles, les enfants dont la poitrine est faible devront en user modérément. Les mêmes distinctions devront être faites dans une foule d'autres cas importants, et l'on ne peut trouver de lumière sûre, pour se guider alors, que dans un art qui a puisé toutes ses règles dans la connaissance exacte des lois physiques en général, combinée avec celle des lois physiologiques du corps humain.

Il est d'ailleurs beaucoup d'exercices corporels auxquels chaque enfant, dans sa sphère privée, n'a pas le moyen de se livrer, et qui peuvent être d'une grande utilité. Telles sont les manœuvres des pompiers, indispensables souvent pour tous ceux qui accourent à un incendie; tels sont les exercices préparatoires de l'art militaire ou de la marine; telle est aussi la natation, qu'il est si imprudent de laisser apprendre sans surveillance aux enfants. Eh bien! dans tout gymnase un peu développé, on vous instruit ou l'on vous dispose au moins fortement à tous ces exercices; et, dès lors, il ne faut pas un grand effort d'esprit pour juger combien l'introduction générale de la gymnastique dans l'éducation augmenterait la valeur de chaque citoyen, pour lui-même, pour la faculté de secourir ses semblables, et pour le service général de la société.

Cet art produit aussi le plus heureux effet sur le développement de nos facultés morales. L'élève, instruit à user rationnellement de ses forces, dans un système où l'on a su faire intervenir de la manière la plus heureuse les habitudes d'ordre et toutes les impulsions bienveillantes, ne sera point un sauvage pugilateur, prêt à se ruer sur quiconque oserait s'opposer à ses désirs, ou lui disputer la supériorité du pouvoir musculaire. Il est vrai, le sentiment de ce qu'il peut le disposera à ne pas souffrir d'injuste agression; mais ce sentiment, contenu dans les bornes de la raison et de la justice, par l'esprit même qui règne dans tout le système, le disposera à plus de calme, à plus d'indulgence, lorsqu'il ne s'agira pas d'offenses intolérables. Ce sera donc un homme modéré autant que fort, ce sera donc un homme généreux, disposé à se servir des dons qu'il reçut de la nature et de l'art pour aider le faible et secourir l'opprimé. Il contribuera donc de la manière la plus efficace au règne de la bienfaisance, ainsi qu'an triomphe de la raison et du bon droit.

Les avantages de la gymnastique ne sont pas moins effectifs sous le rapport intellectuel. D'abord, tout ce qui agit raisonnablement sur nous a nécessairement une salutaire influence pour la formation d'une raison saine; ensuite l'harmonie qui s'établit, par la combinaison de ces divers exercices, entre les organes mêmes qui président à l'intelligence, cette harmonie s'étend sur les idées, et tend à leur donner la plus grande rectitude. D'un autre côté, le domaine de cet art, comprenant les organes de perception aussi bien que les autres parties du corps, il en résulte qu'il peut servir beaucoup au bon développement de ces organes, aider ceux qui sont faibles, modérer ceux qui auraient une force exagérée, corriger ceux qui sont défectueux. Enfin le seul fait de contribuer puissamment à la santé et à la formation d'une constitution robuste, qui sont si nécessaires pour les succès intellectuels soutenus, ce fait seul est encore une forte considération pour recommander aussi la gymnastique à cet égard.

Nous ne voulons pas terminer ces considérations générales, sur les bienfaits de la gymnastique, sans en signaler un qui s'applique tout à la fois au physique et au moral de l'homme : une expérience constante a prouvé que ces exercices sont le meilleur moyen, soit pour prévenir, soit même pour corriger ces funestes habitudes qu'amène trop souvent l'approche de la puberté, et qui, tout en portant la plus grande atteinte à la morale, dessèchent les sources de la vie, en même temps qu'elles sont le principe d'une foule d'infirmités, physiques ou morales, qui peuvent aller jusqu'à la caducité la plus précoce, ou une démence complète.

Nous croyons maintenant avoir fait sentir assez tout le prix de l'éducation PHYSIQUE, en général, dans les deux branches principales de l'hygiène et de la gymnastique; nous allons employer les deux paragraphes qui suivent à l'examen spécial des divers points qui, surtout dans la première période de cette partie de l'éducation, doivent fixer principalement l'attention des instituteurs et de toutes les personnes préposées à une partie quelconque de cette œuvre si importante.

§ 1er. — Entretien de la santé.

1° *Local des écoles.*

La première condition de salubrité, pour les enfants, est celle du local qui les réunit. Toutes les parties doivent être dans une position saine, qui ne soit pas humide, qui soit bien aérée et exposée aux rayons du soleil, dont la lumière exerce une si favorable influence sur la santé. Mais il est quelques dispositions particulières, applicables à chaque partie respectivement, et que nous allons indiquer.

La *salle d'étude* doit être, surtout pour les salles d'asile, située au rez-de-chaussée, afin que les enfants soient garantis des dangers de chute auxquels ils seraient exposés dans les escaliers, et pour qu'il y ait plus de rapidité, sans crainte d'accidents, dans le service d'entrée et de sortie de la salle, et aux lieux d'aisance.

Il serait à désirer qu'elle fût planchéiée, si l'on ne considère que le confort parfait des enfants, et si l'on n'est pas arrêté par des motifs d'économie. Cependant, comme cette circonstance augmente le bruit qu'ils font avec leurs sabots, surtout dans les salles d'asile, ce qui fatigue extrêmement la poitrine des maîtresses, nous pensons qu'on peut, sans inconvénient notable pour les enfants, la carreler ou la garnir d'une aire en terre de salpêtre, battue comme une aire de grange (1); mais, dans ces derniers cas, il faut avoir bien soin que le sol de la classe soit un peu au-dessus du niveau du sol environnant.

(1) Peut-être une couche d'asphalte vaudrait-elle encore mieux. Cependant nous ne savons jusqu'à quel point il faudrait alors augmenter les précautions contre l'incendie, cette matière étant fort combustible; il faut consulter à cet égard, afin de s'assurer si cette propriété ne diminue pas dans la combinaison de l'asphalte avec d'autres matières.

La salle doit être assez vaste et assez élevée d'étage pour qu'on y puisse respirer à l'aise. Toutefois il ne faut pas excéder certaines proportions dont nous avons parlé dans le chapitre préliminaire, tant pour ménager la voix des maîtresses que pour ne pas rendre le chauffage trop coûteux. Il faut, s'il est possible, qu'elle reçoive l'air des deux côtés, pour établir les courants nécessaires; et, si cela ne se peut, on doit pratiquer des ventilateurs dans les côtés opposés à celui où sont les fenêtres. Quant à la température de l'air, elle ne doit être ni trop basse ni trop élevée. Il serait utile, en été, de placer quelque obstacle au soleil qui peut pénétrer jusqu'aux enfants, au moins du côté où ils y sont le plus exposés. En hiver, il faut distinguer les cas où le froid extérieur est excessif, et ceux où il n'est pas très-considérable. On a tort d'établir une règle générale pour tous les cas, et de dire, par exemple, que la température doit être constamment de 10 à 12 degrés dans une classe. Certes, lorsque la sensation généralement éprouvée est froide, quoique le thermomètre marque au dehors un certain nombre de degrés *au-dessus* de zéro, il faut bien que la température du dedans soit un peu supérieure, et qu'elle approche par conséquent des degrés que nous venons d'indiquer, pour que les enfants s'y trouvent mieux qu'à l'extérieur; mais, quand la température extérieure est de *plusieurs* degrés *au-dessous* de zéro, il est inutile que celle de l'intérieur s'élève très-haut, et nous avons observé souvent qu'alors deux ou trois degrés au-dessus de zéro donnent une température très-agréable, à cause de la comparaison qu'on fait, sans même y songer, avec la sensation du dehors. Il faut d'ailleurs songer que, dans les salles d'étude des salles d'asile et des écoles mutuelles, les enfants et les maîtres font de fréquents mouvements, ce qui les préserve du froid. Enfin, ce qu'il faut bien considérer, c'est qu'il est très-dangereux que l'intérieur des écoles soit trop chauffé; car il est impossible de faire prendre aux enfants toutes les précautions convenables, quand ils passent de cette atmosphère dans l'atmosphère extérieure; et, dans ce cas, des maladies mortelles peuvent être la conséquence d'un excès d'attention pour leur procurer un moment de bien-être un peu plus complet.

L *préau couvert* doit à peu près remplir les mêmes conditions que la classe, quant à la situation au rez-de-chaussée, à l'absence d'humidité et à l'étendue, et nous avons déjà dit pourquoi nous pensons que les dimensions doivent être presque les mêmes que celles de la classe; mais cette pièce doit être, plus encore que la classe, l'objet de tous les soins pour l'aérage et la propreté, en raison des repas qu'y prennent les enfants, ce qui occasionne une odeur très-désagréable, ainsi que le dégagement de miasmes qui seraient très-nuisibles s'ils n'étaient aussitôt chassés au dehors. Malgré cela, nous ne pensons pas qu'il soit nécessaire de faire le préau couvert aussi haut d'étage que la classe, parce que les enfants n'y sont pas placés dans une position aussi élevée que celle des gradins. Nous pensons aussi que la température peut y être plus basse d'un ou deux degrés que celle de la classe, parce que les enfants y font encore plus d'exercice, et que, d'ailleurs, la classe doit être le lieu le plus confortable de tout l'établissement, pour que tout y serve d'attrait à l'étude.

Les *lieux d'aisance* doivent être placés dans un endroit qui ne soit pas trop éloigné du préau couvert, afin de ne pas rendre trop long le service d'y conduire les enfants ; et cependant cette position doit être telle qu'aucune odeur ne pénètre dans aucune des pièces de l'intérieur. Nous avons dit, page 54, pourquoi nous préférons à tout autre mode de lunettes celles qui sont établies sur des *siéges* en bois peint, comme ceux des lieux d'aisance ordinaires, sauf à en réduire les dimensions. C'est, nous persistons à le croire, la meilleure disposition pour la propreté et la commodité des enfants. On doit tenir les siéges et leur abord constamment propres ; mais nous ne croyons pas nécessaire le lavage à l'eau de chlore, excepté peut-être dans les cas d'épidémie grave. Au surplus, quoi qu'on fasse, on ne parviendra pas à rendre de pareilles latrines parfaitement inodores, surtout à cause de l'urinoire des garçons; mais il suffit à la salubrité générale de l'établissement que leurs émanations ne pénètrent pas dans les parties closes de l'école.

2° *Propreté personnelle.*

Quel que soit le degré de l'école primaire, il faut exiger des parents qu'ils n'y envoient leurs enfants que dans le plus grand état de propreté compatible avec leurs ressources et leurs occupations. Ceci s'applique au lavage des mains, du visage, au soin de la tête, ainsi qu'à la tenue des vêtements. Le règlement que nous avons proposé pour les salles d'asile contient, à cet égard, des dispositions que nous ne saurions trop recommander, et dont une partie peut avoir son usage dans les autres écoles. Le docteur Cerise, dans un livre fort remarquable, intitulé *le Médecin des salles d'asile*, conseille d'instituer l'usage des bains dans ces établissements; nous ne le croyons pas praticable dans ceux qu'on a jusqu'à présent fondés pour les classes pauvres, quoiqu'il y fût sans doute extrêmement utile; mais cela serait très-possible dans les asiles destinés aux classes aisées , surtout si les enfants y étaient peu nombreux; et sans doute, un jour, quand les deniers publics pourront s'appliquer surtout aux institutions pacifiques et régénératrices , toutes les écoles pourront être dotées d'une chambre de bains chauds pour l'hiver, et d'un bassin d'eau froide pour l'été, qui servirait en même temps de petite école de natation.

Nous n'avons sans doute pas besoin de retracer tous les avantages de la propreté sous le rapport physique , tant ils sont évidents aux yeux de chacun; mais nous croyons devoir encore transcrire ici un passage de M. Dégérando , extrait de l'ouvrage deja cité (1), où les avantages *moraux* de cette qualité sont présentés avec toute la force de la raison , jointe aux charmes du style le plus pur. Nous ne faisons point une œuvre de vanité; et toutes les fois que nous trouverons une de nos pensées mieux exprimées par un autre que nous ne saurions le faire, nous n'hésiterons pas à sacrifier le désir de paraître créateurs à celui d'être plus complétement utiles (2).

(1) *Cours normal des instituteurs primaires,* ou directions relatives à l'éducation physique, morale et intellectuelle dans les écoles primaires, pages 61 à 63.

(2) Nous ajouterons une autre considération pour justifier les emprunts auxquels nous avons recours, non-seulement pour certains morceaux dont nous reconnaissons la supériorité d'ex-

« Parmi les soins que l'on donne au corps , il en est qui ont une importance morale, peu sensible en apparence , mais très-réelle. Tels sont ceux de la propreté , par exemple. La propreté sur la personne , dans les vêtements , est l'une des règles les plus certaines de l'hygiène ; elle prévient une foule de maladies, elle entretient la fraîcheur, et facilite le jeu de tous les organes ; mais elle entretient aussi les idées de décence , les habitudes d'ordre ; elle concourt à inspirer le respect que l'homme se doit à lui-même , elle l'accoutume à la vigilance sur soi ; elle commande la modération , l'attention, la retenue en beaucoup de choses ; elle dispose au travail ; elle répand une certaine sérénité dans l'esprit ; elle offre l'image sensible de la pureté intérieure de l'innocence ; elle est aussi un égard pour les autres ; elle plaît, elle attire la bienveillance, elle facilite le commerce de la vie, elle est un lien de sociabilité. L'enfant dont l'extérieur inspire le dégoût sera moins favorablement accueilli, éprouvera une sorte de honte qui nuira à

pression, quoique sur des sujets qui nous sont familiers, mais encore pour d'autres relatifs à des matières qui nous sont étrangères, ou sur lesquelles nos connaissances sont plus bornées: c'est que, sans ce moyen, il nous eût été impossible de parcourir convenablement une carrière telle que celle que nous nous sommes tracée, dont les avenues sont si multipliées, et dans chacune desquelles il nous fallait au moins pénétrer de quelques pas.

toutes ses actions. Voyez comme ces soins de la propreté prennent une part naturelle, et aux plaisirs innocents, et à la solennité des fêtes, et aux formes du culte religieux ! Malheureusement ils sont, parmi nous surtout, beaucoup trop négligés dans les conditions peu aisées. C'est un motif de plus de faire tous nos efforts pour y accoutumer les enfants qui appartiennent à ces conditions. Par là on contribuera à tempérer chez eux la rudesse des mœurs et la grossièreté des manières. La propreté peut être aussi observée dans toutes les situations; il y a une propreté compatible avec la pauvreté elle-même. Vous veillerez donc, lorsque vos élèves arrivent à l'école, lorsqu'ils la quittent, à ce qu'ils observent les soins nécessaires, lavent leurs mains, leur visage; vous exigerez qu'ils nettoient leurs vêtements, et leur en fournirez les moyens. Mais, déjà ici, vous remarquerez, mes chers auditeurs, la nécessité où vous êtes de vous entendre avec les parents, d'obtenir leur concours; car c'est aux parents à faire en sorte que les enfants n'arrivent pas avec des vêtements sales, en désordre; à ce que, dans le cours de la vie domestique, ils continuent à suivre les mêmes règles. Vous pouvez, vous devez exiger que vos élèves aient une tenue décente. Si vous réussissez à l'obtenir du plus grand nombre, les autres, peu à peu, s'y conformeront par imitation, par amour-propre, et les parents eux-mêmes se sentiront intéressés à ce que leurs enfants ne soient pas signalés par un extérieur dégoûtant. »

3° *Aliments et boissons.*

Hors les cas de disette ou de cessation de travaux dans la classe ouvrière, ce n'est point par l'insuffisance de nourriture que pèchent les parents envers les enfants en bas âge qu'ils envoient aux écoles; c'est presque toujours par le défaut contraire, ou par le manque de discernement pour la qualité. Dans les salles d'asile, surtout, on peut observer une habitude de surabondance des aliments, qui fait honneur à l'humanité, mais qu'il faut empêcher de devenir nuisible à ceux qui en sont l'objet, ainsi qu'au reste de leur famille. Il n'est pas rare de trouver, dans les paniers d'enfants de deux à trois ans, pour une partie de la journée seulement, des morceaux de pain qui suffiraient presque à de grandes personnes pendant tout le jour. Aussi qu'arrive-t-il? C'est que la plupart d'entre eux se forcent à manger, ou jettent une grande partie de leurs provisions, quand on ne les surveille pas avec le plus grand soin, ou bien qu'ils se bornent à manger la bonne chère qui est jointe à leur pain. Les conséquences d'un tel régime sont, d'abord, de fréquentes indigestions chez les enfants dont les parents se sont peut-être privés du nécessaire, outre qu'ils contractent à la fois les vices de la gloutonnerie et de la friandise, qui, plus tard, amèneront chez eux la pénurie, et les conduiront peut-être au crime ; car il n'est pas de corrupteurs plus habiles que la grandeur des besoins et la sensualité (1). Les chefs d'établissements d'éducation primaire ne sauraient donc trop recommander aux parents d'observer à cet égard une juste mesure ; et, dans tous les cas, ils doivent bien surveiller les enfants, afin de neutraliser au moins ces mauvais effets sur eux-mêmes, et les empêcher surtout de perdre une partie souvent si précieuse d'aliments. Nous le disons avec douleur et même avec honte, il est des asiles où, loin de faire des efforts pour détruire un tel abus, on semblerait disposé à l'encourager, en spéculant sur d'aussi saintes dépouilles, pour nourrir un grand nombre d'animaux de basse-cour dont on fait un commerce, ou pour en retirer un lucre immédiat en les vendant aux nourrisseurs de ces animaux.

On ne doit pas moins de bons conseils aux parents sur la *qualité* de la nourriture. La plupart d'entre eux croiraient n'avoir pas rempli leurs de-

(1) Voir ci-après notre réponse aux objections qui pourraient nous être faites par les disciples de Fourier, sur la manière dont nous envisageons ce sujet.

voirs s'ils ne gorgeaient pas leurs enfants d'une profusion de viandes les plus lourdes, ou de pâtisseries également indigestes, ou de fruits encore loin de la maturité. Il faut s'efforcer de leur persuader que, loin de faire par là acte de véritable tendresse, ainsi que par la trop grande quantité d'aliments en général, ils leur rendent un très-mauvais service, et leur préparent peut-être l'avenir le plus cruel. Il faut, au besoin, s'entourer à cet égard des avis du médecin de l'établissement, et s'autoriser même de ses prescriptions pour faire une impression plus forte sur l'esprit des parents, et même de ceux des enfants qui peuvent déjà comprendre l'autorité qu'exercent en général les médecins sur le régime alimentaire de leurs clients. Il serait quelquefois bon de solliciter les secours de la charité pour substituer soi-même une alimentation plus convenable, si cela est impossible à la famille; mais, dans ce cas, ainsi que dans celui où quelque enfant n'aurait pas de vivres en suffisance, il faut, autant que possible, que les enfants ni les parents ne s'aperçoivent pas qu'on y pourvoit à l'asile, parce qu'il faut épargner l'humiliation aux parents dont l'impuissance ne viendrait pas de leur faute, et parce que peut-être quelques-uns se relâcheraient du soin de nourrir leurs enfants, s'ils savaient qu'on y songe pour eux.

Ici se place une question fort sérieuse, celle de savoir si l'on doit introduire généralement, pour les salles d'asile, l'usage de donner une soupe aux enfants vers le milieu du jour, comme cela a lieu en Italie et dans quelques localités de France. Malgré tout ce que cet usage semble, au premier coup d'œil, avoir de philanthropique et de favorable à la santé des enfants, nous ne balançons pas à nous prononcer pour la négative, et voici nos motifs :

1° Sans examiner encore si l'usage de la soupe est indispensable aux enfants, il n'est pas exact de dire, comme M. Cerise, que les enfants, à Paris et dans les autres villes de France les plus populeuses, ne mangent que du pain sec le matin et le soir dans leurs familles, en sorte qu'ils seraient absolument privés d'aliments liquides s'ils n'en mangeaient à l'asile. A Paris même, il est plusieurs classes d'ouvriers qui mangent la soupe à neuf heures du matin, et toutes les personnes qui dînent de quatre à cinq heures du soir, au moment de la sortie de l'asile, en mangent alors également. On peut en dire autant, à plus forte raison, des villes d'un ordre inférieur, et M. Cerise convient que, dans la campagne, on mange la soupe matin et soir. L'assertion dont il s'agit est donc dénuée de fondement.

2° Mais est-il bien prouvé que cet aliment particulier soit nécessaire à la santé des enfants? Sans parler des peuples reculés en civilisation, qui non-seulement ne mangent pas d'aliment liquide, mais qui se nourrissent de viandes crues, ou d'autres objets qui nous semblent impossibles à digérer, en raison de nos habitudes, ne voyons-nous pas l'Angleterre (1) où l'on ne mange jamais de soupe, si ce n'est dans des cas très-rares, comme un moyen de varier les mets? D'ailleurs, à supposer que les enfants éprouvassent en cela quelque différence défavorable, elle serait amplement compensée par la régularisation de leur repas, dont on a le plus grand soin dans les asiles, ce qui n'arrive presque jamais dans les familles du pauvre, où les enfants prennent la plupart de leurs repas en courant dans les rues, ainsi que par les autres soins de divers genres que nous avons conseillés plus haut pour tout leur régime alimentaire.

3° Il existe plusieurs inconvénients graves dans l'institution des soupes gratuites pour les salles d'asile :

D'abord, elle nécessite un tel surcroît de dépenses, tant pour les frais de premier établissement

______

(1) Nous ne parlons que de l'Angleterre *proprement dite*, car nous savons qu'on mange de la soupe en Écosse, et nous ignorons quel est, à cet égard, l'usage de l'Irlande et du pays de Galles.

spéciaux à cet objet, que pour l'augmentation du personnel et le coût journalier, qu'on ne peut guère, avec cet usage, entretenir qu'une salle au lieu de deux, ce qui doublerait la difficulté, déjà si grande, de doter au plus tôt toutes les localités d'établissements aussi éminemment utiles.

En second lieu, tant que durera l'ordre actuel de la société, il serait imprudent, parmi les classes pauvres, d'enlever aux parents le soin de donner au moins la nourriture physique à leurs enfants. Heureusement, nous l'avons vu, tous, à peu près, sentent vivement le besoin de remplir ce devoir, et il serait déplorable de briser ce tendre et pieux lien, le seul qui les empêche quelquefois de se plonger dans tous les vices. Il n'y a que la nourriture morale dont ils ne sentent pas assez le prix, ou qu'ils ne pourraient leur donner, et c'est la seule pour laquelle ils doivent être suppléés, soit par les personnes plus favorisées de la fortune, soit par la société entière collectivement.

Il résulte à la fois de ce que nous venons de dire, au sujet des soupes gratuites dans les salles d'asile, et que leur défaut n'a pas les inconvénients qu'ont cru voir quelques personnes, et qu'au contraire l'introduction de cet usage aurait des résultats très-nuisibles, sous plusieurs grands rapports d'intérêt social; nous croyons donc être parfaitement fondés lorsque nous nous sommes prononcés pour la négative.

Les *boissons* doivent être aussi l'objet de toute la sollicitude des chefs d'établissements d'éducation où l'on prend un ou plusieurs repas par jour. A moins de prescription médicale, tout spiritueux au delà du degré de l'eau rougie doit être écarté des lèvres de l'enfance, comme trop irritant, et lui préparant d'ailleurs un besoin factice trop précoce. L'eau pure, quand elle est de bonne qualité, est encore ce qui lui convient le mieux. On sait généralement à quels signes se reconnaît la bonne eau , c'est lorsqu'elle dissout le savon et cuit facilement les légumes. Lorsqu'elle n'est pas pure, il faut la passer au filtre de sable et de charbon, cette dernière substance ayant la propriété générale d'absorber les gaz, et par conséquent ceux qui peuvent, dans l'eau, résulter de la décomposition des matières végétales et animales. Les décoctions de réglisse ou autres semblables ne sont propres qu'à masquer la mauvaise qualité de l'eau, et non à la corriger véritablement; elles n'ont également aucune efficacité pour prévenir le mauvais effet de l'eau fraîche, lorsqu'on la boit dans un état d'échauffement.

4° *Précautions diverses pour la conservation de la santé.*

Les directeurs ou directrices d'écoles d'un ordre quelconque doivent entourer les enfants de toutes les précautions propres à les préserver d'accidents ou de maladies.

Ils doivent avoir soin que, dans leurs jeux, ils ne se fassent aucun mal, et doivent en bannir toute lutte personnelle, ainsi que tout défi qui pourrait les conduire à des actes d'imprudence.

Ils prendront garde aussi qu'ils ne s'échauffent outre mesure; et lorsqu'ils n'auront pu le prévenir, ils empêcheront que les enfants ne s'arrêtent dans des courants d'air, et surtout qu'ils ne boivent de l'eau froide avant d'être revenus à leur état habituel. En hiver, il faut même constamment tenir l'eau dans une pièce dont la température ne descende pas à zéro. On aura soin également que les enfants ne souffrent pas du froid et surtout de l'humidité aux pieds, ni que leurs vêtements restent imprégnés d'eau. Toutefois, en prenant des précautions de ce genre, il ne faut pas tomber dans l'extrême, peut-être aussi dangereux, de *dorloter* les enfants. Il faut, au contraire, les accoutumer par degrés à endurer le froid, la fatigue et même à se passer de certaines précautions, le tout dans de sages limites. Il faut que notre constitution soit mise, autant que possible, en état de lutter contre les agents nuisibles; seulement il ne faut pas que l'apprentissage en soit fait aux dépens de cette même constitution.

On prendra garde que les enfants ne mangent des substances dangereuses, soit naturellement, soit par l'effet de la corruption ou de la malpropreté, et l'on donnera là-dessus des avis aux parents, pour qu'ils les surveillent chez eux ou à la promenade. Il faudra même s'éclairer autant que possible sur ce sujet auprès du médecin de l'établissement. Il faudra également saisir toutes les occasions de frapper l'esprit des enfants sur les suites fâcheuses de l'imprévoyance ou de l'oubli des précautions qu'on leur aura recommandées, ainsi que sur celles de la malpropreté, et surtout de l'intempérance; mais c'est plutôt par le tableau animé des faits, que par de froides maximes, qu'il faut agir en pareil cas.

Nous ne finirons pas cet article sans indiquer les moyens de prévenir une habitude, aussi déplorable sous le rapport de la santé que sous celui des mœurs, et qui n'est pas assez surveillée, ni dans les familles ni dans les écoles. Cette habitude, plus fréquente qu'on ne le pense, même chez des enfants de quatre à cinq ans, doit attirer la plus sévère attention, d'autant plus que souvent de malheureux enfants y sont entraînés d'une manière presque automatique, sans avoir le sentiment de ce qu'ils font. Une précaution générale est de ne jamais laisser plusieurs garçons ensemble aux latrines, surtout les plus grands, sans la présence d'une grande personne. Il faut aussi, comme précaution générale, inspirer constamment à tous la plus grande décence, et une espèce d'horreur pour la vue et l'attouchement des nudités, mais en ayant soin d'écarter de leur esprit toute idée qui pourrait leur apprendre ce qu'ils ne savent pas encore. C'est surtout comme inconvenant et malpropre qu'il faut leur défendre ce qui peut être indécent. Il est un autre moyen de prévenir ou même de corriger ce malheureux penchant, ce sont, comme nous l'avons déjà indiqué, les exercices du gymnase, qui, par une fatigue salutaire et une agréable diversion, contre-balancent puissamment les impulsions instinctives, ou l'effet d'exemples vicieux qui peuvent y avoir conduit. Enfin, dans le cas d'une habitude invétérée, surtout si elle se manifeste aux yeux des camarades, ainsi que cela peut avoir lieu de la part de très-petits enfants, par suite de leur ignorance même de l'immoralité de cet acte, on peut employer un moyen très-efficace, quoique bien simple : il consiste à mettre à l'enfant, devant ceux qu'on lui dit avoir été offensés par sa malpropreté et son indécence, une espèce de petite *entrave*, connue déjà dans plusieurs salles d'asile, qui maintient aux enfants les mains derrière le dos, sans les blesser, ni sans qu'ils aient l'air d'être attachés. On les pénètre bien de l'idée qu'on ne leur impose pas cette gêne pour leur faire du mal, mais uniquement pour les empêcher de faire mal eux-mêmes, et en les menaçant de rester ainsi tant qu'ils ne seront pas corrigés. Nous avons vu un asile naissant (où l'on s'était cru obligé de prendre pour moniteurs de grands enfants qui étaient imbus de ce vice, et qui l'avaient propagé d'une manière effrayante), nous l'avons vu entièrement purgé au moyen de deux ou trois exemples de ce genre, accompagnés des précautions générales que nous avons ci-dessus indiquées.

5° *Prévention des maladies contagieuses.*

Un des grands moyens préventifs de ces maladies est encore la propreté, dont nous avons déjà fait voir l'importance à tant d'autres égards. On en trouve un autre dans la sagesse du régime alimentaire, dont nous avons aussi fait voir les avantages d'une autre espèce, tant il est vrai que tout se lie dans un bon comme dans un mauvais système, et qu'on ne peut adopter un principe salutaire sans qu'il produise plusieurs bons effets, tandis qu'un principe faux engendre à la fois une foule de fâcheuses conséquences.

Il est toutefois quelques maladies contagieuses pour lesquelles il faut s'armer de précautions spéciales. Telle est, au premier rang, la *petite vérole*, si féconde en ravages, et contre laquelle on a le bonheur de posséder un spécifique si efficace. Aucun enfant ne doit être admis si l'on ne rapporte son certificat de vaccine, ou si les traces de l'opération ne sont évidentes. On peut avoir quelque tolérance dans certains cas, mais à la condition expresse que les enfants admis sans avoir été vaccinés le seront à la première venue du médecin pour cet objet. Il faut, au surplus, n'user de cette tolérance qu'avec réserve, et s'en rapporter au médecin dans le cas où il croirait qu'il existe une prédisposition générale pour l'invasion du fléau.

La *gale* exige aussi des précautions particulières. Aussitôt qu'on soupçonne un enfant d'en être atteint, il faut, même sans attendre la visite du médecin, l'isoler sous quelque prétexte qui ne fasse pas soupçonner le motif, pour ne pas l'humilier. On doit alors s'abstenir de le toucher aux mains, surtout durant les chaleurs, et l'on doit appeler le plus tôt possible le médecin. Dès que le mal est décidément reconnu, il faut le renvoyer à ses parents, en leur indiquant et leur procurant au besoin les moyens curatifs les plus convenables, et en convenant avec eux des moyens de cacher au public la véritable cause de la sortie de l'enfant. De temps en temps, le printemps et l'été, il faut faire des visites générales aux mains des enfants, sous prétexte d'une propreté plus grande encore que de coutume. Il suffit d'avoir vu attentivement comment s'y prend un médecin pour faire cette visite (sans s'exposer à prendre cette maladie, et de manière à la bien reconnaître), pour acquérir à cet égard un tact à peu près suffisant. Toutefois, dans le doute, il faut toujours ne pas balancer à faire venir le médecin.

Il faut aussi recourir à lui, et sans retard, dès qu'on a quelques craintes de *rougeole* et surtout de *scarlatine*, cette dernière maladie étant toujours dangereuse, et la première pouvant le devenir souvent. Toutes les fois qu'un enfant a quelque éruption notable à la peau, surtout s'il est triste et sans appétit, il faut se hâter de recourir aux lumières de l'homme de l'art.

Quoique la *coqueluche* ne soit pas contagieuse par le *contact*, comme elle peut le devenir par *imitation*, il est convenable de renvoyer chez eux les enfants fortement atteints, et d'isoler ceux qui n'en ont encore que de faibles accès, ou qui touchent à la fin de la maladie, si les parents les ont ramenés.

Il est aussi des *dyssenteries* contagieuses, et dès

qu'on en soupçonne la présence dans l'établissement, il faut s'empresser de consulter le médecin, afin de prendre toutes les mesures convenables en ce cas.

Il est quelques autres maladies contagieuses qui peut-être exigent moins de célérité pour la séquestration ou le renvoi des enfants, et dont il ne faut pas cependant négliger la surveillance. Telles sont certaines *dartres* et certaines *teignes*, pour lesquelles il faut aussi consulter le médecin. Enfin, toutes les fois qu'il est d'avis de prendre certaines précautions, même pour d'autres maux qui sont moins connus pour être contagieux, il faut aussitôt y déférer.

6° *Médicaments compatibles avec le régime et le service des écoles.*

En principe général, une école ne doit pas être un hôpital. Tout enfant sérieusement malade, ou qui présente seulement les symptômes d'une maladie grave, doit être immédiatement rendu à sa famille. Cependant il est des maladies légères ou de simples indispositions dont le traitement peut se concilier avec la présence des enfants dans l'établissement, surtout dans les salles d'asile, et pour lesquelles tout instituteur ou institutrice doit avoir les notions curatrices suffisantes, ainsi que les moyens matériels d'y pourvoir, soit de son chef, s'il y a sécurité entière dans ses propres connaissances, soit d'après l'avis du médecin, lorsqu'il pourrait y avoir lieu au moindre doute.

L'ouvrage déjà cité du docteur Cerise (1) peut être très-utile à consulter, aux chapitres 12 et 13, non pour se proposer la guérison, à l'asile, de toutes les maladies indiquées dans ces chapitres, mais pour guider dans la connaissance de leurs symptômes. On apprendra d'ailleurs beaucoup à cet égard en assistant toujours avec soin aux visites du médecin, et en conférant avec lui, sur ce point important, chaque fois que l'occasion s'en présentera. Les instituteurs et institutrices doivent s'instruire aussi dans les moyens de parer aux premières exigences de certaines maladies ou de certains accidents, jusqu'à ce qu'on ait pu envoyer chercher le médecin, ainsi que dans la manière de faire de petits pansements et d'administrer certains remèdes intérieurs ou extérieurs, le tout dans la sphère de leurs connaissances.

Pour pouvoir satisfaire aux conseils que nous venons de donner, il faut avoir, surtout dans les asiles, une petite pharmacie contenant les substances les plus indispensables pour les traite-

---

(1) *Le Médecin des salles d'asile;* chez Hachette, rue Pierre-Sarrasin, no 12.

ments dont s'agit , ainsi que le linge et les instruments ou ustensiles nécessaires. On peut voir dans M. Cerise, pages 171 à 173, une liste desdites substances , et il faut d'ailleurs toujours s'entendre , pour tous ces objets, avec le médecin de la maison.

Il est un autre point bien important encore, quant aux médicaments de l'enfance , qui doit être aussi l'objet d'une attention particulière des chefs d'institution primaire : c'est celui qui consiste dans les conseils à donner aux parents des élèves. On doit aussi , comme nous l'avons déjà dit pour les soins hygiéniques , les ramener à des moyens plus convenables que ceux usités le plus souvent. Il faut leur transmettre toutes les indications qu'on a soi-même reçues des hommes de l'art , et les précautionner contre les remèdes empiriques prônés par les charlatans et les commères , et qui , lors même qu'ils seraient utiles dans certains cas, deviennent funestes lorsqu'ils sont employés sans discernement.

§ 2. — Développement et bon usage des forces physiques.

1° *Mouvements généraux.*

Les fondateurs de l'enseignement mutuel, dans le mécanisme de leurs leçons , ont sagement introduit une grande variété de mouvements, qui ont à la fois pour but de donner un exercice convenable au corps et de procurer une utile diversion aux efforts de l'esprit. Il est contre la nature de l'enfance de rester longtemps occupée de la même manière, et surtout de se tenir immobile dans une occupation quelconque. Le repos même, longtemps prolongé, devient pour elle une fatigue extrême. Beaucoup d'instituteurs font à cet égard la plus grave méprise. Ils croient avoir tout fait quand ils obtiennent de leurs élèves une immobilité bien triste, bien passive. Mais qu'arrive-t-il ? L'enfant, ainsi torturé, s'agite, s'irrite et s'en prend à tout ce qui l'entoure de la contrainte insupportable qu'il éprouve. Vous le punissez; mais par là vous mettez le comble au mal dont vous êtes l'auteur primitif. Son cœur s'aigrit, son esprit se dégoûte de l'étude, qu'il prend en haine ainsi que la discipline, et par-dessus tout celui qui la fait ainsi peser sur lui. Ainsi, pour avoir simplement, dans le régime physique, transgressé les lois de la nature, vous ne parvenez, malgré la pureté de vos intentions, qu'à empoisonner l'existence d'un malheureux enfant à qui vous deviez dispenser les sources du bonheur, et peut-être qu'à changer en idiot ou en méchant celui qui avait d'heureuses dispositions intellectuelles, ou dont le cœur était le plus enclin à de tendres affections.

Il faut que les enfants soient tour à tour assis et debout, et c'est à quoi l'on a parfaitement pourvu, dans les écoles mutuelles et les salles d'asile, par des marches qui se font dans le plus grand ordre et même en chantant. Il est aussi d'autres évolutions qu'il faut voir dans ces établissements, et qui, tout en faisant mouvoir les diverses parties du corps, sont un excellent moyen d'ordre par la régularité qu'elles impriment aux mouvements. Lorsque les enfants sont assis, il faut également leur procurer l'occasion de remuer les bras, les mains, la tête. Cet exercice est surtout indispensable dans les salles d'asile, quand les enfants sont sur les gradins, ce qui pourrait nuire à leur santé s'ils y restaient longtemps immobiles. C'est un moyen de ramener leur attention fatiguée et de prévenir le sommeil auquel ils sont alors facilement portés, surtout durant les chaleurs. C'est encore une ressource pour interrompre le bruit ou d'autres petits désordres, que souvent on n'aurait pas le pouvoir de dominer autrement, à moins de recourir à des punitions qu'il faut éviter autant que possible. On peut aussi, par ces mouvements, leur faire indiquer les diverses parties de leur corps, les divers objets qui sont sous leurs yeux, et leur apprendre à imiter certains actes par le simulacre de leurs mains. En un mot, une maîtresse intelligente peut tirer le plus grand parti de ce moyen, puéril en apparence, tant pour la santé de ses élèves que pour leur bonne tenue et leur instruction.

On peut encore placer au rang des mouvements généraux, propres à développer les forces et à entretenir la santé des enfants, le travail du jardinage, dont nous avons parlé lors de la description du local. Il serait encore fort utile, et cela serait possible dans les écoles primaires de deuxième degré, qu'on y introduisît la fabrication de certains objets nécessaires pour l'instruction, tels que figures en carton, en fil de fer, en osier, en bois, et même quelques ustensiles. Ce travail, qui plairait beaucoup aux élèves et qu'on ne leur donnerait que comme haute récompense, ne serait pas seulement utile sous le rapport physique, il serait encore un moyen de leur donner de l'habileté, un moyen d'application des théories scientifiques, et l'un des meilleurs éléments d'émulation morale.

On pourrait encore, en partant des mêmes idées, amener le résultat si désirable de *faire marcher de front* l'instruction *théorique* et l'instruction *pratique*, pour ce qui concerne les professions manuelles. Ainsi (comme le conseille M. Brothier), l'instituteur, dans les campagnes, se rendrait de temps en temps, avec ses élèves, sur les propriétés où il y aurait des travaux nécessitant un nombreux concours. Les enfants s'occuperaient à épierrer un champ, à émotter une prairie, à creuser des rigoles, à sarcler des terres, à faner et ramasser du foin, enfin à faire tout ce qui serait urgent. Ainsi les parents seraient intéressés à envoyer leurs enfants à l'école, puisqu'ils jouiraient tour à tour de l'avantage. On pourrait aussi confier aux élèves le soin de faire et conserver des plantations communales (comme l'a fait un bon curé de je ne sais plus quel village), ou bien celui de faire tout autre travail aux propriétés de la commune, qu'ils sont généralement si enclins à dévaster dans l'état actuel des choses. Cette mission leur inspirerait de bonne heure le respect de la propriété, ainsi que le goût des gestions sociales. Et pourquoi encore ne les initierait-on pas à la douce pratique de la bienfaisance en leur donnant, comme un plaisir, une récompense, le soin de travailler au champ du pauvre vieillard, de la pauvre veuve, du pauvre orphelin....? Quant aux autres professions mécaniques, on pourrait prendre des mesures législatives pour que, d'une part, tout apprenti fréquentât les écoles un certain temps de la journée, et que, d'un autre côté, tout écolier destiné à un métier combinât ses études avec son apprentissage. L'instituteur devrait, dans l'intervalle des leçons qui seraient peu longues, visiter ses élèves pour s'enquérir d'eux et conserver son influence. Les maîtres d'apprentissage, à leur tour, devraient être encouragés, par des récompenses honorifiques, à se prêter à ce mutuel échange d'obligeant concours pour former de bons élèves. A Nantes, la *société industrielle* a fondé une institution qui produit une partie de ces excellents effets pour les élèves des professions urbaines.

On peut envisager aussi, comme moyen général d'hygiène et de développement des forces, les promenades faites par les élèves avec leur maître. Ceci ne serait encore applicable qu'aux grands enfants, ceux des salles d'asile étant trop faibles pour suivre leur guide, et pouvant être ainsi exposés à divers accidents. Ces promenades, qui seraient d'abord un exercice des plus salutaires, fourniraient l'occasion de plusieurs exercices particuliers, tels que la course, le saut, etc., que le maître surveillerait avec soin. Elles auraient de plus une grande utilité sous le rapport intellectuel et moral, en donnant l'occasion de faire remarquer aux élèves une foule d'objets de la nature, ou bien des productions agricoles, qui seraient un texte intarissable de conversations aussi agréables qu'utiles, et qui tendraient à leur inspirer le goût des jouissances pures et des choses utiles. On profiterait encore de ces courses pour leur faire faire peu à peu des collections de minéraux, de plantes, d'insectes, etc., qui formeraient la base du petit musée d'histoire naturelle de l'école.

Enfin nous ne saurions trop recommander, pour les élèves en état de supporter quelques fatigues, l'usage des voyages durant les vacances, avec leur instituteur, au lieu de leur faire perdre des mois entiers dans une continuelle dissipation, ou dans des études irrégulières, qui souvent ne sont pas en rapport avec celles du courant de l'année. Cet usage est fréquent en Suisse et en Allemagne, et il produit les meilleurs effets (1). On leur fait visiter les fermes, les usines, les objets d'art; on leur fait remarquer, en un mot, tout ce qui peut, sous le rapport scientifique, confirmer les notions qu'ils ont précédemment acquises, et les introduire dans le champ d'idées nouvelles. On leur fait aussi observer les usages différents pour le costume, la nourriture, les habitations, etc., en

(1) Ces voyages, qui se font principalement à pied, ne sont pas aussi coûteux qu'on pourrait le penser. L'un de nous a eu l'occasion de rencontrer, il y a quelques années, le chef d'une des institutions les plus renommées de Genève, dans une course de ce genre, faite avec douze ou quinze de ses élèves, et qui l'assura que, même en prenant quelquefois des voitures économiques, la dépense journalière ne montait par tête, en Savoie et en Dauphiné, qu'à 2 fr. 50 cent. environ. Quant à la Suisse, vu la grande affluence des étrangers, la somme était plus forte, mais n'allait pas au delà de 3 fr. Nous savons aussi qu'en Allemagne ces voyages se font à très-bon marché.

leur faisant deviner, s'ils le peuvent, les raisons de ces différences, ou en les leur indiquant lorsqu'il leur est impossible de le faire par eux-mêmes. On saisit également toutes les occasions de leur faire faire l'apprentissage de la vie domestique. Ils tiennent compte de la dépense, et les plus raisonnables sont quelquefois chargés de l'ordonner; on leur fait surveiller et souvent exécuter les apprêts du départ. Toujours ils sont chargés de soigner leurs propres effets. Combien d'avantages l'habile instituteur ne doit-il pas tirer de toutes ces circonstances pour le perfectionnement moral et intellectuel de ses élèves ! C'est là que les caractères ont mille occasions de se manifester ; c'est là que les aptitudes, les vocations peuvent se remarquer et souvent prendre naissance. D'un autre côté, quels doux liens se formeront entre les élèves et avec l'instituteur, liens éminemment moraux, puisqu'ils sont fondés sur un échange continuel de bons offices, et sur le sentiment de l'utilité commune, constamment joint à celui des plaisirs les plus purs ! Oh ! que de souvenirs précieux resteront à jamais gravés dans le cœur de ces heureux enfants ! Que d'amitiés solides vont se former et résisteront à tous les orages, à toutes les vicissitudes de la vie ! Enfin, quel amour, quelle tendre vénération n'éprouveront-ils pas pour le guide bienveillant qui, s'identifiant avec tous leurs besoins, sut diriger leurs premiers pas dans ce monde nouveau, semé pour eux de tant de fleurs, et qui leur permet tant d'avantages durables !......

2° *Education des sens.*

Une intime connexion existant entre les diverses parties de nous-mêmes, il est facile de concevoir pourquoi nous avons été entraînés, dans les articles d'éducation *physique* dont nous venons déjà de nous occuper, à faire observer plusieurs effets *moraux* ou *intellectuels* qui se rattachent à chacun de ces points. Mais nous croyons devoir agir autrement pour le sujet du présent article, et c'est d'abord presque exclusivement sous le rapport matériel que nous allons considérer les exercices des sens, surtout dans les premières phases de l'éducation, sauf à renvoyer ailleurs ce qui s'appliquera plus spécialement à nos dispositions morales et intellectuelles.

Parlons d'abord du sens général du *tact*, qu'il ne faut pas entièrement confondre avec le *toucher*, qui est un sens plus particulier et dont nous nous occuperons de suite après.

Le *tact* a son siége dans toutes les parties de la peau, et même de plusieurs membranes intérieures qui tapissent les cavités de plusieurs de nos organes. C'est par lui que nous éprouvons les impressions du chaud, du froid, du sec, de l'humide, de la pesanteur, de la consistance, de la mobilité ou de l'immobilité des corps, etc. Ce sens entre en exercice dès le sein de la mère, et précède par conséquent tous les autres. Il est ainsi le premier développé chez les enfants, et doit attirer de bonne heure l'attention. Ecoutons à cet égard les sages avis de M. Cerise, pages 118 et 119.

« Trop de soins donnés à la peau en exaltent la sensibilité d'une manière qui peut devenir funeste; trop de négligence l'altère, l'amortit et peut la détruire. Il importe que la peau des enfants soit à l'abri de ces inconvénients ; c'est ce qui a lieu dans les salles d'asile, où les négligences dues à la misère et les attentions dues au luxe sont également écartées, et remplacées par une règle commune destinée à rendre les enfants intelligents, sains et actifs.

» La sensibilité de la peau varie beaucoup chez les enfants. Il importe qu'ils soient aguerris contre les causes qui peuvent leur être incommodes sans leur être nuisibles. L'habitude et l'usage de l'eau froide modèrent cette sensibilité quand elle est trop vive; des frictions, des bains chauds lui conviennent quand elle a besoin d'être excitée. Chez les enfants, en général, la peau est très-sensible sous le menton, au cou, sous les aisselles et dans l'intérieur de la main.

» Le *toucher*, qui réside spécialement dans les mains, surtout au bout des doigts, est une espèce de subdivision du tact, mais assez importante pour qu'on lui ait donné un nom particulier. C'est éminemment le sens *de la forme* des corps, si important pour nous faire connaître l'ordonnance des diverses parties du monde extérieur. Il faut donc en diriger aussi le développement avec le plus grand soin. Ecoutons encore ce que dit M. Cerise sur ce point :

» Les enfants éprouvent un grand plaisir à mettre la main sur tout ce qu'ils voient ; ils sont poussés instinctivement à acquérir la connaissance des corps, connaissance qui exige une longue habitude, pour devenir aussi aisée et pour ainsi dire aussi naturelle qu'elle l'est chez l'adulte. Il faut les laisser se livrer à ces exercices, pourvu qu'on ait soin d'éloigner d'eux tout ce qui pourrait leur nuire. Il importe cependant de ne pas leur laisser ignorer ces derniers objets et de les familiariser avec eux.

» On peut perfectionner ce sens et les aptitudes cérébrales qui en perçoivent les impressions à l'aide de plusieurs exercices. Des prix peuvent servir à cela ; on peut donner aux enfants des pièces de monnaie ou d'autres objets à deviner au simple toucher, en leur fermant les yeux. On peut les habituer à comparer la pesanteur des divers objets, leur résistance, leurs formes et leur nature. Le *tricot*, qui est en usage dans la plupart des salles d'asile, nous semble très-propre à perfectionner ce sens. En Angleterre, on apprend aux aveugles à coudre, à filer, à chanter sur des notes et à faire des travaux très-délicats. On pourrait exercer les enfants à plusieurs opérations qu'ils feraient avec les yeux bandés ou fermés. Il faut empêcher que la peau de la main soit calleuse ou malpropre, et que les ongles soient trop longs ».

L'*odorat* et le *goût* sont aussi deux sens très-précoces, et qui ont entre eux beaucoup d'analogie. Ils sont utiles surtout pour la vie de conservation; et quoiqu'ils tiennent plus que les autres du pur instinct, ils sont néanmoins susceptibles de culture et de direction.

L'*odorat* peut être considéré (qu'on nous passe cette expression) comme un véritable expert qui veille, dans une foule de cas, au choix des substances qui peuvent nous être utiles ou nuisibles. C'est lui qui nous avertit souvent de la présence dans l'air d'émanations dangereuses auxquelles il faut nous soustraire; c'est lui qui nous attire vers certains mets, ou qui nous donne de la répugnance pour eux. Chez les animaux, ce sens est beaucoup plus sûr que dans l'espèce humaine, qui a par conséquent besoin qu'il soit quelquefois éclairé par la réflexion et un exercice convenable, d'autant plus que la complication de notre vie sociale en a multiplié à l'infini les éléments. Il est plusieurs professions où l'odorat doit être extrêmement exercé, pour y acquérir de l'habileté ou ne pas faire de méprises graves. On devra donc s'attacher à faire faire, sous ce rapport, d'utiles distinctions aux enfants chaque fois que l'occasion s'en présentera. On les préservera aussi des goûts factices qui dénaturent, dans la pensée comme dans la sensation, les rapports naturels des odeurs avec la bonté ou la nuisance des choses. On évitera également d'exciter trop vivement l'organe de l'odorat chez les enfants nerveux et sanguins. Enfin on devra prévenir ou traiter avec soin les maladies qui affectent cet organe, telles que le rhume de cerveau et autres affections de la membrane pituitaire et des forces nasales. Dès qu'on s'aperçoit de quelque gravité dans ces affections, il ne faut pas tarder de recourir au médecin.

Le *goût* a son organe presque exclusif dans la langue, et l'on croirait d'abord qu'il est plutôt un organe de jouissance que de conservation. Cependant il fait souvent le même office que l'odorat, en nous avertissant des qualités dangereuses des aliments. Il faut donc tâcher de conserver intactes ses impressions salutaires , et d'en augmenter , s'il se peut, la certitude. On peut apprendre aux enfants à reconnaître par le goût les diverses substances alimentaires et les diverses boissons qu'on leur présente , sans qu'ils puissent les distinguer par la vue, le toucher ou l'odorat. Plusieurs substances peuvent être dissoutes dans de l'eau , et les enfants, à qui l'on fera goûter cette eau , s'exerceront à distinguer les saveurs. Une telle aptitude peut être très-utile dans certaines professions , et le sera toujours plus ou moins dans le ménage. C'est à l'égard du goût spécialement qu'il faut tâcher de préserver les enfants de l'habitude d'une trop vive excitation , à laquelle ils sont si enclins. Il faut aussi tâcher de neutraliser , mais surtout ne jamais solliciter leur penchant à la *friandise* et à la gloutonnerie, qui leur sont aussi nuisibles sous le rapport moral que sous celui de la santé et de la dépravation du goût (1). Enfin , il est des

(1) Depuis la rédaction de ce passage , nous avons lu un article fort remarquable de Charles Fourier, sur l'*utilité de la gourmandise en éducation,* mais qui cependant n'a pu faire changer notre conclusion sur ce sujet. Nous ne pouvons ici discuter toutes les raisons qui, même dans une société telle que celle supposée dans cet article , ne nous feraient pas admettre *entièrement* les vues de l'auteur; mais il nous suffit, pour le moment, de faire observer que lui-même ne croit possible de faire produire de bons effets à cette disposition générale des enfants que dans l'*état sociétaire,* organisé sur des bases toutes différentes de celles de

maladies qui peuvent nuire à l'exercice de ce sens, ou même l'anéantir ; et, dans ce cas, il faut s'empresser de recourir aux secours du médecin, comme nous l'avons déjà conseillé pour plusieurs autres cas.

Pour l'*ouïe* et la *vue*, considérées encore ici principalement sous le rapport physique, nous croyons n'avoir rien de mieux à faire que de copier littéralement, dans l'ouvrage de M. Cerise, les passages qui suivent, pag. 120 à 126.

De l'ouïe. « La disposition physiologique de l'oreille est la première condition de l'exercice de ce sens. Si cette disposition est en défaut, elle doit être étudiée et devenir l'objet d'un traitement spécial. Quant aux soins hygiéniques, ils doivent surtout consister dans une très-grande propreté ; ils doivent tendre à écarter les causes qui pourraient irriter les diverses parties de cet organe important. Les dispositions physiologiques des organes cérébraux destinés à la perception des sons,

l'état actuel. Or, comme le présent ouvrage n'est écrit que pour notre société, nous persistons à penser, d'après l'expérience des salles d'asile surtout, que rien n'est plus funeste aux enfants, sous les divers rapports dont nous venons de parler, que le défaut de modération auquel on les accoutume généralement, tant pour le choix que pour l'abondance des mets. Et cette funeste influence ne se borne pas à son effet immédiat, c'est-à-dire dans le bas âge, mais elle se continue presque toujours dans tout le reste de la vie.

peut-être moins connues, sont aussi une condition indispensable de la perfection de l'ouïe. »

« L'ouïe, comme tous les autres sens, se développe beaucoup par un exercice modéré ; elle se perfectionne par une habitude prise ou donnée avec discernement ; elle s'use par la fatigue ; elle a besoin de plus longues intermittences que la vue. Un bruit continuel affaiblit la sensibilité de l'organe ; un bruit violent, non continu, l'ébranle vivement ; une solitude silencieuse la rend très-irritable. Il est important que les salles d'asile ne soient pas situées près d'une école d'artillerie, de l'atelier d'un forgeron, d'un torrent, et qu'elles soient, en un mot, à l'abri de tout bruit violent, monotone ou continu. Toutes les causes qui agissent en surexcitant le cerveau tendent à attirer le sens de l'ouïe. Des sons désagréables causent un ébranlement pénible à tout le système nerveux, et peuvent rendre irritables et colères les caractères les plus doux. Des sons agréables produisent un effet contraire ; ils perfectionnent les organes qui perçoivent les sens, en même temps qu'ils exercent une heureuse influence sur l'ensemble de l'organisation. Les enfants sont très-sensibles à la mélodie ; lorsqu'elle est simple et expressive, ils peuvent en retirer de très-grands avantages pour le perfectionnement de ce sens ; aussi avons-nous recommandé que les paroles chantées qu'on leur fait entendre, étant répétées, soient prononcées avec pureté et justesse. Les airs peuvent varier selon les impressions qu'on désire communiquer aux enfants. Il en est qui les reposent quand leur intelligence est fatiguée, d'autres qui les portent à la marche et à l'action; il en est aussi qui les rendent ou gais ou tristes, silencieux ou bruyants. En général, les sons, sagement modifiés, peuvent exercer une grande et utile influence sur les dispositions naturelles des enfants; ils sont surtout très-propres à exciter la sensibilité de ceux qui semblent n'exister que pour eux-mêmes. »

« Comme, aux heures de la récréation, les enfants font un bruit quelquefois étourdissant, il est bon de boucher l'oreille de ceux qui ont cet organe trop irritable ou malade. Tous les exercices des salles d'asile conviennent parfaitement au développement de ce sens et des organes cérébraux qui servent à la perception, à la mémoire et à la comparaison des divers sons. Mais, pour cela, nous le répétons, il convient que les sons chantés ou articulés qu'on leur fait réciter soient produits avec pureté et simplicité. On peut habituer les enfants à trouver l'octave, la quinte, la tierce et les sept intervalles, afin de les disposer à distinguer le son de l'accord et celui des sons simultanés dont l'accord compose la mélodie, c'est-à-dire la suite des sons, et l'harmonie, qui est une suite d'accords ayant des intervalles consonnants. Qu'on se persuade que ces dispositions se développent plus aisément chez les enfants par l'imitation instinctive et par l'habitude, qu'à un âge plus avancé par l'étude et le travail. Dans tous les cas, il importe de perfectionner les organes et de les développer convenablement. Si ces dispositions ne sont pas développées dès l'âge le plus tendre, il sera impossible de les redresser plus tard ; de même qu'il est impossible à un Chinois de prononcer le mot *Christus* autrement que Ki-li-zi-tu, comme le rapportent les missionnaires. »

De la vue. « Ce sens est sans contredit le plus précieux de tous. On ne saurait trop veiller à la conservation de l'organe qui en est le siége, et écarter avec trop de soin les causes qui pourraient lui nuire. L'impression de la lumière doit être modérée. Trop vive, elle le fatigue, et peut épuiser sa sensibilité ; elle peut l'enflammer ou le paralyser. Ainsi l'éclat du soleil, la réflexion de la lumière sur la neige ou sur un sable blanc, les couleurs éclatantes et toutes les causes qui font succéder une vive lumière à une obscurité profonde, agissent vivement sur ce sens et peuvent l'affecter gravement. Une lumière trop faible le fatigue, si on s'applique à discerner les objets, et elle rend l'œil très-impressionnable. On peut reconnaître le degré de sensibilité de l'œil d'un enfant en observant l'effet que produit sur cet organe une couleur plus ou moins brillante, le rouge écarlate ou le rouge foncé, par exemple. Nous croyons qu'à l'aide d'une *gamme chromatique* on peut parvenir à avoir ainsi une mesure assez exacte de la sensibilité visuelle de chaque enfant. Les oppositions de couleurs sont très-fatigantes; c'est ce qui nous fait désirer de voir un jour les livres s'imprimer sur du papier bleu ou vert, ou gris. Les vents, l'humidité, les brouillards, la fumée occasionnent des ophthalmies; les enfants y sont sujets plus que les autres. Certains médicaments, qui agissent sur les yeux, doivent leur être donnés avec beaucoup de réserve; la jusquiame, le seigle ergoté et la belladone sont de ce nombre. Lorsque la susceptibilité des yeux est trop grande chez un enfant, il faut la combattre dès le principe par des bains de pied, des lavements, des purgatifs, des collyres; mais il ne nous appartient pas de parler ici des nombreuses maladies auxquelles cet organe est exposé. »

« Il est des vices de conformation des diverses parties de l'œil dont nous croyons utile de nous occuper. Le globe de l'œil offre des variétés chez les divers enfants; il est plus arrondi ou plus aplati, plus saillant ou plus enfoncé dans l'orbite. Chez quelques-uns il se montre tourné vers le nez ou vers la tempe, ce qui peut donner lieu au *stra-*

bisme, lorsque ces directions diffèrent dans le même individu. Il y a plusieurs moyens qui servent à prévenir cette disposition vicieuse, il en est fort peu qui servent à la corriger. Le médecin ne doit négliger ni les uns ni les autres. Il doit donner aux parents et aux directeurs des enfants des conseils propres à combattre à temps ce vice organique, qui est incurable à un âge plus avancé. Le strabisme consiste dans la faiblesse ou la paralysie d'un ou de plusieurs muscles qui servent à mouvoir l'œil. Le moyen principal dont on puisse obtenir quelques succès, dans le principe du mal, consiste à exercer le muscle affaibli; il faut alors couvrir l'œil sain et forcer l'autre à se porter en dehors, s'il est dirigé vers le nez. S'il est impossible de faire exécuter ce mouvement, on doit croire que le muscle est paralysé; il n'y a alors plus de ressource. Dans le cas où le globe de l'œil est trop arrondi, la vue ne peut avoir lieu qu'à des distances très-rapprochées. Un certain nombre d'enfants apportent en naissant ce vice de conformation. Dans les salles d'asile, les dispositions à la *myopie* sont loin d'être favorisées; car les enfants doivent distinguer les lettres écrites sur des pancartes placées à une assez grande distance, et l'on sait que le défaut d'exercice de la vue ou l'habitude de voir continuellement des objets trop rapprochés contribue à produire ce vice de conformation. La myopie est en effet plus commune dans les villes, où la vue est limitée, que dans les campagnes, où l'horizon est très-étendu. Aux enfants à qui on a reconnu une disposition à la myopie, il sera toujours bon de faire voir des objets éloignés. Les ablutions habituelles de la figure et des yeux avec de l'eau froide seront salutaires. Il faut retarder l'instant où les myopes doivent prendre des lunettes, puisqu'elles augmentent le mal. La *presbytie* est le vice de conformation directement opposé à la myopie; elle tient à l'aplatissement du globe de l'œil. Elle est extrêmement rare chez les enfants, ce qui tient à ce que les fluides de l'œil abondent à cet âge, et qu'ils peuvent être absorbés plus tard; c'est la partie du corps qui semble croître le moins.

» Pour exercer les enfants à percevoir et à comparer les impressions que l'œil transmet au cerveau, et à en conserver le souvenir, il suffit de les habituer à reconnaître les divers objets, leurs diverses nuances, les différences qui les séparent, et les formes qui les distinguent, et à voir clair, vite, à toute distance et longtemps. On peut les exercer à cette perception en leur faisant comparer les couleurs d'une échelle chromatique très-étendue avec celles des objets qui les entourent. »

Ici se termine ce que nous avons à dire sur l'éducation des sens *externes*, considérés principalement sous le rapport physique. Mais il est un autre genre d'organes de sensations et d'impulsions qu'on peut appeler *sens internes*, dont les phrénologues placent les siéges dans les diverses parties du cerveau, et dont il serait de la plus haute importance que tout éducateur pût connaître les lois de direction, puisqu'ils semblent être les agents de nos penchants et de la plupart de nos aptitudes. Sans vouloir entrer dans la discussion des principes fondamentaux de la science phrénologique, ce qui serait hors de notre sujet, et n'est pas assez de notre compétence, nous avons peine à concevoir, nous l'avouons, qu'on puisse en attaquer les résultats possibles comme dangereux et immoraux. Certes on peut abuser de tout et convertir même en poisons les choses les plus précieuses; mais quelles que soient les fausses conséquences qu'on pourrait avoir tirées d'abord des premiers aperçus de la science créée par Gall, il reste certain, en la supposant entièrement sanctionnée par les faits, qu'elle serait, au contraire, d'un immense avantage pour *le perfectionnement moral* de notre espèce, puisqu'elle fournirait les moyens, non-seulement de reconnaître nos bonnes ou nos mauvaises dispositions primitives, mais encore de cultiver les premières, et de réprimer ou neutraliser les autres. Aussi n'est-ce point en raison du prétendu danger dont il s'agit que nous

-ne chercherons point à en indiquer les règles pratiques aux personnes chargées de l'éducation primaire. C'est uniquement parce que la théorie ne nous en semble pas encore suffisamment assise, et en outre parce que, dans cet état d'imperfection, l'application nous en paraît extrêmement difficile pour ceux qui ne l'ont pas suffisamment approfondie. Un jour, sans doute, elle reposera sur des bases tout à fait certaines, et alors nous regarderons sa connaissance pratique comme indispensable à toute personne chargée d'une partie quelconque de la direction morale de ses semblables. En attendant, il ne faut pas, dans les cas importants, négliger les secours qu'elle peut déjà nous offrir; mais il faut le faire avec la plus grande réserve, et ne rien entreprendre de grave à cet égard sans l'avis et la direction suivie d'un médecin phrénologue. Tel est le seul conseil que nous puissions donner en ce moment sur cet important sujet (1).

(1) Le gouvernement a prouvé, par un fait bien remarquable, qu'il regarde la science phrénologique comme très-importante, et comme bien loin d'être immorale, en attachant à un voyage autour du monde M. Démoutier, l'un des phrénologues les plus distingués, avec la mission de faire, sur les divers peuples que l'expédition pourra visiter, toutes les observations relatives à la science dont il s'agit.

3° *Exercices musculaires particuliers, ou gymnastique proprement dite.*

Dans la première partie de ce volume, nous avons indiqué les seuls appareils gymnastiques dont l'usage nous semble applicable aux salles d'asile, ainsi que les divers exercices auxquels ils s'appliquent ; il sera donc inutile de répéter cette indication, mais nous devons, avant d'aller plus loin sur ce sujet, ajouter que cet usage doit être réservé aux plus grands élèves de ce premier degré, les autres étant trop faibles, ou ayant trop peu de discernement pour pouvoir s'y livrer avec profit et sans danger.

Nous avons dit aussi qu'il fallait consulter une personne instruite dans ce genre d'exercices, pour établir ces appareils dans l'endroit le plus convenable, et nous ajouterons également, sur ce point, qu'on ne doit faire exercer les enfants qu'après avoir bien observé comment s'y prend cette personne, parce qu'il y a des règles de prudence et d'habileté, pour les mouvements les plus simples en apparence, qui échappent à l'observation ordinaire. Toutefois une maîtresse intelligente, sans être obligée d'exécuter elle-même, ce qui ne conviendrait pas dans sa position, pourra très-bien, après quelques démonstrations de ce genre,

se trouver capable d'exercer ses élèves dans toute
la latitude que comporte le gymnase des salles
d'asile.

Quant au gymnase des maisons d'éducation
primaire du deuxième degré, pour la description
duquel nous avons renvoyé précédemment à l'ouvrage de M. Bouillon (1), comme les exercices en
sont bien plus difficiles, nous croyons indispensable, pour en introduire l'usage général dans les
écoles, que les éléments de la gymnastique soient
désormais enseignés à tous les élèves des *écoles
normales*, afin que, devenus maîtres à leur tour,
ils puissent diriger convenablement leurs élèves
dans cette partie de l'éducation première. En
attendant, toute institution qui voudra jouir de
cet avantage devra recourir à un professeur de cet
art, au moins jusqu'à ce qu'il ait pu former des
moniteurs capables de le remplacer. Encore serait-
il mieux qu'il vînt de temps en temps faire une
inspection au gymnase, afin de ne pas laisser prendre des habitudes vicieuses, et pour aider de ses
conseils le maître et les moniteurs.

La considération générale qu'on ne peut diriger
les exercices gymnastiques des enfants sans y avoir
été soi-même initié d'une manière plus ou moins

(1) *De la construction des maisons d'Ecole primaire*, pages
5 9 à 66.

pratique, rendrait insuffisant tout ce que nous pourrions présenter ici d'explications purement théoriques sur ce sujet. Cependant, pour les premiers degrés de cet art, notamment pour ce qui concerne les salles d'asile, une personne intelligente pourra trouver des données utiles dans une notice que nous allons joindre à ce chapitre, et que nous devons à l'obligeance de M. Piozin, professeur de gymnastique à Grenoble. Cette notice peut servir aussi de mémoratif à toute personne qui, ayant eu précédemment quelque pratique de l'art, ne se rappellerait plus avec justesse les diverses gradations qu'il faut observer pour en appliquer les règles avec des commençants.

EXPLICATIONS

Des exercices que l'on peut faire faire aux petits enfants, dans les salles d'asile, avec les machines indiquées dans le Traité d'éducation par M. Rey.

1. MOUVEMENTS ÉLÉMENTAIRES.

Divers pas gymnastiques sur place, et marches ou courses.

Faire placer les élèves sur un rang; et, aux mots *un*, *deux*, leur recommander de lever les jambes et les genoux à hauteur des hanches, autant que possible, de manière à ce que la cuisse soit horizontale et la jambe verticale. Faire faire ce mouvement à plusieurs reprises, en lui donnant, selon sa rapidité, le nom de *pas modéré gymnastique sur place*, *pas accéléré gymnastique sur place*, et *petite course gymnastique sur place*. Enfin, quand les élèves seront bien rompus à ces divers pas, rien ne sera plus facile, avec quelque attention, que de leur faire exécuter les *marches* et *courses* qui correspondent à ces divers pas.

Divers mouvements des extrémités supérieures.

1.ᵉʳ *Exercice.* — Faire lever aux élèves les deux bras en haut et les faire descendre avec rapidité jusqu'en bas, en observant que les mains ne dépassent pas la ligne des jambes. Lancer les bras en avant et en arrière; ce mouvement est très-bon pour le développement de la poitrine.

2ᵉ *Exercice.* — Leur faire frapper la poitrine avec les mains fermées, c'est-à-dire que la main gauche frappe sur le sein droit et redescende avec rapidité sur le côté de la cuisse gauche, en même temps que la main droite frappe sur le sein gauche. Il faut recommander aux élèves de compter eux-mêmes, et de toute l'étendue de leur voix, *un* au moment où la main gauche frappe sur le sein droit, et *deux* à celui où l'autre main frappe le sein gauche. Cet exercice les amuse beaucoup et leur est en même temps fort salutaire. Le mouvement qu'ils font en se portant les coups sert à évaser la poitrine, tandis que la prononciation des mots contribue à fortifier la voix et à prolonger la respiration.

3° *Exercice.* — On exécute la circonduction latérale des bras de la manière suivante. Au commandement *rotation du bras gauche, en position,* les élèves portent le pied droit en avant, la main doite derrière les reins, la main gauche en avant et fermée. Au commandement *marche*, ils portent le bras gauche en l'air et le redescendent, en lui faisant former le cercle.

Divers mouvements des extrémités inférieures.

1ᵉʳ *Exercice.* — Les faire élever plusieurs fois sur la pointe des pieds, plaçant les mains sur les hanches, les quatre doigts par-devant et le pouce par-derrière. Cette pression, que les mains et les bras exercent contre les os du bassin, sert à augmenter la force des extrémités inférieures, à maintenir le corps plus droit, à bomber la poitrine, en portant les épaules et les coudes en arrière, et à augmenter ainsi la cavité thoracique.

2ᵉ *Exercice.* — Faire réunir la pointe des pieds

aux élèves, et leur faire élever le corps sur eux au mot *un*, que le maître ou la maîtresse prononce. Ils s'élèvent en l'air verticalement, le plus haut qu'ils peuvent, et ils tombent à terre sur la pointe des pieds, pour se relever encore une fois au commandement *deux*, et puis plusieurs autres fois jusqu'au commandement *halte*. Les enfants s'amusent beaucoup à cet exercice, mais il est fatigant et demande des repos fréquents.

3ᵉ *Exercice.* — Pour faire fléch les extrémités inférieures, les jambes étant réunies, il faudra tenir les élèves par les mains, parce que cet exercice est pénible dans le commencement, et leur recommander de s'asseoir sur les talons, en conservant le corps droit. Cet exercice distend les ligaments des articulations, et fortifie en même temps les muscles fléchissants et extenseurs des cuisses.

En terminant cette partie relative aux mouvements gymnastiques élémentaires, je dois faire observer que, pour ne pas fatiguer les élèves, il faut alterner les exercices, tantôt des extrémités supérieures, tantôt des extrémités inférieures.

2° EXERCICES AUX MACHINES.

1ʳᵉ MACHINE. — Mât de perroquet et à vindas.

Exercice de perroquet.

On fait placer un élève le dos contre le mât ;
il met le pied droit sur le premier échelon, et,
avec la main droite, il prend, du même côté,
la cheville qui se trouve à peu près à la hauteur
de la tête. Après ce premier mouvement, il lève
son corps appuyé en haut par le bras droit, et en
bas sur le pied droit ; puis il place le pied gauche
sur la seconde cheville, et prend avec la main
gauche la cheville du même côté. Puis il continue en montant ainsi les mains et les pieds. Il
est très-prudent de se mettre devant les enfants
pendant cet exercice, et de ne pas les perdre de
vue, car souvent ils rient, lâchent les mains et
tombent.

Exercice de vindas.

Le vindas qui est au haut du mât, et aux branches duquel on attache quatre cordes, au bout
desquelles sont assujetties quatre poignées, pour
qu'elles soient bien saisies par les élèves, sert à

leur faire exécuter la *course volante* autour du mât. Il faut leur recommander de conserver toujours la même distance en parcourant la circonférence.

2e MACHINE. — Portique.

Exercices à l'échelle de bois.

1ᵉʳ *Exercice.* — Monter en avant simplement, les pieds sur les côtés des échelons; monter le pied gauche avec la main gauche, et le pied droit avec la main droite, afin d'exercer les deux membres du même côté à la fois. Arrivé à 30 ou 60 centimètres (environ 2 ou 3 pieds), sortir le pied droit de l'échelle en portant le poids du corps sur la jambe gauche; sauter sur cette jambe en l'approchant du montant droit; ensuite saisir avec la main gauche le montant droit, au-dessus de la main droite, et de la main droite saisir l'échelon qui se trouve en face, ayant la figure par derrière l'échelle, et, en s'appuyant le corps sur le montant droit, placer le pied droit sur l'échelon où est placé le pied gauche. Placer ensuite le pied gauche de manière que les deux pieds se placent avant les deux mains, toujours de chaque côté, près des montants, parce qu'ayant les bras rapprochés l'un de l'autre, la poitrine serait resserrée et l'élève mal à son aise ; fléchir les bras en soulevant le corps trois fois , et sauter à terre les pieds réunis et conservant les bras en l'air.

2ᵉ *Exercice.* — Monter en avant comme pour le premier exercice, et descendre les échelons , un par un , c'est-à-dire poser les deux mains l'une après l'autre sur l'échelon inférieur.

3ᵉ *Exercice.* — Monter par derrière l'échelle sans mettre les pieds ; les mains se posent sur les échelons l'une après l'autre.

4ᵉ *Exercice.* — Monter par derrière l'échelle en ne posant qu'une main sur chaque échelon.

5ᵉ *Exercice.* — Monter par derrière l'échelle , une main au montant et l'autre à l'échelon. Arrivé à une certaine hauteur, on place les deux mains sur l'échelon , et celle qui a monté sur l'échelon doit, en descendant, tenir le montant.

6ᵉ *Exercice.* — Monter en arrière par les deux montants sans mettre les pieds.

Exercice à l'échelle de corde.

L'élève étant debout à terre, au pied de l'échelle, place le pied gauche sur le premier bâton inférieur, étend les bras en haut tant qu'il peut, et prend les montants de l'échelle avec les mains. Après ce premier mouvement, il soulève le corps à l'aide du pied gauche et des bras ; il plie la jambe droite, le genou en dehors, il place le pied sur le premier échelon de corde, et il élève en même temps le bras droit. Ces deux nouveaux points d'appui des extrémités droites soulèvent le corps, qui doit se maintenir toujours bien droit, et elles permettent aux extrémités gauches de faire le même mouvement de s'élever sur un échelon nouveau. Pour descendre, on observe les mêmes procédés, mais en sens inverse. Ces premières leçons, données individuellement et avec soin, et le mécanisme des deux actions de monter et de descendre ayant été bien compris, on peut les faire passer de l'échelle de corde à un autre instrument placé près de l'échelle.

Exercices à l'échelle amorosienne, ou corde à consoles.

1er *Exercice.* — La première chose que fait l'élève est de s'asseoir sur une console, de prendre la corde avec les mains, une sur chaque console, et de croiser les jambes. Ensuite il élève les deux bras le plus qu'il peut, pour prendre la corde au-dessous d'une console, tenant les mains bien rapprochées. Ainsi placés, les bras tirent le corps en haut en se raccourcissant fortement. Le soulèvement le détache de la console inférieure et le porte sur la supérieure. Pour descendre, il faut descendre les mains d'une travée, ouvrir les cuisses pour laisser passer la console, et glisser les cuisses jusqu'à l'autre console.

2ᵉ *Exercice.*— Monter les *pieds* sur les consoles par le même moyen.

Exercice à la perche.

Les mains la saisissent le plus haut possible, et, tirant le corps en haut, il est transporté à un point plus élevé, perdant le point d'appui des pieds. Quand les bras se sont raccourcis le plus possible et qu'ils ont soulevé la colonne dorsale qui se courbe en avant, ainsi que le bassin, les membres inférieurs, fléchis en haut, amenés dans l'adduction, et fixant le corps en bas par la pression des cuisses, des jambes et même des pieds, lui permettent de s'allonger de nouveau par le redressement de l'épine et l'allongement des bras ainsi que des mains, lesquelles, serrant encore la perche le plus haut possible et tirant le corps vers elle, produisent une nouvelle ascension. Pour descendre, il faut recommander aux élèves de ne pas se laisser glisser, mais de changer les mains en descendant comme ils ont fait pour monter. Cet exercice est excellent pour fortifier les mains, les bras, la poitrine, l'abdomen, les cuisses, les jambes et les pieds. Les médecins eux-mêmes déclarent qu'ils doivent faire un grand cas de cet exercice, parce que, mettant en jeu simultanément tous les muscles, il est propre à corriger une foule de difformités ou de lésions, et à corroborer tout l'appareil locomoteur.

Exercice à la corde à nœuds.

Les principes de cet exercice sont les mêmes que pour la corde à consoles; seulement les nœuds étant plus petits, il faut serrer davantage les pieds.

Exercice à la corde lisse.

L'élève, étant debout près de la corde lisse, la prend avec les mains, lève le corps en l'air, prend la corde entre les cuisses à leur milieu, et entortille la corde autour de la jambe droite, de manière qu'elle fasse un tour complet en forme de spirale, touche le mollet, et passe par la partie latérale externe et inférieure de la jambe, par dessus le tarse du pied droit. La plante du pied gauche la saisit et la serre contre le tarse. Dans cette position, la corde ayant un grand nombre de points de contact avec la jambe, et étant bien serrée par la partie inférieure, glisse avec difficulté; et, à l'aide de la forte pression du pied gauche, elle permet que les mains se détachent , l'une après l'autre, pour chercher un appui plus élevé, afin de pouvoir soulever le corps et le transporter plus haut. Pour descendre, on emploie les mêmes moyens que pour monter, en conservant cependant une pression moins forte.

3ᵉ MACHINE. — Sautoirs mobiles.

Pour habituer les élèves à raccourcir les jambes en sautant, on place les deux sautoirs à une certaine distance l'un à côté de l'autre ; on place les petits boulons de fer aux premiers trous, et on engage les enfants à sauter sans toucher la corde. On peut ensuite placer la corde à 80 ou 90 centimètres ; on les fait courir pour prendre leur élan, en baissant précipitamment la tête et en ployant les jambes pour passer sous la corde sans la toucher.

4ᵉ MACHINE. — Perches à suspension.

1ᵉʳ *Exercice.*— Les élèves placés sur le banc qui se trouve au-dessous des perches, on les fait suspendre tous ensemble, ou, s'ils sont trop petits et trop faibles, on en suspend trois ou quatre seulement, et on habitue leurs jeunes bras à soulever le corps. Ils doivent rester suspendus le plus longtemps possible. Quand tous les élèves se sont suspendus, on les fait marcher en avant avec les mains, pour les habituer à porter leur corps d'une main seulement. Partant de la droite pour aller vers la gauche, on lâche le bras droit, et, descendant la main droite, on lui fait parcourir un demi-cercle pour aller ressaisir la même perche, et on continue pour la main gauche le même moyen. Il est absolument nécessaire et très-prudent de soutenir les élèves, ou par la taille ou par les pieds, afin de leur aider, surtout en commençant.

2ᵉ *Exercice.*—Le banc placé au-dessous des barres ou perches sert à faire sauter les élèves. On les fait monter sur ce banc sur un rang, on leur commande de sauter *en profondeur simple*, en leur expliquant que ce saut n'est autre chose que de sauter en bas de l'objet sur lequel ils sont montés, sans chercher à sauter loin. Ils doivent élever les mains fermées trois fois en l'air, et au mot *trois* prononcé par le professeur, ils sautent en conservant les mains fermées et en l'air. Il faut leur recommander de sauter toujours sur la pointe des pieds et en pliant les jambes, de manière à pouvoir s'asseoir sur leurs talons.

3ᵉ *Exercice.* — Pour le saut en *largeur*, au lieu de lancer les bras en l'air, il faut les lancer seulement à hauteur des épaules, en donnant à cha-

que mouvement des bras un mouvement des jambes, afin de les lancer le plus loin possible.

5e MACHINE. — Poutre horizontale.

Cette poutre sert à faire marcher les élèves à
cheval.

1er *Exercice*. — Pour la marche *en avant*, placer la main, les doigts tournés en dehors de la
poutre, porter le corps sur les bras, enlever les
jambes et les genoux à hauteur des hanches, en
évitant de porter les talons en arrière.

2e *Exercice*. — Pour la marche à cheval en *arrière*, balancer les jambes, sans plier les genoux,
et se lancer en arrière avec les bras.

3e *Exercice*. Pour marcher *debout* en *avant*, il
faut avoir soin de regarder le bout de la poutre
et tenir les bras ouverts, les coudes à hauteur des
épaules, les bras en dedans et les mains à demi
fermées. Il faut tenir la pointe des pieds bien ouverte.

4e *Exercice*. — La marche *en arrière* s'exécute
de la même manière que la marche en avant;
mais, arrivé au bout de la poutre, ou se place sur
le ventre et on saute en arrière. Au troisième élan,
en marchant debout, on saute en profondeur simple en avant.

6ᵉ ᴍᴀᴄʜɪɴᴇ. — Barres parallèles.

1ᵉʳ *Exercice.* — Pour marcher *en avant*, les élèves, étant placés par peloton, sont conduits aux barres parallèles. On peut placer plusieurs élèves à environ 66 centimètres (2 pieds) de distance. Il ne faut autre chose que se tenir bien droit et marcher en avant sur les poignets. On reprend sur les barres parallèles la position précédente, et on commence à avancer de 12 ou 18 centimètres (4 ou 6 pouces) le poignet droit, puis le gauche, et ainsi de suite jusqu'à l'extrémité des bancs.

2ᵉ *Exercice.* — Pour marcher *en arrière* sur les poignets, on se présente entre les deux barres parallèles, le dos tourné vers l'autre extrémité; on se place dans la même position que pour les exercices précédents, et on transporte les poignets alternativement en arrière, conservant les bras tendus et le corps bien droit.

3ᵉ *Exercice.* — Pour opérer *le balancement* sur les bancs, en avant et en arrière, deux élèves peuvent faire cet exercice à la fois, comptant *un* lorsqu'ils lancent les jambes en avant, et *deux* lorsqu'ils les lancent en arrière.

4ᵉ *Exercice.* — Pour *la suspension* aux bancs par les mains et les pieds, l'élève se place entre les barres et, se tenant sur les poignets, il lance

ses jambes en arrière, et, lorsqu'elles ont dé-
passé la hauteur des barres, il les écarte et il s'ac-
croche par les pieds aux deux barres. Aussitôt
qu'elles sont prises, l'élève, soutenu par le professeur, tâche de tirer le ventre en bas autant qu'il
le peut, en rapprochant les pieds des mains. Plus
cette courbure de convexité sera grande, plus le
résultat physique que nous voulons obtenir de
cet exercice sera avantageux, car il s'agit de fortifier les muscles du bas ventre qui sont faibles,
parce qu'ils sont minces, et d'assouplir la colonne
vertébrale dont les articulations se prêtent quelquefois difficilement au mouvement qu'on veut
leur donner.

Voilà, quant aux exercices particuliers aux *machines*, comme je l'ai dit pour les mouvements
généraux, tout ce qui m'a paru indispensable pour
les enfants des salles d'asile, et je renvoie également à l'ouvrage de M. Amoros sur *la gymnastique*, si l'on voulait donner plus de développements à ces exercices.

DEUXIÈME SECTION.

Education morale des Enfants.

———

Nous avons vu, dans les *considérations géné-rales* sur la pédagogie, quelles doivent être les qualités de l'instituteur pour qu'il puisse vraiment se tenir à la hauteur de sa tâche. Ces qualités, qui se résument toutes dans un vif amour de l'enfance et une raison convenablement éclairée, sont indispensables surtout pour se rendre maître du cœur des enfants, première condition dont il faut d'abord s'assurer, et sans laquelle toute la science du monde ne produirait aucun fruit salutaire.

L'amour est le seul sentiment qui rende tout facile, parce que, seul, il donne assez de zèle pour vaincre certains obstacles, et seul peut inspirer à celui qui en est l'objet un sentiment semblable, sans lequel il n'y a point de déférence volontaire, par conséquent de véritable docilité. Aimez, aimez les enfants, les enfants vous aimeront, ils seront constamment disposés à suivre vos avis et à craindre de vous désobliger en y résistant. Tout autre moyen ne produira jamais qu'une obéissance trompeuse et précaire. Vous croirez peut-être avoir dompté toute résistance, parce que vous avez obtenu un calme apparent; mais la révolte est au fond de ce cœur que vous avez brisé, mais vous l'aurez rempli de dégoût pour l'étude, et peut-être de haine pour le maître. Heureux si vous n'avez pas amené un résultat plus déplorable encore ! heureux si vous n'avez pas fait de votre élève un être faux, hypocrite, qui n'apportera plus que mensonge et déception dans tous les rapports qu'il aura par la suite avec ses semblables...... !

Une HAUTE RAISON n'est pas moins nécessaire pour obtenir, et surtout pour régler l'empire que vous devez avoir sur vos enfants. C'est elle d'abord qui vous donnera l'*empire sur vous-même*, sans lequel vous ne pourriez être certain du premier, ni en faire sortir à votre gré les heureuses conséquences. Cultivez donc sans cesse votre raison ; qu'elle soit le flambeau de tous vos actes, le frein de tous les mouvements qui seraient trop impétueux. Elle seule vous conduira au calme du cœur et de l'intelligence, indispensable pour nous faire juger les véritables rapports des choses, et nous permettre d'appliquer toujours les moyens convenables pour la direction de nous-même et des autres. Sans elle, d'ailleurs, vous ne pourrez jamais être certain de ne rien faire, ni rien dire devant vos élèves qui puisse être pour eux d'un mauvais exemple, ou altérer le respect et la confiance qu'ils doivent éprouver à votre égard. Sans ce régulateur élevé, il vous sera également impossible de répondre que l'ensemble de votre conduite sera toujours conforme au devoir, dont le sentiment peut seul vous donner l'ascendant que vous devez toujours conserver, et sur vos élèves, et sur toutes les personnes qui ont des rapports avec eux.

Ces deux grands points obtenus, quant à la personnalité même de l'instituteur, dans laquelle doit résider le principal levier de toute l'action à exercer sur ses élèves, il ne s'agit plus que de voir quels secours il devra tirer des divers moyens dont il peut disposer à leur égard.

Il doit *saisir d'abord toutes les occasions d'étudier* leur caractère, leurs penchants, leurs aptitudes, afin de posséder le fil de leur direction dans les occurrences variées qui résultent de ces dispositions diverses. Il devra les observer, non-seulement dans le cours de leurs études, mais encore dans leurs récréations, leurs repas, dans toutes les circonstances où cela lui est possible. Muni de ces données, il se gardera d'appliquer à tous une règle aveuglément uniforme, pour les conduire également au bien. L'un devra être excité, l'autre retenu dans ses efforts ; l'enfant timide sera vivement encouragé, mais on craindra d'exalter par trop d'éloges l'enfant porté à la présomption, à la vanité. Chez l'un vous combattrez le penchant à l'égoïsme, chez l'autre vous réglerez avec prudence le sentiment d'une trop généreuse abnégation. C'est ainsi que, vous armant de moyens différents pour arriver toujours au même but, l'heureux développement de tous les êtres qui vous sont confiés, vous approcherez autant que possible de la perfection de votre imposant ministère.

Vous interviendrez *dans les débats* de vos élèves toutes les fois qu'ils paraîtront graves, mais ce ne sera point pour sévir impitoyablement contre celui qui aurait failli; ce sera principalement pour conduire les adversaires à une bonne et sincère conciliation. Vous recevrez avec intérêt les plaintes, mais vous écouterez la réponse avec indulgence, en évitant surtout d'avoir l'air convaincu de la culpabilité; et lorsque *vous aurez bien apprécié* la nature de l'acte reproché, vous tâcherez d'*amener les parties* à une semblable appréciation. Vous amènerez le coupable à sentir lui-même sa faute, et l'offensé à en reconnaître les circonstances atténuantes. Souvent il résultera de cette enquête que le tort était complétement involontaire, ou le plaignant trop susceptible, ou même que les torts étaient de son côté. Combien vous vous féliciterez alors de n'avoir pas commencé par punir sur un premier rapport! Ce n'est qu'après avoir ainsi bien constaté , *aux yeux mêmes des enfants*, les vrais caractères du sujet de leur querelle , que vous verrez s'il doit y avoir lieu à quelque mesure répressive, qui sera toujours alors acceptée sans murmure , si d'ailleurs elle est bien adaptée au fait qui l'a rendue nécessaire , parce que vous aurez éveillé et éclairé la conscience du vrai coupable. Ce n'est aussi qu'après ces préliminaires que vous inviterez les enfants à conclure le pacte de paix, en s'embrassant , ce que nous avons souvent vu faire avec succès dans les salles d'asile. Mais *ne forcez jamais* les conclusions de ce pacte, qui doit être entièrement volontaire pour être vraiment efficace. Autrement vous auriez causé plus de mal que de bien, car vous n'auriez fait donner que le baiser de Judas. Ne cherchez pas non plus *à arracher* l'aveu formel d'un tort par crainte ou obsession. Souvent le coupable n'en est pas entièrement convaincu; et tant que vous n'avez pas eu l'art de produire cette conviction , ou si vraiment il n'est pas coupable , songez au mal dont vous seriez vous-même l'auteur en lui faisant une violence qui, même dans le premier cas , lui paraît souverainement injuste. Souvent aussi il ne sentira que vaguement son tort, sans être encore au point d'en formuler la confession d'une manière précise. D'autres fois il sera trop ému, trop affecté par le sentiment de sa faute, et alors pourquoi l'accabler, l'humilier encore sans pitié? Que l'aveu soit donc complétement volontaire, s'il est amené naturellement par les circonstances, mais ne l'obtenez jamais par aucune espèce de force, même morale; et, dans tous les cas, n'attachez pas trop d'importance à cette confession explicite, comme on le fait trop généralement. Il suffit que l'enfant soit pénétré du sentiment qu'il a mal fait, qu'il a affligé son camarade et son maître, pour que la leçon aille au fond de son cœur, et y reste bien mieux gravée que si elle n'avait fait que s'échapper au dehors par de vaines paroles.

Si vous devez recevoir la plainte de celui qui se prétend lésé lui-même, ou l'avertissement de celui qui veut prévenir le mal qu'on ferait à autrui, vous repousserez de toutes vos forces la *délation officieuse*, qui n'a pour but que de présenter un autre sous des couleurs défavorables, ou de se faire par là un mérite à vos yeux. Rien n'est plus funeste qu'une telle disposition qui, loin d'être réprimée dans certaines écoles, y est au contraire particulièrement encouragée. Elle n'est faite que pour alimenter l'esprit d'envie, d'intrigue et de perfidie; elle fomente les haines, détruit toute confiance, et s'oppose à la propagation des sentiments si précieux d'une bienveillance mutuelle. Si, pour le maintien de l'ordre, vous êtes

obligés de choisir des *surveillants* parmi les élèves, n'importe sous quelle dénomination, que
leurs rapports soient toujours faits d'une manière
ostensible et en présence de l'accusé. Apprenez à
ces fonctionnaires de l'école que leur mission n'est
pas d'accuser, pour le plaisir de faire punir leurs
camarades, mais que c'est un devoir pénible, dont
le seul but est d'empêcher pour l'avenir les infrac-
tions à la règle ou les autres fautes graves. Ame-
nez-les, par votre propre exemple, à ne jamais
signaler à autrui les torts de ceux qui sont soumis
à leur inspection qu'*avec l'expression d'un vif regret*, et lorsque *les avertissements particuliers ont
été complétement inutiles*. Faites-leur de cette dernière condition une obligation formelle, car elle
seule peut faire admettre le principe, non de la
délation, mais de la *dénonciation officielle*, sans
qu'elle soit presque également immorale et féconde
aussi en une foule de tristes résultats.

Cette méthode, qui consiste à faire juger par
lui-même l'auteur d'un acte répréhensible, et à
instituer une partie des élèves scrutateurs des actions des autres, nous conduit à examiner un autre système qui a de l'analogie avec celui-là, et
qui pousse même bien plus loin le principe d'intervention des enfants dans la régulation de leur
propre conduite. Ce système était pratiqué en
Angleterre, à Hazelwood, dans la maison d'édu-

cation de M. Hill. Les fautes des élèves étaient
jugées, dans cet établissement, par un jury formé
au milieu d'eux, avec l'assistance d'un juge également à leur nomination ; et, de plus, les élèves
participaient, de concert avec leur maître, à la
confection des lois mêmes qui devaient régir leur
petite communauté. C'était, comme on le voit,
une sorte de gouvernement représentatif établi au
sein de l'école, dans le but d'initier de bonne heure
la population à la vie politique, avec les formes
qui la constituent dans le pays. On peut encore
considérer cette organisation comme un très-bon
moyen de gymnastique morale et intellectuelle,
puisqu'elle fournit aux élèves les moyens de s'exercer chaque jour à la solution d'une foule de questions intéressantes dans cette double sphère. Nous
ignorons les résultats de ce système, dont nous
n'avons eu connaissance que par un programme
imprimé qui date de 1823 ; mais nous pensons
que les principes sur lesquels il repose méritent
d'être pris en sérieuse considération, et que, dans
le cas même de premiers essais infructueux, on
ne devrait pas se hâter d'en abandonner l'application, avant d'avoir varié les expériences de manière à pouvoir conclure qu'il est vraiment im-
praticable. Il faut toutefois observer qu'il ne peut
s'appliquer en entier qu'à des élèves d'écoles supérieures, ceux des écoles primaires n'étant point

assez développés; mais on peut en détacher quelques fragments qui conviendront même aux salles d'asile, notamment en ce qui concerne le jugement des enfants par leurs camarades. Nous proposerions cependant un double amendement à cette disposition : le premier, pour qu'on n'établît un tel tribunal que dans les cas graves; le second, pour qu'il n'intervînt que lorsqu'on n'aurait pu obtenir de l'accusé un bon et sincère aveu, c'est-à-dire bien senti et accompagné d'un vrai repentir. Au surplus, le maître doit toujours conserver, comme cela était établi à Hazelwood, le droit de révision de pareilles sentences, car on sent qu'il n'y a pas ici les mêmes motifs d'irrévocabilité, même incomplète, que pour les décisions des *jurés* dans la grande vie sociale, et qu'il en existe beaucoup, au contraire, pour ne pas s'en rapporter entièrement à celles d'être encore si peu avancés en raison et en sagacité pratique.

Pour justifier cette dernière restriction, mais faire en même temps toucher au doigt l'utilité de ce genre d'exercices judiciaires, même pour de très-jeunes enfants, nous allons en rapporter un exemple en action, tel qu'il est décrit dans l'*Ami de l'enfance*, n° 5 de l'année 1837, pages 134 et 135.

Voici un exemple de cette manière de procéder.

« Un enfant commet une faute; ainsi il vole un joujou à son camarade, ou il le lui *prend* (terme dont on se sert trop souvent pour désigner le vol enfantin). Le père et la mère s'efforceront de réprimer ce penchant de mille manières différentes, suivant leur caractère et leurs lumières. Supposant les circonstances les plus favorables, les parents *seront indignés* d'une semblable faute dans un être qui leur tient de si près et qui leur est si cher; ce sentiment, une fois excité, quelque effort qu'on fasse pour le contenir, est instinctivement aperçu par l'œil pénétrant de l'enfant, et il resserre plus ou moins le cœur du pauvre petit être. Des deux côtés il y a irritation, et les reproches ou les conseils adressés dans cette circonstance ne servent pas à grand'chose.

» Ceci est moins à craindre de la part d'un maître expérimenté, dont les soins et l'attention sont nécessairement partagés entre une centaine d'élèves. Nous supposons encore qu'un petit garçon dérobe le joujou d'un de ses camarades, sa balle ou sa toupie, par exemple. Cela a lieu pendant la récréation, dans un moment où l'enfant est en pleine liberté, car c'est alors seulement que son caractère se révèle. Le maître le voit ou l'apprend; il ne paraît pas y faire attention dans le moment même; mais, en rentrant dans la salle, il commence l'examen qu'il se propose, en racontant l'histoire d'un jeune garçon qui a volé à son camarade sa toupie ou toute autre chose. A l'in-

stant le coupable *baissera la tête ;* il est inutile de
le désigner, chacun le reconnaît. Quatre-vingt-
dix-neuf sur cent (le coupable excepté) vont prononcer le jugement et, sur la demande du maître,
décider la punition encourue pour une telle faute.
En même temps celui-ci rappelle à l'enfant et à
tous ceux qui sont présents que, lors même que
lui ne l'a pas aperçu, Dieu certainement l'a vu ; ou
plutôt l'instituteur fait tirer cette conclusion par
les enfants eux-mêmes, et il va sans dire que
l'accusé, pendant tout ce temps, *reste immobile.*
On renouvelle la question : « *Quelle punition* faut-
il infliger » ? Quelques-uns des garçons les plus
pétulents (dont les nobles sentiments n'ont peut-
être besoin que d'être bien réglés pour les faire
devenir un jour des hommes d'un caractère élevé)
crient de toutes leurs forces : *fouettez-le* , *liez-le* ,
tandis que les autres gardent le silence, trouvant
un tel châtiment trop sévère. Cependant, au lieu
d'exécuter les décisions de l'implacable jury , le
maître fait encore une ou deux questions : « Ce
garçon a-t-il l'habitude de vous voler vos bijoux ?
— Non. — Croyez-vous que ce soit une première
faute? — Oui. — Est-ce qu'un enfant doit-être
puni aussi sévèrement pour une première faute
que pour une seconde ou une troisième? — Non.
— Que ferons-nous donc ? — Aussitôt les petites
filles se mettront à crier : Pardonnez-lui, pardonnez-lui, ne le battez pas. »

« Observez maintenant l'effet que produit cette scène sur chacun de ceux qui y ont pris part : le coupable est condamné par ses camarades, des sentiments plus doux sont excités, et chacun a été appelé à appliquer les principes de vérité et de justice qu'ils ont reçus. Sans nous étendre davantage sur ce qui peut suivre une telle conversation, ou sur la supposition des détails qui, ce jour-là ou tout autre, se présentent en foule avec les enfants (soit que le joujou ait été simplement volé ou qu'on ait fait un mensonge pour le nier, ou que des coups aient été donnés, toutes fautes plus ou moins graves qui doivent être distinguées, car elles endurciraient le cœur et fortifieraient les mauvais penchants si elles n'étaient réprimées de bonne heure), l'on peut assurer que, quelle que soit la gravité de ces circonstances, l'effet produit sur le coupable par cet examen ne peut être que salutaire en même temps à tous les autres. Les *impressions* sont amenées à céder aux *principes*, et tandis que tous voient ainsi ce qui arrive malheureusement tous les jours dans le monde, et ce qui existe aussi en secret dans leur propre cœur, ils le voient au moins sous un aspect qui en inspire l'horreur et non le désir de l'imitation ».

Voici une citation nouvelle, puisée dans un ordre spécial des applications de la science pédagogique, où l'on trouverait souvent d'utiles leçons pour la théorie générale de l'éducation, et qui rentre parfaitement dans la question qui nous occupe en ce moment. Elle est extraite de l'ouvrage de L. P. Paulmier, intitulé : *Le Sourd-Muet civilisé*, etc. (page 20 et suivantes).

« On a également l'expérience QUE LE CHATIMENT ET LES PUNITIONS RIGOUREUSES NE SONT PAS INDISPENSABLES. Ce sont toutes conséquences plus ou moins éloignées de la liberté morale et du respect que l'on doit porter à la dignité de l'homme. Je n'oublierai jamais la réprimande que fit un jour, sous mes yeux, l'aimable Theverin, sourd-muet, à un de ses petits camarades d'infortune, qui avait mis un peu trop de lenteur à obéir. Si tu étais soldat, lui disait-il, on te punirait pour la moindre faute. L'impression fut d'autant plus forte sur l'esprit du coupable que le signe en est plus imposant. On le fait en se mettant les bras en croix, la tête baissée, le regard oblique, la honte sur le front, et dans l'attitude basse d'une personne qui a les deux mains liées ensemble avec une corde. Je vis alors tomber des larmes des yeux du pénitent, marque certaine de son sincère repentir. Raconter ce fait n'est-ce pas dire assez QUE JE NE FAIS JAMAIS USAGE DES CHATIMENTS, NI MÊME DES PUNITIONS ORDINAIRES? J'agis par une puissance morale, invisible, sur l'âme même, moins pour la flétrir et la décourager, que pour lui faire sentir sa dignité et les nobles fonctions qu'elle est appelée par le ciel à remplir sur la terre. Un léger nuage vient-il à obscurcir le front des élèves, je le dissipe aussitôt par le bruit de quelque conte amusant. Je réussis d'autant mieux que le langage des gestes est singulièrement favorable à la narration. La pacotille de bonnets rouges du naufragé dans l'île des singes, dont on berce les écoliers, et autres histoires semblables m'ont été souvent d'un grand secours, non pas précisément pour égayer les élèves, car ils sont rarement tristes, à moins que la température ne fasse sentir son influence, mais bien pour les amener à l'étude et redoubler leur ardeur. Lorsque de la bouderie entre deux élèves se prolonge et menace de se tourner en haine, chose assez rare, je les fais placer debout vis-à-vis l'un de l'autre, et, avec un mélange de physionomie riante, ironique ou sérieuse, je les oblige tout doucement à s'embrasser. A peine se sont-ils ainsi rapprochés que la sérénité renaît sur les visages, et la paix est faite. Un élève a-t-il quelque défaut, on le corrige avec l'arme du ridicule. S'agit-il d'une faute grave, aussitôt tout se rembrunit autour de lui, tout semble prendre le deuil de la perte de son innocence. C'est une calamité publique ; les camarades redoutent son approche, ils le regardent avec une curiosité inquiète, comme s'il était atteint d'une maladie inconnue et contagieuse. On le plaint intérieurement, mais on l'évite. Le visage du maître est sérieux, sa physionomie contristée; il détourne les yeux de dessus le coupable, comme d'un objet qui inspire une triste pitié. Tout cela doit se passer naturellement dans le silence, c'est-à-dire avec calme et sans la moindre affectation. La leçon se donne encore en commun, mais en mettant, par le ton et les manières seulement, une ligne de démarcation entre le troupeau sain et la brebis égarée. Le grand art est d'inspirer de la haine pour le vice, et *une tendre pitié pour l'élève malheureux*, au point de tourner tous ses camarades contre lui dans l'intention louable de le ramener au bien. Cette sainte et généreuse conspiration de tous contre un seul l'accable du poids insupportable de la bienveillance de tous les cœurs coalisés, à un tel point que le naturel le plus gâté ne peut résister à ces attaques réitérées, et persévérer longtemps dans le mal. Il ne tarde pas, en recouvrant sa pureté native, de renaître à l'innocence. Le maître était-il dans l'usage d'honorer son élève en le chargeant de lui rendre quelque service, qu'il choisisse désormais un autre serviteur, jusqu'à ce que le premier ait vivement senti cette privation. Il est superflu de dire que les soins du maître doivent être bien au-dessus des services rendus. Ce commerce agréable éveille la conscience, forme les bons cœurs;

la semence des bienfaits fait germer la reconnaissance. Ces principes sont fondés sur l'observation ;
je n'avance aucun fait qui ne soit fondé sur l'expérience. »

Nous sommes conduits maintenant à examiner
d'une manière plus générale le principe des *punitions*, considérées comme *moyen de direction morale*, ce principe qui jusqu'à présent a tellement
dominé tous les systèmes d'éducation, et même
du gouvernement des hommes faits, qu'on l'a cru
propre à trancher presque seul toutes les difficultés de direction humanitaire. Nous ne traiterons
pourtant cette question principalement que sous
le rapport spécial de notre ouvrage.

On conçoit, en général, que le triste moyen *de
punir* ait été regardé comme *seul efficace* pour
retenir les hommes dans le devoir, tant qu'on ne
connaissait pas d'autres moyens de guider leurs
facultés, et surtout lorsque l'état social était fondé
snr l'emploi seul de la force. Il fallait bien, dans
ce dernier cas, un système de répression violente,
fortement organisé, pour repousser toute tentative
de se mouvoir, non-seulement hors la sphère du
devoir véritable, mais encore hors celle des prétentions, justes ou injustes, des dominateurs. De
là le caractère de rigueur, souvent même de
cruauté, qui forme la base de tant de codes crimi-
nels ; de là encore ce caractère de *vengeance* qu'on

prêtait à la loi pénale, puisqu'un tel système avait surtout pour base une sorte d'état de guerre, qui semblait justifier tous les écarts de la passion contre un ennemi dangereux.

Or il est facile de comprendre comment cet esprit général a dû influer, dans la sphère de l'éducation des enfants, sur le choix des moyens à employer pour leur direction. L'*autorité*, trop souvent sèche et inflexible, fut dès lors la règle principale de l'organisation scolastique ; et le maître, portât-il un cœur tendre, se trouvait, malgré ses propres penchants, resserré dans le cercle pénible tracé autour de lui. La discipline de l'école, reposant presque entièrement sur les peines à infliger contre ses violateurs, l'essai partiel ou inexpérimenté d'autres moyens ne réussissait que rarement, et prêtait même souvent une nouvelle force à l'esprit de désordre. De là naissait chez les meilleurs maîtres le découragement d'agir par d'autres moyens que la sévérité, et chez les hommes irritables, le caractère de dureté qui les rendrait l'épouvantail de leurs élèves.

Aujourd'hui nous vivons, sous tous ces rapports, dans une époque bien plus favorable, au moins chez la plupart des nations d'Europe et d'Amérique. L'action de nos gouvernements s'est grandement adoucie, et elle tend chaque jour à devenir plus tutélaire des intérêts généraux. D'un autre côté, les divers éléments de la société, jadis complétement hostiles, tendent aussi à faire alliance, et le même esprit a pénétré dans le sein des familles, surtout dans les pays où le droit d'aînesse n'existe plus, ainsi que l'exclusion des filles à l'égalité des partages, ces deux grands germes d'inimitié au milieu du foyer domestique. Enfin, dans la science même de l'éducation, il a été fait une foule d'essais heureux sur l'art de diriger l'esprit et le cœur des enfants par des moyens plus doux que ceux de l'ancien principe. Il est donc temps et opportun que tous ceux qui ont médité sur ce grave sujet apportent leur tribut d'idées pour fixer, en ce moment, sinon les principes absolus d'une science toute nouvelle, au moins ceux d'une heureuse transition entre l'état ancien et l'état futur. On est certain désormais qu'ils ne prêcheront plus dans le désert, et cette assurance est déjà bien encourageante. Nous allons donc, en toute confiance, exposer nos idées à cet égard.

Nous concevons, pour un avenir plus ou moins éloigné, un ordre de choses où parents et instituteurs n'auraient besoin d'aucun motif coërcitif pour commander l'obéissance de leurs élèves; où ces derniers seraient tellement pénétrés de l'amour et de la raison supérieure des personnes instituées au-dessus d'eux, qu'ils iraient au-devant de tous leurs désirs, que, dans cette hypothèse, nous supposons toujours inspirés par l'amour et la sagesse. Mais, si telle est notre espérance pour une autre époque, nous ne nous dissimulons point qu'elle est encore loin de pouvoir se réaliser entièrement; et, si nous sommes conduits à l'exprimer, c'est uniquement parce que nous croyons indispensable, dans toute théorie qu'on veut rendre vraiment rationnelle, d'indiquer toujours ce qu'on croit le plus approcher de la perfection, afin de diriger continuellement dans ce sens les efforts d'application successive, même incomplète, sans s'exposer à de funestes méprises dans le but même de cette application. Ainsi l'on pourra bien ajourner l'exécution des parties dont les éléments ne seront pas encore convenablement disposés; mais, du moins, on ne contrariera pas essentiellement l'exécution future, et l'on aura la satisfaction de faire chaque jour quelques pas assurés. C'est donc, en ce moment, non la suppression entière des punitions que nous allons proposer dans le régime de l'enfance, mais l'épuration de leur nature, leur réduction au simple nécessaire, et leur remplacement progressif par d'autres ressorts plus doux et plus conformes à la dignité humaine.

Quant à la *nature* des peines, il faut d'abord en bannir tout ce qui porte le caractère de dureté, et surtout l'emploi de moyens brutaux, faits pour ravaler le maître, aussi bien que l'élève, au-dessous des bêtes, dont quelques-uns ne sont pas entièrement hors la sphère des moyens rationnels. C'est le sentiment de ce motif qui sans doute a discrédité généralement, en France, l'emploi des châtiments corporels, tels que les *férules* et le *fouet.* Cependant l'usage des férules est encore loin d'avoir cessé tout à fait dans les écoles primaires, malgré la défense de l'autorité ou des administrations privées, chargées de la direction de quelques-unes de ces écoles; mais nous espérons qu'il sera bientôt abandonné entièrement, à mesure que les instituteurs connaîtront mieux les autres moyens directionnaires de l'enfance. Généralement aussi on a renoncé au *cachot*, qui a été remplacé, dans plusieurs sortes d'établissements, par une simple *retenue* dans le local de la classe après la fin des leçons. Ce dernier moyen peut être approuvé sous le rapport de la douceur de l'infliction, mais il va directement contre un autre but essentiel, celui de ne jamais faire considérer l'endroit consacré à l'étude que comme un lieu de bienfait, et de plaisir même, jamais comme un lieu de punition. La même raison nous fait aussi repousser l'usage des *pensums*, qui consiste à donner un surcroît de travail à celui qui n'a pas bien fait son devoir. C'est absolument le contraire qu'il faudrait établir.

Ainsi, tout écolier qui trouble trop ses camarades, ou remplit décidément mal sa tâche, doit être privé momentanément de l'avantage de participer aux travaux de l'école ; et, dans les cas graves, on devrait même s'entendre avec les parents pour avoir l'air de ne plus vouloir l'admettre dans l'établissement. Nous avons vu employer ces moyens avec beaucoup de succès dans les salles d'asile ; mais ils doivent l'être avec tact et prudence, afin qu'il n'en résulte pas d'interruption trop forte dans l'instruction de l'élève, et pour qu'il ne crût pas qu'on veut le soustraire désormais à toute règle commune.

On doit également dégager les peines de tout ce qui aurait pour résultat *la dépression morale* ou *une humiliation trop grande.* Jamais elles ne doivent amener le découragement des élèves, ni leur enlever le sentiment de leur propre estime et de celle de leurs camarades. On peut bien leur faire sentir quelquefois leur infériorité, mais uniquement pour aiguillonner leur zèle ; on peut bien ramener à une juste mesure les impressions de l'enfant orgueilleux, mais ce ne doit pas être pour le plonger dans le désespoir ; on peut bien exciter la honte chez celui qui commet une faute très-grave, mais il ne faut jamais que son front soit trop longtemps rabaissé vers la terre.

Le caractère purement *préventif* doit aussi toujours constituer une punition quelconque. L'enfant doit toujours sentir que, si vous lui imposez une chose pénible, ce n'est pas dans le triste but de le faire souffrir, de lui rendre le mal pour le mal, mais seulement pour l'empêcher d'en faire lui-même. C'est d'après ce principe que, dans les salles d'asile, les punitions consistent presque entièrement dans la séparation de l'enfant indocile ou turbulent d'avec ses compagnons. C'est même uniquement sous ce point de vue qu'on pourrait peut-être supporter une *chambre de réflexion*, comme moyen de ramener les enfants les plus difficiles. Dans l'infliction d'une telle peine, il faudrait tout faire pour que le pauvre prisonnier ne pût confondre son gîte momentanément forcé avec un lieu d'abandon et d'horreur. Toutes les circonstances accessoires de la séquestration devraient avoir pour résultat d'établir, soit dans l'esprit de l'enfant, soit dans celui des spectateurs, une distinction profonde entre cette *chambre* et un *cachot*. Toujours elle devrait être éclairée, au moins par le haut, et placée sous les yeux du maître ; il ne faudrait pas non plus y laisser le coupable lorsque tout le monde se retirerait. En un mot, il faudrait ici, comme nous l'avons déjà dit pour un autre genre de peines, il faudrait beaucoup de tact et de prudence pour ne pas abuser de ce moyen, et c'est ce qui nous fera toujours hésiter sur son adoption. Il existe au surplus beaucoup d'asiles où l'on n'en sent pas la nécessité, et nous ne le croyons justifiable que lorsqu'on a affaire à une population d'enfants extrêmement rebelles, ou lorsque leur trop grand nombre ne permet pas à une maîtresse de s'absorber dans les soins particuliers que réclament les plus intraitables, qui, sans ce moyen , rendraient quelquefois impossible toute espèce d'ordre dans la masse entière des enfants.

Les peines doivent en outre être *appropriées au genre de faute* pour laquelle elles sont infligées, et même, à quelques égards, au caractère des enfants. Vous ne punirez donc pas l'acte méchant comme un simple oubli de la règle ou la négligence d'un devoir, ni la violence comme une atteinte à la propriété, la turbulence comme la paresse, l'orgueil comme l'abandon déplacé de soi-même. L'enfant vif, impétueux, devra être réprimé d'une autre manière que l'indolent ou le timide, le vaniteux autrement que celui qui est indifférent aux émotions de l'amour-propre, l'égoïste ou le cupide autrement que l'enfant généreux. En un mot, toutes les nuances principales, et de la faute et du caractère, devront être soigneusement distinguées pour y adapter la nature et le degré de la peine. C'est ainsi qu'elles atteindront véritablement leur but, parce que chacune d'elles sera comme un spécifique particulier pour chaque mal auquel on aura voulu lui faire apporter remède.

Nous n'avons pas besoin de formuler ici le principe que toute punition doit être basée rigoureusement sur un sentiment profond *d'équité*. Chacun sent que tout empire désirable serait perdu si l'enfant pouvait soupçonner seulement que le maître est injuste ou rigoureux outre mesure ; mais tout le monde ne sait pas combien il faut d'attention sur soi-même pour ne pas courir un tel danger dans l'emploi des moyens de rigueur. Pour l'éviter, on ne saurait s'entourer de trop de précautions. Il faut d'abord *bien constater la preuve du fait*, ensuite *déterminer les circonstances qui le caractérisent* ; car souvent tel fait qui paraissait coupable, au premier aspect, se résout en un acte innocent et quelquefois même louable. Jugez quelle impression funeste vous feriez sur le cœur d'un enfant, si vous veniez à le punir dans ce dernier cas, et quelle idée vous lui donneriez de l'appréciation morale des actions humaines....! Lorsque vous serez bien assuré de la réalité et du caractère de l'action punissable, il est encore très-essentiel que l'enfant ne puisse croire que vous le punissez au gré de votre caprice ou de votre passion, et c'est alors que vous tirerez un utile secours des règles que nous avons tracées, il y a un instant, sur l'appropriation des peines aux genres de fautes et au caractère des enfants. Vous ferez aussi tous vos efforts pour que le coupable soit persuadé que la peine qu'on lui inflige *est une conséquence même de son action*, et que c'est lui qui vous a forcé à cette rigueur. Outre que cette conclusion ne lui permettra pas de vous accuser d'injustice, elle aura un résultat des plus moraux, puisqu'elle gravera dans son esprit l'idée salutaire qu'on ne peut attendre du bien quand on a fait le mal.

Enfin, pour conserver intact le lien d'affection qui doit sans cesse exister entre l'instituteur et son élève, il ne suffit pas que la peine soit juste, qu'elle soit modérée, qu'elle soit appropriée à l'acte et à la personne, il faut encore que l'enfant ne puisse jamais croire qu'elle lui est infligée avec un cruel plaisir ou même simplement avec indifférence. Qu'il sente, au contraire, que c'est *avec le plus grand regret* que son meilleur ami se voit contraint à une si pénible extrémité. Ne craignez pas de lui montrer que vous êtes affecté vous-même en le punissant, que vous souffrez autant que lui. Il suffira, pour qu'il ne soit pas tenté de vous braver, ou qu'il ne croie pas lasser votre patience, qu'il soit bien persuadé que, malgré la douleur que vous éprouvez, vous aurez la force de persister toujours dans de si pénibles devoirs, précisément parce que leur exercice vous est commandé par son propre intérêt.

Après avoir indiqué tout ce qui nous a paru le plus essentiel sur le principe et la nature des PEINES, en matière d'éducation, il est naturel de passer à un semblable examen sur la question des RÉCOMPENSES.

Ici nous craignons bien qu'on ne partage pas, aussi facilement qu'à l'égard des peines, la critique du système en usage, surtout si nous concluons, comme notre conviction nous y porte, à l'abolition presque entière de ce système. Dans le premier cas, nous avions pour nous la tendresse des parents et l'instinct des élèves qui repoussent également la rigueur ou l'inintelligence des châtiments; tandis qu'à l'égard du mode régnant des récompenses scolastiques, nous aurons à combattre leurs sentiments réunis, entraînés également par tout ce que ce mode offre de séduisant pour l'amour-propre. En effet, quel transport général dans les écoles et les familles, à l'approche de cés jours solennels où l'on a l'espérance de voir couronner un fils, un frère, un ami ! Quel souvenir flatteur ne conserve-t-on pas, même après de longues années, de ces premiers triomphes de la vie ! Nous ne nous dissimulons donc pas la difficulté de faire prévaloir notre opinion, et c'est ce qui doit nous faire pardonner quelques développements pour la justifier.

Nous convenons qu'avec un système rebutant de devoirs, qu'avec une mauvaise direction morale et intellectuelle, il est impossible d'exciter les enfants à l'étude par le seul attrait qui s'attacherait sans cela au bonheur d'apprendre, ou par le désir d'être agréable à ceux qui prodiguent pour eux leur existence. Mais supposez qu'un instituteur se soit rendu maître du cœur de ses élèves par les divers moyens que nous avons indiqués; supposez qu'appuyé sur ce mobile si puissant, il ait aussi l'art de diriger leur esprit vers les objets pour lesquels ils ont le plus d'aptitude et de vocation; supposez enfin qu'on parvienne à rendre faciles et intéressantes les leçons jadis les plus arides, ce qui nous semble désormais hors de doute; alors, il faudrait en convenir aussi, toutes les véritables difficultés seraient vaincues, et tout autre moyen aurait au moins l'inconvénient d'être inutile. Mais que ce premier inconvénient est peu de chose encore en comparaison du mal positif qui dérive du système actuellement en faveur! Que ne pourrait-on pas dire des erreurs, des injustices mêmes dans la distribution des récompenses, effet inévitable d'un système où l'on n'a aucun égard aux conditions d'âge, de santé, de développements antérieurs, de dispositions particulières, et de tant d'autres circonstances qui influent sur le mérite ou le démérite des succès des élèves? Mais, en outre, que de mauvaises passions naissent, dans le cœur des enfants, de ces assauts continuels de supériorité, souvent plus apparente que réelle! Vous en verrez découler le sot orgueil d'une part, et un triste découragement de l'autre, avec le sentiment d'envie qui l'accompagne presque toujours; vous en verrez découler ce désir insatiable d'être toujours le *premier*, qui dégénère tôt ou tard dans celui de *dominer* ses semblables, ce désir qui est la source de l'ambition démesurée, source elle-même de toutes les mauvaises passions qui désolent l'espèce humaine.

Encore, si ces succès empoisonnés conduisaient au but si désiré par les parents, la véritable science! Mais vain espoir! Comme pour mettre à nu toute la vanité des efforts qui sont en opposition aux vrais principes, rarement ces phénix de collége deviennent des hommes vraiment supérieurs. Et cela se conçoit parfaitement; car cette émulation forcée énerve le ressort même de l'âme, et ces succès prématurés satisfont tellement le vainqueur, enflent tellement son orgueil, qu'il a rarement des motifs ultérieurs de continuer de tels efforts. En effet, à quoi servirait par la suite de sacrifier ses veilles, d'approfondir péniblement les choses, de s'imposer des privations, pour obtenir un mérite qu'on a proclamé de si bonne heure et à si haute voix ?

Nous n'insisterons pas davantage sur ces considérations, qui auront suffi sans doute à faire voir le vice des stimulants qui, jusqu'à ce jour, ont paru indispensables pour exciter les enfants au travail et à l'accomplissement de leurs autres devoirs. Nous en avons dit assez pareillement pour faire voir sur quelles bases nous fonderions nous-mêmes l'*émulation*, si nous avions à notre disposition tous les éléments désirables; mais ici encore, comme pour les punitions, nous serons obligés de faire concession à une nécessité transitoire, et de proposer seulement des modifications propres à ramener peu à peu les récompenses de l'école à un principe plus pur que celui sur lequel elles reposent généralement.

Nous bannirions d'abord, sans hésiter, les récompenses *pécuniaires*, telles qu'elles sont admises dans beaucoup d'écoles, c'est-à-dire en les appliquant à tout sujet de satisfaction dans la conduite des élèves. Nous comprenons bien que, dans les établissements où le travail manuel est institué, on paye matériellement à chacun le résultat matériel de ses efforts, puisque tel est le but naturel de ce genre de travail; encore voudrions-nous que, le plus souvent possible, on stimulât le zèle des travailleurs par des motifs élevés, tels que celui de venir au secours du malheur, et d'obtenir, par le bénéfice de son propre travail, les moyens d'acquérir plus d'instruction et de moralité; mais, nous voulons surtout flétrir la dangereuse monstruosité qui consiste à employer des moyens matériels dans tout ce qui touche au monde moral. Quoi! vous donnerez de l'argent à votre élève pour être docile, appliqué à l'étude, affectueux envers vous et ses camarades! vous donnerez de l'argent au fils pour qu'il aime et respecte ses parents, au chrétien pour qu'il se prête aux exercices du culte ou à l'instruction du dogme....! Comment ne voyez-vous pas que vous ne ferez ainsi que des êtres cupides et hypocrites, qui n'auront pour mobile qu'un sordide intérêt, qui seront étrangers à tout élan généreux, et ne resteront sèchement attachés à la règle du devoir que lorsqu'ils seront certains d'en être payés au poids de l'or...? Ah! c'est par le sentiment seul que peut se payer le sentiment; c'est par les témoignages d'estime et d'affection que doivent se récompenser les actions estimables et bienveillantes; c'est en rendant sensible à l'enfant le fruit de l'étude, c'est en la rendant intéressante que vous soutiendrez son application; c'est en faisant réfléchir dans son cœur ce bonheur intime qui suit l'accomplissement du devoir, ou d'une bonne action, que vous lui en inspirerez le besoin, en même temps qu'il y trouvera sa plus douce récompense.

Quant à celles qui s'adressent plutôt à l'*amour-propre* qu'à l'intérêt, et dont nous avons principalement fait voir les fâcheux effets, avant de parler de ces dernières, nous convenons que, dans l'état actuel des choses, on ne pourrait les supprimer d'une manière absolue; mais il faudrait au moins les dépouiller de ce qui augmente si énergiquement leur danger, de cet appareil pompeux de la publicité, qui cause tant d'enivrement chez les vainqueurs, tant d'abattement chez ceux qui, souvent malgré les plus louables efforts, n'ont pu parvenir à arracher la moindre couronne. L'éclat du grand jour, pour ces distributions, est surtout peu convenable pour les jeunes personnes. Nous concevons, il est vrai, un état plus avancé de l'éducation sociale, où la proclamation publique du mérite n'aurait pas, même pour le sexe féminin, les inconvénients qu'on peut redouter aujourd'hui, où elle n'éveillerait que le désir de mieux faire encore, sans qu'aucun sentiment moins pur vînt s'y mêler; mais, avec nos mœurs, avec les principes qui dominent dans la société, et dont ne peuvent entièrement se préserver les meilleurs établissements d'éducation, nous craignons fort que la réserve du sexe n'ait à souffrir très-souvent de ces sortes de représentations théâtrales.

Ayant indiqué parmi les récompenses des écoles ce qui nous paraît le plus contraire à la véritable moralisation, nous n'insisterons pas sur des critiques de détail, et nous terminerons ce sujet par la recommandation générale, analogue à celle que nous avons faite à l'égard des punitions, d'*approprier* autant que possible *la nature des récompenses* à *la nature de l'acte* et *au caractère de l'individu.* Certes, l'uniformité des notes de *bons points*, des *images*, des *croix*, des *prix*, est bien commode pour les distributions de récompenses, mais elle ne peut toucher avec intelligence chaque fibre principale du cœur. Tel enfant sera vivement pénétré d'un regard de bonté, d'une parole flatteuse, qui sera peu sensible à toutes ces froides marques de distinction. Il est d'ailleurs évident qu'on ne peut exciter par les mêmes moyens, et à l'acte de douceur et à celui d'une intrépidité généreuse, à la modestie et à une noble fierté, à l'ardeur de l'étude et à la modération d'un travail trop opiniâtre. Toutes ces nuances, il est vrai, sont plus difficiles à suivre que les règles empiriques dont nous venons de parler; mais qu'on se rappelle donc que l'éducation n'est point un art vulgaire, qu'elle est le plus délicat, le plus important de tous les arts.... !

Nous croyons avoir, dans ce qui précède, donné une idée suffisante des moyens principaux de diriger les enfants vers le bien, mais en ne cherchant nos mobiles que dans les relations purement humaines, et sans nous placer encore au point de vue plus élevé du lien général qui unit tous les êtres de la création entre eux et avec le créateur. Nous allons maintenant aborder cette haute question sous le rapport qui nous occupe, c'est-à-dire examiner l'étendue des secours qu'on peut tirer du sentiment *religieux*, considéré comme complément de toutes nos bonnes impulsions ; mais voyons d'abord quelle série d'idées formera la base des enseignements qu'on doit donner à cet égard à l'enfance.

Nous sommes encore heureux, sur ce sujet important, de pouvoir offrir à nos lecteurs quelques citations d'un ouvrage où nous retrouvons nos propres pensées, mais exprimées avec un charme auquel nous ne pourrions jamais atteindre, d'un ouvrage qui, sous le titre le plus modeste, renferme un traité complet d'éducation des mères de famille elles-mêmes, ce préalable indispensable à la réforme efficace de tout système d'éducation domestique de l'enfance (1).

« A nos yeux la religion est le traité d'alliance universelle, le lien d'amour qui unit l'homme à

---

(1) *Conseils d'une grand'mère aux jeunes femmes*, par Mme Sircy, tom. 1.

Dieu, la femme à son mari, le fils à son père et tous les hommes entre eux. La religion embellit la vie et nous conduit sans effroi au tombeau. L'âme religieuse remonte avec confiance vers la source divine d'où découlent toutes les joies pures. Elle ose croire que Dieu, qui fit de l'amour une vertu sur la terre, en fera une récompense dans le ciel. La religion est la garantie de la morale, elle efface les fautes par le repentir, et place l'espérance à côté du malheur. L'homme faible devient fort en ayant confiance en Dieu, l'homme de génie étonne par sa puissance, lorsqu'il cherche une gloire immortelle, et non les honneurs périssables de ce monde.

. . . .

. . . .

» Le sentiment religieux ne doit se développer chez l'enfant que par *la reconnaissance et l'amour;* c'est en lui montrant Dieu comme *infiniment bon* qu'on parviendra *plus tard* à lui faire comprendre que *la puissance et la justice* sont également des attributs de la divinité.

» La croyance que tout ce qu'il admire et le rend heureux lui vient de Dieu inspire à l'enfant la crainte de lui déplaire en faisant le mal. Cette crainte, née de l'amour, élève et purifie son âme, tandis que la terreur qu'on lui inspirerait de la colère de Dieu, les menaces et la frayeur du châtiment le rendraient pusillanime et probablement hypocrite.

» Il faut que la punition lui paraisse infligée, *non par la vengeance*, mais *par la sagesse divine*, qui arrange les choses de telle sorte *que le bien produit le bien tôt ou tard, et que le mal produit toujours le remords et la douleur.*

» C'est en apprenant à son fils que l'ACTION LA PLUS AGRÉABLE A DIEU EST D'ÊTRE UTILE A NOTRE PROCHAIN, qu'une mère donne à son fils la première notion de *charité chrétienne.*

» Vivant de la vie de sa mère, l'enfant aimera avec elle ses alentours, ses frères, son père, sa patrie et Dieu !

. . . .

. . . .

» Avant tout autre précepte, la religion commande LA CHARITÉ.

» Considérée comme vertu morale et religieuse, la charité consiste dans l'*amour éclairé de Dieu et de nos semblables.*

» La charité, considérée comme science, consiste dans la recherche de toutes les manières DE FAIRE LE BIEN et de rendre les hommes aussi moraux, aussi heureux que comporte leur nature, et dans le soin d'*éviter tout ce qui peut leur nuire ou les corrompre.*

» Le livre des saints, l'Evangile, nous dit : *Vous*

aimerez le Seigneur de tout votre cœur, de toute votre âme, de tout votre esprit. Vous aimerez votre prochain comme vous-même. Toute la loi et les prophètes sont renfermés dans ces deux commandements.

» Aimer Dieu, adorer l'auteur de tout bien, le créateur de toute chose, ce sentiment, placé dans le cœur de l'homme, s'y développe par cela même qu'il jouit avec intelligence du bonheur d'exister.

» L'invocation, la prière est le soulagement de nos douleurs; elle tient lieu d'espoir, ou, pour mieux dire, elle est la plus puissante de nos espérances. L'âme qui prie se repose en Dieu. La prière est le lien du ciel et de la terre. Semblable aux battements du cœur, elle entretient la vie. Celui qui prie n'est pas mort.

» Mais Dieu repousse les vœux de ceux QUI NE L'HONORENT QUE DES LÈVRES, et préfère les élans d'un cœur brisé ou humilié qui s'épanche devant lui comme devant un ami.

» Souvenons-nous que les paroles de l'orgueilleux pharisien sont considérées comme une dérision, comme un outrage fait à la divinité. *Priez les uns pour les autres*, a dit saint Paul, et vous serez exaucés.

» La plus efficace de toutes les prières est CERTAINEMENT L'ACTION UTILE ET BIENVEILLANTE, *la conformité à la loi divine.* Le maréchal de Luxembourg disait avant de mourir : *Je préférerais à toutes mes victoires un verre d'eau froide donné au nom de Jésus à celui qui avait soif.*

» Dieu rejette les *suppliques intéressées*, les *paroles vides de sens*, les *assiduités cérémonieuses* et les *hommages d'ostentation.* Il nous apprend que les formes de son culte ne *peuvent lui plaire qu'accompagnées des œuvres qui naissent de l'amour de Dieu et de l'amour de nos semblables.*

» Ce qui prouve combien ces deux sentiments sont confondus et inséparables, c'est qu'ils s'expriment par un seul mot, mot sublime, LA CHARITÉ ».

Après la lecture de ces passages, il est presque inutile de dire que l'inspiration des sentiments religieux ne peut s'obtenir, surtout chez les enfants, par de froids préceptes, ni en se bornant à la manifestation extérieure des symboles du culte. C'est par l'expression douce et vive de ce qui est dans le cœur, c'est par l'exemple de tout ce qui est bon, humain, généreux, c'est en rapportant à Dieu tout ce qui constitue le devoir et la véritable félicité, que vous initierez peu à peu l'enfance à ce grand principe DE L'UNION DE TOUS LES ÊTRES DANS LE SEIN DU CRÉATEUR, à cette loi divine de l'AMOUR UNIVERSEL, qui ne sera vraiment accomplie sur la terre que lorsque les hommes se regarderont, du plus profond de leur cœur, comme les membres d'une seule et même famille, comme LES ENFANTS D'UN SEUL PÈRE, de DIEU, que leurs haines, leurs injustices, leur triste égoïsme ne peuvent qu'outrager et affliger cruellement.

Nous pensons aussi, avec M. Dégérando et M. Cochin, que, dans toute école où il y a des enfants appartenant à plusieurs cultes, on doit se garder de rien dire qui puisse rappeler les malheureuses dissidences qui existent à cet égard, ni de rien faire qui annonce une préférence pour les élèves d'un culte plutôt que pour ceux d'un autre. Gardons-nous d'introduire dans l'enseignement de la *religion*, qui ne serait plus qu'un mot amèrement dérisoire si elle ne tendait sans cesse à *rallier* tous les hommes, gardons-nous d'introduire dans cet enseignement même les germes de division qui ont jadis répandu tant de désolations sur l'humanité. Il est des idées générales sur la divinité et sur les devoirs de l'homme qui sont communes à toutes les religions, et c'est là qu'il faut puiser les enseignements généraux sur cette matière délicate. Les parents et les ministres de chaque culte ont seuls le droit ou la mission d'expliquer les dogmes spéciaux à chaque croyance particulière; et lorsqu'il s'agit d'une masse quelconque d'enfants à instruire, cette mission doit être également remplie avec toutes les précautions nécessaires pour ne point blesser le principe de protection et de respect dû à toutes les croyances. Cette conduite d'égards et de tolérance est un devoir moral de tous les temps et de tous les lieux; mais il est surtout commandé par le précepte dominant du christianisme, la vraie *charité*, et c'est de plus un devoir positif en France d'après notre loi constitutionnelle, et les prescriptions expresses de la loi sur l'instruction primaire.

Jusqu'ici nous avons voulu fixer l'attention de l'instituteur sur les principes les plus généraux de la direction morale, ceux dont le secours lui est indispensable, mais aussi qui, bien médités, suffiront à le guider dans cette œuvre difficile. Il est toutefois quelques autres indications que nous croyons utile de lui présenter encore.

D'abord, tout le monde connaît le pouvoir des *habitudes* sur la formation de nos caractères. Attachez-vous donc à n'en donner que de bonnes à vos élèves, et à combattre sans cesse les mauvaises. Accoutumez-les à l'amour du travail, à l'ordre, à l'exactitude, à l'esprit de franchise et de justice. Donnez-leur l'habitude de la propreté, de la décence, de la dignité dans le maintien et dans toutes leurs actions. Pénétrez-les d'un généreux respect pour la vieillesse, les infirmités, et tout ce qui est cause de faiblesse ou de souffrance. Accoutumez-les enfin aux égards réciproques, à

— —

la complaisance, au dévouement, en un mot, à la bienveillance envers tous leurs semblables.

Vous pouvez, pour la formation des bonnes habitudes, tirer le plus grand parti de la faculté d'*imitation*, qui est très-développée chez les enfants. Aussi devez-vous avoir la plus grande circonspection dans toute votre conduite avec eux, car ils seraient quelquefois plus prompts à vous imiter dans le mal que dans le bien. Néanmoins cet utile avertissement ne doit pas vous enlever l'heureux abandon qui doit exister entre vous et vos élèves, et qui seul peut commander la confiance. C'est au fond de votre cœur, c'est dans la méditation constante de tels devoirs que doit se trouver le principe impulsif de vos actions, qui leur donnera toujours la spontanéité convenable, et vous préservera surtout du penchant au pédantisme, qui n'est que le faux simulacre de la véritable dignité. Profitez aussi de la disposition imitatrice des enfants pour les faire tous participer aux bons exemples de ceux d'entre eux qui ont les meilleures habitudes; faites en sorte qu'il y ait dans leurs rangs un échange continuel de tout ce qui peut les perfectionner, en cherchant, au contraire, à neutraliser toutes les fâcheuses impressions qu'ils pourraient s'inspirer les uns aux autres.

Il est un autre genre de ressorts qui ne sem—

blent pas d'abord appartenir au monde moral, et qui ont néanmoins une très-grande puissance pour la direction morale des enfants. Nous voulons parler de certains moyens, dont la plupart sont en apparence purement mécaniques, et sans lesquels il serait cependant impossible de maintenir la discipline des écoles, par conséquent d'introduire aucun bon régime, surtout chez les enfants très-jeunes. Telles sont les *évolutions* diverses dont nous avons parlé dans notre projet de règlement des salles d'asile, et dont les plus petits détails sont quelquefois d'une importance extrême. Se tourner à droite ou à gauche, lever le pied ou le traîner à terre, fixer un objet plutôt qu'un autre, rien de tout cela n'est indifférent sur une masse d'individus, et c'est de l'ensemble bien combiné de tous ces mouvements que dépend le plus ou le moins de disposition à l'ordre, au silence, et même à l'entraînement simultané des élèves. L'usage de la voix, du regard, du geste, du sifflet, du claquoir, de la sonnette, tout cela doit avoir son art et des combinaisons mûrement réfléchies, qu'il faut étudier surtout dans les asiles bien tenus (1). Mais c'est la musique et tout ce qui

---

(1) Il sera bon de consulter à cet égard le *Manuel* de M. Cochin, pages 181 à 194. Cependant rien ne peut suppléer entièrement la vue des exercices, et même leur apprentissage pratique pendant un certain temps.

tient à l'harmonie des sons, dont l'effet est surtout efficace, et offre des résultats qui tiennent souvent du prodige. Une simple cadence soutient le pas, et rend possible sa régularité; il est tel exercice dont l'ennui serait mortel par lui-même, qui devient plein d'attraits par le chant. Le moindre son d'un instrument, judicieusement employé, réveille la mollesse ou calme la pétulance, amène la douce gaîté, ou commande le recueillement, inspire l'ardeur ou la patience, charme la tristesse, ou nous dispose à la sympathie pour les souffrances de nos semblables. La mélodie, en un mot, cet art, si justement nommé divin, peut seconder miraculeusement les efforts de l'intelligence, élever l'âme aux plus hautes vertus, et développer tous les heureux sentiments qui ne feraient de l'espèce humaine qu'une réunion de véritables frères. Elle doit donc tenir une des premières places dans tout système d'éducation vraiment morale.

Nous terminerons cette section par rappeler ce que nous avons dit, à la fin de la section précédente, sur le secours important que pourra tirer l'instituteur de la science phrénologique, pour éclairer son action directionnaire, aussitôt que cette science aura des bases bien certaines, et que son application aura été rendue moins difficile. Nous avons dû parler d'abord de cette utilité, à propos de l'éducation *physique* de nos organes sensitifs, parce que ce genre d'éducation est la base de tout le reste, et qu'il s'agissait alors d'appeler l'attention sur la nécessité des soins matériels que réclamerait cette partie de notre organisme; mais on doit sentir que l'usage direct des indications phrénologiques se rapporterait surtout à notre être *moral*, dont elles faciliteraient singulièrement l'appréciation, et c'est ce qui nous a fait insister sur *l'application spéciale* de cette science à l'éducation, aussitôt qu'elle sera possible.

TROISIÈME SECTION.

Éducation intellectuelle des Enfants.

Nous avons, dans les deux sections précédentes, passé en revue les principaux moyens de fortifier le corps et de diriger le cœur des enfants; or, quand un maître s'est assuré de ces premiers avantages, on peut dire qu'il est déjà bien avancé dans l'art de développer à son gré leurs facultés intellectuelles. En effet, nous l'avons déjà plusieurs fois remarqué, tout est lié dans l'ensemble de notre être, et lorsque l'harmonie préside à un ordre quelconque des fonctions que produit son organisme, il est impossible que cet heureux effet n'influe pas sur ceux des autres fonctions, de même que le trouble de l'une d'elles porterait inévitablement le trouble dans tout le système. D'un autre côté, les soins qui conduisent à ce résultat doivent nécessairement gagner l'affection des élèves, et nous avons aussi vu précédemment que telle est la condition fondamentale de tout empire durable et salutaire; enfin les principes qui auront fait réussir, dans les deux premiers cas, s'appliquent en grande partie à la direction de l'intelligence, et l'expérience acquise à cet égard profitera à l'accomplissement de cette dernière tâche. Cependant le sage développement des facultés intellectuelles étant le complément de toute bonne éducation, puisque le défaut de lumière ou l'erreur peut changer en fléaux tous nos autres avantages, il importe de rechercher quels peuvent être les principes spéciaux de cette partie de l'éducation générale, et même de revenir, à cette occasion, sur quelques-uns de ceux qui ont déjà servi de guide pour les autres parties.

Parmi ceux-ci nous ne saurions d'abord trop recommander *l'étude attentive des aptitudes diverses et des goûts particuliers* des enfants; car où trouveriez-vous la mesure des efforts que vous devez appliquer à chacun d'eux, si vous ignorez la mesure de leurs facultés et de leurs penchants? Tantôt vous les prodigueriez vainement, pour contraindre tel élève à une étude à laquelle la nature ne l'a point destiné, ou qui lui inspire même une aversion instinctive; tantôt, au contraire, vous laisseriez échapper chez tel autre les plus belles dispositions, faute d'une culture convenable; tantôt encore vous exciteriez au delà des justes bornes les facultés du frêle enfant qu'il fallait ménager, ou celles qui dominaient déjà trop chez un autre, dont il n'eût fallu que modérer l'ardeur. Voyez combien de fausses directions vous pourriez faire prendre à tous, sans la précaution dont nous venons de prescrire l'usage. Que de fautes, peut-être irréparables, non-seulement sous le rapport intellectuel, mais encore pour la santé des enfants, que peut altérer un faux système d'études, et pour la formation de leurs facultés affectives, que peuvent dénaturer complétement les violences morales auxquelles conduit inévitablement le même système!

Mais quels seront donc les moyens de rendre vraiment profitable l'étude dont il s'agit? Ici encore nous sommes forcément ramenés, malgré notre désir de ne pas nous répéter plusieurs fois, à rappeler nos vœux pour que la science phrénologique fasse au plus tôt les progrès nécessaires à une facile et sûre application; car, si elle parvenait à faire juger par des signes certains quels sont les instincts, les sentiments, les facultés perceptives et réflectives qui, d'après l'organisation de chaque individu, livré à lui-même ou mal dirigé, seraient de nature à avoir une prépondérance nuisible, ou seraient en danger de ne pas recevoir assez de développements, il est évident que ces indications faciliteraient merveilleusement la recherche des moyens propres à rétablir l'équilibre entre toutes les facultés, et à augmenter par un sage exercice l'action de celles qui n'eussent pas apporté, sans cela, leur juste tribut d'utilité pour l'individu et pour ses semblables. Or, cette considération s'applique surtout aux fonctions de l'intelligence, puisqu'elles sont le flambeau et le régulateur de toutes les autres. Nous ne saurions donc trop insister pour que la science de l'éducation, en ce qui regarde surtout la direction intellectuelle, s'empare au plus tôt des secours qu'elle pourra puiser dans la phrénologie, dès que cette branche aura acquis le rang de science bien positive, et que son application aura été mise à la portée du plus grand nombre des instituteurs (1).

---

(1) Nous avions terminé cette partie de notre ouvrage, lorsque nous avons lu celui de M. Casimir Broussais, intitulé : *Hygiène morale, ou application de la phrénologie à la morale et à l'édu-*

A défaut d'un guide qui serait si précieux, il ne faut pas croire cependant qu'il n'existe aucun moyen d'arriver à la connaissance des dispositions des enfants. Une observation constante et éclairée de leurs actions peut mettre sur la trace à cet égard, et si cette méthode est plus longue, plus difficile, plus sujette à des méprises, si elle ne peut mettre dans la main de l'instituteur des remèdes aussi efficaces que ceux qu'on pourrait obtenir par la première, il n'est pas moins certain qu'on peut, avec son aide, mais avec beaucoup de persévérance et de sagacité, arriver encore à des résultats capables de satisfaire l'ami du progrès et du bonheur de l'humanité.

<hr>

cation. Ce livre remarquable, non-seulement sous le rapport spécial indiqué par son titre, mais encore pour les fondements de la vraie philosophie, peut être consulté avec beaucoup de fruit par tout instituteur qui a quelques notions de physiologie générale et de phrénologie, quoiqu'il ne nous semble pas encore sortir assez du genre des ouvrages principalement théoriques, pour que sa substance puisse entrer dans le cadre de ce traité. Nous le regardons néanmoins comme un grand pas de fait vers le but, et nous ne serions pas étonnés de le voir suivi bientôt de quelque travail, assez à la portée du commun des lecteurs intelligents pour qu'il pût leur servir de guide, théorique et pratique à la fois, sur cette branche si importante des moyens de direction morale et intellectuelle; mais nous désirerions que ce nouveau travail contînt une partie spéciale pour initier les instituteurs dans la connaissance des signes *extérieurs* de nos facultés, ce qui est l'objet de la *cranioscopie.*

Que votre observation soit donc de tous les jours, de tous les instants, et qu'elle s'étende, autant que possible, sur toutes les phases du développement de vos élèves. C'est, comme nous l'avons déjà dit pour les penchants moraux, c'est dans toutes les circonstances qui peuvent s'offrir, que vous devez les étudier, et vous ne sauriez le faire avec trop d'exactitude. Pour y parvenir d'une manière satisfaisante, il faudrait que tout instituteur eût un registre particulier, dans lequel il tiendrait une note exacte de toutes les actions significatives de chaque élève, dont il ferait l'analyse de temps en temps, de manière à pouvoir indiquer les résultats principaux de son action sur tous les individus de son école. Nous conseillerions de commencer chaque article de cette espèce de compte courant moral, par une petite *biographie rétrospective*, qui serait composée, le plus approximativement possible, sur les indications des parents ou de toute autre personne qui aurait eu soin de l'enfant avant son entrée dans la maison. Nous savons combien cette mesure serait difficile dans l'exécution, surtout pour les écoles nombreuses dont le personnel dirigeant serait réduit ou mal composé; mais nous prions qu'on veuille encore une fois songer à l'importance de tout ce qui peut contribuer à rendre l'homme vraiment moral et heureux; qu'on songe aussi que cet ouvrage a pour but d'indiquer ce qui nous semble le plus avancé, sauf à n'y puiser que selon la position de chacun ; enfin , qu'on songe que nous touchons à une ère où les particuliers et les gouvernements sentiront de plus en plus la haute place que doit tenir l'éducation dans la carrière sociale, et où ils finiront par consacrer à ce but majeur la meilleure partie des ressources dont ils pourront disposer.

Il est un autre moyen préparatoire à la bonne direction intellectuelle, que nous avons aussi indiqué précédemment (au sujet du régime physique), et sur lequel nous croyons devoir revenir ici , parce qu'il s'applique également à ces deux ordres d'idées : nous voulons parler de l'*éducation des sens extérieurs* , que nous avons alors envisagés principalement sous le rapport des soins matériels qu'il faut leur donner, et qu'il faut maintenant considérer sous le point de vue particulier de cette section. Ecoutons ce que dit à cet égard l'auteur de l'*Emile*, dont nous n'adoptons pas toutes les idées en matière d'éducation , mais à qui l'on ne contestera pas une grande sagacité et beaucoup de profondeur, toutes les fois qu'il est resté dans le vrai :

« Exercer les sens n'est pas seulement en faire usage, c'est apprendre à bien juger par eux, c'est apprendre, pour ainsi dire, à sentir ; car nous ne savons ni toucher, ni voir, ni entendre que comme nous avons appris.

» Il y a un exercice purement naturel de mécanique, qui sert à rendre le corps robuste, sans donner aucune prise au jugement : nager, courir, sauter, fouetter un sabot, lancer des pierres, tout cela est fort bien ; mais n'avons-nous que des bras et des jambes ? N'avons-nous pas aussi des yeux, des oreilles ? Et ces organes sont-ils superflus à l'égard des premiers ? N'exercez donc pas seulement les forces, exercez tous les sens qui les dirigent ; tirez de chacun d'eux tout le parti possible, puis *vérifiez l'impression de l'un par l'autre*. Mesurez, comptez, pesez, comparez. N'employez la force qu'après avoir estimé la différence. Faites toujours en sorte que l'estimation de l'effet précède l'usage des moyens. Intéressez l'enfant à ne jamais faire d'efforts insuffisants ou superflus. Si vous l'accoutumez à prévoir ainsi l'effet de tous ses mouvements, et à *redresser ses erreurs par l'expérience*, n'est-il pas clair que plus il agira, plus il deviendra judicieux ?

S'agit-il d'ébranler une masse ? S'il prend un levier trop long, il dépensera trop de mouvements ; s'il le prend trop court, il n'aura pas assez de force. L'expérience lui peut apprendre à choisir précisément le bâton qu'il lui faut. Cette sagesse n'est donc pas au-dessus de son âge. S'agit-il de porter un fardeau ? S'il veut le prendre aussi pesant qu'il peut le porter, et n'en point essayer qu'il ne soulève, ne sera-t-il pas forcé d'en estimer le poids à la vue ? Sait-il comparer des masses de même matière et de différentes grosseurs ? Qu'il choisisse entre des masses de même grosseur et de différentes matières, il faudra bien qu'il s'applique à comparer leurs poids spécifiques. J'ai vu un jeune homme bien élevé qui ne voulut croire, qu'après l'épreuve, qu'un seau plein de gros copeaux de bois de chêne fût moins pesant que le même seau rempli d'eau.

» Nous ne sommes pas également maîtres de l'usage de tous nos sens. Il en est un, savoir le *toucher*, dont l'action n'est jamais suspendue durant la veille ; il a été répandu sur la surface entière de notre corps, comme une garde continuelle pour nous avertir de tout ce qui peut l'offenser. C'est aussi celui dont, bon gré mal gré, nous acquérons le plus l'expérience par cet exercice continuel, et auquel, par conséquent, nous avons moins besoin de donner une culture particulière. Cependant nous observons que les aveugles ont le tact plus sûr et plus fin que nous, parce que, n'étant pas guidés par la vue, ils sont forcés à tirer uniquement du premier tous les jugements que nous fournit l'autre. Pourquoi donc ne nous exerce-t-on pas à marcher comme eux dans l'obscurité, à connaître les corps que nous pouvons atteindre, à juger des objets qui nous environnent, à faire, en un mot, de nuit et sans lumière, tout ce qu'ils font de jour et sans yeux ? Tant que le soleil luit, nous avons sur eux l'avantage ; dans les ténèbres ils sont nos guides à leur tour. Nous sommes aveugles la moitié de la vie, avec la différence que les vrais aveugles savent toujours se conduire, et que nous n'osons pas faire un pas au cœur de la nuit. On a de la lumière, me dira-t-on. Eh quoi ! toujours des machines ! qui vous répond qu'elles vous suivront partout au besoin ?

» Etes-vous enfermé dans un édifice au milieu de la nuit, frappez des mains, vous apercevrez, au résonnement du lieu, si l'espace est grand ou petit, si vous êtes au milieu ou dans un coin. A demi-pied d'un mur, l'air moins ambiant et plus réfléchi vous porte une autre sensation au visage. Restez en place et tournez-vous successivement de tous les côtés. S'il y a une porte ouverte, un léger courant d'air vous l'indiquera. Etes-vous dans un bateau, vous connaîtrez, à la manière dont l'air frappera votre visage, non-seulement en quel sens vous allez, mais si le fil de la rivière vous entraîne lentement ou vite. Ces observations et mille autres semblables ne peuvent bien se faire que la nuit ; quelque attention que nous veuillons leur donner en plein jour, nous serons aidés ou distraits par la vue, elles nous échapperont. Cependant il n'y a encore ni main ni bâton. Que de connaissances oculaires on peut acquérir par le toucher, même sans rien toucher du tout !

» Beaucoup de jeux de nuit; cet avis est plus important qu'il ne semble. La nuit effraye naturellement les hommes et quelquefois les animaux. La raison, les connaissances, l'esprit, le courage, délivrent peu de gens de ce tribut. J'ai vu des raisonneurs, des esprits forts, des philosophes, des militaires, intrépides en plein jour, trembler la nuit comme des femmes au bruit d'une feuille d'arbre. On attribue cet effet aux contes des nourrices ; on se trompe, il a une cause naturelle. Quelle est cette cause ? La même qui rend les sourds défiants et le peuple superstitieux, l'ignorance des choses qui nous environnent et de ce qui se passe autour de nous (1). Accoutumés d'aper-

(1) En voici encore une autre cause, bien expliquée par un philosophe dont je cite souvent le livre, et dont les grandes vues m'instruisent encore plus souvent :

« Lorsque, par des circonstances particulières, nous ne pouvons avoir une juste idée de la distance, et que nous ne pouvons juger des objets que par la grandeur de l'image qu'ils font dans nos yeux, nous nous trompons alors nécessairement sur la grandeur de ces objets. Tout le monde éprouve qu'en voyageant la nuit, on prend un buisson dont on est près pour un grand arbre dont on est loin ; ou bien, on prend un grand arbre éloigné pour un buisson qui est voisin. De même, si on ne connaît pas les

cevoir de loin les objets et de prévoir leurs impres-

objets par leur forme, et qu'on ne puisse avoir par ce moyen aucune idée de distance, on se trompera encore nécessairement ; une mouche qui passera avec rapidité, à quelques pouces de distance de nos yeux, nous paraîtra dans ce cas être un oiseau qui en serait à une très-grande distance; un cheval, qui serait sans mouvement dans le milieu de la campagne, et qui serait dans une attitude semblable, par exemple, à celle d'un mouton, ne nous paraîtra pas plus gros qu'un mouton, tant que nous ne reconnaîtrons pas que c'est un cheval ; mais, dès que nous l'aurons reconnu, il nous paraîtra dans l'instant gros comme un cheval, et nous rectifierons sur-le-champ notre premier jugement.

» Toutes les fois qu'on se trouvera la nuit dans des lieux inconnus où l'on ne pourra juger la distance, et où l'on ne pourra reconnaître la forme des choses à cause de l'obscurité, on sera en danger de tomber à tout instant dans l'erreur, au sujet des jugements que l'on fera sur les objets qui se présenteront. C'est de là que vient la frayeur et l'espèce de crainte intérieure que l'obscurité de la nuit fait sentir à presque tous les hommes; c'est sur cela qu'est fondée l'apparence des spectres et des figures gigantesques et effroyables que tant de gens disent avoir vus. On leur répond communément que ces figures étaient dans leur imagination ; cependant elles pouvaient être réellement dans leurs yeux, et il est très-possible qu'ils aient vu en effet ce qu'ils disent avoir vu ; car il doit arriver nécessairement, toutes les fois qu'on ne pourra juger d'un objet que par l'angle qu'il forme dans l'œil, que cet objet immense grossira et grandira à mesure qu'on en sera plus voisin, et que s'il a d'abord paru au spectateur, qui ne peut connaître ce qu'il voit, ni juger à quelle distance il le voit, que s'il a paru, dis-je, d'abord de la hauteur de quelques pieds, lorsqu'il était à distance de vingt ou trente pas, il doit paraître haut de plusieurs toises lorsqu'il n'en sera plus éloigné que de quelques pieds ; ce qui doit en effet l'étonner et l'effrayer jusqu'à ce qu'enfin il vienne à toucher l'objet ou à le reconnaître ; car, dans l'instant même qu'il reconnaîtra ce que

sions d'avance, comment, ne voyant plus rien de ce qui m'entoure, n'y supposerais-je pas mille êtres, mille mouvements qui peuvent me nuire, et dont il est impossible de me garantir ? J'ai beau savoir que je suis en sûreté dans le lieu où je me trouve, je ne le suis jamais aussi bien que si je le voyais actuellement. J'ai donc toujours un sujet de crainte que je n'avais pas en plein jour. Je sais, il est vrai, qu'un corps étranger ne peut guère agir sur le mien sans s'annoncer par quelque bruit ; aussi combien j'ai sans cesse l'oreille alerte ! Au moindre bruit dont je ne puis discerner la cause, l'intérêt de ma conservation me fait d'abord supposer tout ce qui doit le plus m'engager à me tenir sur mes gardes, et par conséquent tout ce qui est le plus propre à m'effrayer.

» N'entends-je absolument rien, je ne suis pas pour cela plus tranquille ; car enfin sans bruit on peut encore me surprendre. Il faut que je sup-

c'est, cet objet qui lui paraissait gigantesque diminuera tout à coup, et ne lui paraîtra plus avoir que sa grandeur réelle ; mais, si l'on fuit ou qu'on ose approcher, il est certain qu'on n'aura d'autre idée de cet objet que celle de l'image qu'il formait dans l'œil, et qu'on aura réellement vu une figure gigantesque ou épouvantable par la grandeur ou par la forme. Le préjugé des spectres est donc fondé sur la nature, et ses apparences ne dépendent pas, comme le croient les philosophes, uniquement de l'imagination. » Buffon, *Histoire naturelle*, tome 6, page 22 de l'édition in-12. (Cette note est de Rousseau.)

pose les choses telles qu'elles étaient auparavant, telles qu'elles doivent encore être, que je voie ce que je ne vois pas. Ainsi, forcé de mettre en jeu mon imagination, bientôt je n'en suis plus maître, et ce que j'ai fait pour me rassurer ne sert qu'à m'alarmer davantage. Si j'entends du bruit, ce sont des voleurs, et si je n'entends rien, je vois des fantômes. La vigilance que m'inspire le soin de ma conservation ne me donne que des sujets de crainte. Tout ce qui doit me rassurer n'est que dans ma raison ; l'instinct plus fort me parle tout autrement qu'elle.

» La cause du mal trouvée indique le remède. En toute chose l'habitude tue l'imagination ; il n'y a que des objets nouveaux qui la réveillent. Dans ceux que l'on voit tous les jours, ce n'est plus l'imagination qui agit, c'est la mémoire. *Ne raisonnez donc pas avec celui que vous voulez guérir de l'horreur des ténèbres ;* menez-l'y souvent et soyez sûr que tous les arguments de la philosophie ne vaudront pas cet usage. La tête ne tourne point aux couvreurs sur les toits, et l'on ne voit plus avoir peur dans l'obscurité quiconque est accoutumé d'y être.

» Voilà donc pour nos jeux de nuit un autre avantage ajouté au premier; mais, pour que ces jeux réussissent, je n'y puis trop recommander la gaîté; rien n'est si triste que les ténèbres. N'allez pas enfermer votre enfant dans un cachot. Qu'il rie en entrant dans l'obscurité; que le rire le reprenne avant qu'il en sorte; que tandis qu'il y est, l'idée des amusements qu'il quitte et de ceux qu'il va retrouver le défende des imaginations fantastiques qui pourraient l'y venir chercher.

. . . .

. . . .

» Je n'imagine rien de si plaisant et de si utile que de pareils jeux, pour peu qu'on voulût user d'adresse à les ordonner. Je ferais, dans une grande salle, une espèce de labyrinthe avec des tables, des fauteuils, des chaises, des paravents. Dans les inextricables tortuosités de ce labyrinthe j'arrangerais, au milieu de huit ou dix boîtes d'attrape, une autre boîte presque semblable, bien garnie de bonbons (1); je désignerais, en termes clairs, mais succincts, le lieu précis où se trouve la bonne boîte; je donnerais les renseignements suffisants pour la distinguer à des gens plus attentifs et moins étourdis que des enfants; puis,

(1) Au lieu d'une boîte de *bonbons,* nous proposerions une boîte remplie d'objets utiles, bien que curieux, tels que certains objets d'art ou d'histoire naturelle, qui intéresseraient autant les enfants et serviraient à les instruire, sans contribuer à leur donner un vice. Voyez ce que nous disons, dans la section du régime physique, sur les dangers d'exciter la disposition à la friandise, déjà trop naturelle aux enfants. (Note des auteurs du *Traité.*)

après avoir fait tirer au sort les petits concurrents, je les enverrais chercher tous l'un après l'autre, jusqu'à ce que la bonne boîte fût trouvée, ce que j'aurais soin de rendre difficile à proportion de leur habileté.

» Figurez-vous un petit Hercule arrivant, une boîte à la main, tout fier de son expédition. La boîte se met sur la table, on l'ouvre en cérémonie. J'entends d'ici les éclats de rire, les huées de la bande joyeuse quand, au lieu des confitures qu'on attendait, on trouve bien proprement arrangés sur de la mousse ou du coton, un hanneton, un escargot, du charbon, du gland, un navet ou quelque autre pareille denrée. D'autres fois, dans une pièce nouvellement blanchie, on suspendra près du mur quelque jouet, quelque petit meuble qu'il s'agira d'aller chercher sans toucher au mur. A peine celui qui l'apportera sera-t-il rentré, que, pour peu qu'il ait manqué à la condition, le bout de son chapeau blanchi, le bout de ses souliers, la basque de son habit, sa manche, trahiront sa maladresse. En voilà bien assez, trop peut-être, pour faire entendre l'esprit de ces sortes de jeux.

» Quels avantages un homme ainsi élevé n'aurait-il pas la nuit sur les autres hommes ! Ses pieds, accoutumés à s'affermir dans les ténèbres; ses mains, exercées à s'appliquer aisément à tous les corps environnants, le conduiront sans peine dans la plus épaisse obscurité. Son imagination, pleine des jeux nocturnes de son enfance, se tournera difficilement sur des objets effrayants. S'il croit entendre des éclats de rire, au lieu de ceux des esprits follets, ce seront ceux de ses anciens camarades; s'il se peint une assemblée, ce ne sera point pour lui le sabbat, mais la chambre de son gouverneur. La nuit ne lui rappelant que des idées gaies ne lui sera jamais affreuse; au lieu de la craindre, il l'aimera. S'agit-il d'une expédition militaire? Il sera prêt à toute heure, aussi bien seul qu'avec la troupe. Il entrera dans le camp de Saül, il le parcourra sans s'égarer, il ira jusqu'à la tente du roi sans éveiller personne, il s'en retournera sans être aperçu. Faut-il enlever les chevaux de Rhésus? Adressez-vous à lui sans crainte. Parmi les gens autrement élevés vous trouverez difficilement un Ulysse.

» J'ai vu des gens vouloir, *par des surprises*, accoutumer les enfants à ne s'effrayer de rien la nuit. *Cette méthode est très-mauvaise;* elle produit un effet tout contraire à celui qu'on cherche, et ne sert qu'à les rendre toujours plus craintifs. Ni la raison, ni l'habitude ne peuvent rassurer sur l'idée d'un danger présent dont on ne peut connaître le degré ni l'espèce, ni sur la crainte des surprises qu'on a souvent éprouvées. Cependant, comment s'assurer de tenir toujours votre élève exempt de pareil accident ? Voici le meilleur avis, ce me semble, dont on puisse le prévenir là-dessus. Vous êtes alors, dirais-je à mon Emile, dans le cas d'une juste défense ; car l'agresseur ne vous laisse pas juger s'il veut vous faire mal ou peur, et, comme il a pris ses avantages, la fuite n'est pas même un refuge pour vous. Saisissez donc hardiment celui qui vous surprend de nuit, homme ou bête, il n'importe ; serrez-le , empoignez-le de toute votre force. S'il se débat, frappez, ne marchandez point les coups, et quoi qu'il puisse dire ou faire, ne lâchez jamais prise que vous ne sachiez bien ce que c'est. L'éclaircissement vous apprendra probablement qu'il n'y avait pas beaucoup à craindre, et cette manière de traiter les mauvais plaisants doit naturellement les rebuter d'y recourir.

» Quoique le *toucher* soit de tous nos sens celui dont nous avons le plus continuel exercice, ses jugements restent pourtant, comme je l'ai dit, imparfaits et grossiers plus que ceux d'aucun autre, parce que nous mêlons continuellement à son usage celui de *la vue*, et que l'œil, atteignant à l'objet plus tôt que la main, l'esprit juge presque toujours sans elle. En revanche, les jugements du *tact* sont *les plus sûrs* , précisément parce qu'ils *sont les plus bornés ;* car, ne s'étendant qu'aussi loin *que nos sens peuvent atteindre*, ils rectifient *l'étourderie des autres sens* qui s'étendent au loin sur des objets qu'ils aperçoivent à peine, au lieu que *tout ce qu'aperçoit le toucher, il l'aperçoit bien*. Ajoutez que, joignant, quand il lui plaît, la force des muscles à l'action des nerfs, nous unissons, par une sensation simultanée, au jugement de la température, des grandeurs, des figures, le jugement du poids et de la solidité. Ainsi, le toucher étant de tous les sens celui qui *nous instruit le mieux de l'impression que les corps étrangers peuvent faire sur le nôtre*, est celui dont l'usage est le plus fréquent et nous donne le plus immédiatement la connaissance nécessaire à notre conservation.

Comme le toucher supplée à la vue, pourquoi ne pourrait-il pas aussi suppléer à l'ouïe jusqu'à un certain point, puisque les sons excitent dans les corps sonores un ébranlement sensible au tact? En posant une main sur le corps d'un violoncelle, on peut, sans le secours des yeux ni des oreilles, distinguer, à la seule manière dont le bois vibre et frémit, si le son qu'il rend est grave ou aigu, s'il est tiré de la chanterelle ou du bourdon. Qu'on exerce le sens à ces différences, je ne doute pas qu'avec le temps on n'y pût devenir sensible au point d'entendre un air tout entier par les doigts. Or, ceci supposé, il est clair qu'on pourrait aisément parler aux sourds en musique, car les tons et les temps, n'étant pas moins susceptibles de combinaisons régulières que les articulations et les voix, peuvent être pris de même pour les éléments du discours.

» Il y a des exercices qui émoussent le sens du toucher et le rendent plus obtus; d'autres, au contraire, l'aiguisent et le rendent plus délicat et plus fin. Les premiers, joignant beaucoup de mouvement et de force à la continuelle impression des corps, rendent la peau dure, calleuse, et lui ôtent le sentiment naturel; les seconds sont ceux qui varient ce même sentiment par un tact léger et fréquent, en sorte que l'esprit, attentif à des impressions incessamment répétées, acquiert la facilité de juger toutes leurs modifications. Cette différence est sensible dans l'usage des instruments de musique; le toucher dur et meurtrissant du violoncelle, de la contre-basse, du violon même, en rendant les doigts plus flexibles, racornit leurs extrémités. Le toucher lisse et poli du clavecin les rend aussi plus flexibles et plus sensibles en même temps. En ceci donc le clavecin est à préférer.

» Il importe que la peau s'endurcisse aux impressions de l'air, et puisse braver ses altérations; car c'est elle qui défend tout le reste. A cela près, je ne voudrais pas que la main, trop servilement appliquée aux mêmes travaux, vint à s'endurcir, ni que sa peau, devenue presque osseuse, perdît ce sentiment exquis qui donne à connaître quels sont les corps sur lesquels on la passe, et, selon l'espèce de contact, nous fait quelquefois, dans l'obscurité, frissonner en diverses manières (1).

» Autant *le toucher* concentre ses opérations autour de l'homme, autant *la vue* étend les siennes au delà de lui, et c'est là ce qui rend celles-ci trompeuses. D'un coup d'œil un homme embrasse la moitié de son horizon. Dans cette multitude de sensations simultanées et de jugements qu'elles excitent, comment ne se tromper sur aucun? Ainsi *la vue* est de tous nos sens *le plus fautif*, précisément parce qu'il est le plus étendu, et que, précédant de bien loin tous les autres, ses opérations sont trop promptes et trop vastes pour pouvoir être rectifiées par eux. Il y a plus : les illusions mêmes de la perspective nous sont nécessaires pour parvenir à connaître l'étendue et à comparer ses parties. Sans les fausses apparences nous ne verrions rien dans l'éloignement ; sans les gradations de grandeur et de lumière, nous ne pourrions estimer aucune distance, ou plutôt il n'y en aurait

(1) Nous supprimons ici un passage qui a principalement rapport aux exercices du corps, ayant spécialement traité ce sujet dans la section sur le régime physique.

point pour nous. Si, de deux arbres égaux, celui qui est à cent pas de nous paraissait aussi grand et aussi distinct que celui qui est à six, nous les placerions l'un à côté de l'autre. Si nous apercevions toutes les dimensions des objets sous leur véritable mesure, nous ne verrions aucun espace, et tout nous paraîtrait sous notre œil.

» Le sens de la vue n'a, pour juger la grandeur des objets et leur distance, qu'une même mesure, savoir, l'ouverture de l'angle qu'ils font dans l'œil; et comme cette ouverture est un effet simple d'une cause composée, le jugement qu'il excite en nous laisse chaque cause particulière indéterminée, ou devient nécessairement fautif. Car comment distinguer, à la simple vue, si l'angle sous lequel je vois un objet plus petit qu'un autre est tel, parce que ce premier objet est en effet plus petit, ou parce qu'il est plus éloigné?

» Il faut donc suivre ici une méthode contraire à la précédente; il faut, au lieu de simplifier la sensation, la doubler, *la vérifier toujours par une autre*, assujettir *l'organe visuel* à *l'organe tactile*, et réprimer, pour ainsi dire, l'impétuosité du premier sens par la marche pesante et réglée du second. Faute de nous asservir à cette pratique, nos mesures par estimation sont très-inexactes. Nous n'avons nulle précision dans le coup d'œil pour juger les hauteurs, les longueurs, les pro—

fondeurs, les distances; et la preuve que ce n'est pas tant la faute du sens que son usage, c'est que les ingénieurs, les arpenteurs, les architectes, les maçons, les peintres ont en général le coup d'œil beaucoup plus sûr que nous, et aperçoivent les mesures de l'étendue avec plus de justesse, parce que leurs métiers, leur donnant en ceci l'expérience que nous négligeons d'acquérir, ils ôtent l'équivoque de l'angle par les apparences qui l'accompagnent, et qui déterminent plus exactement à leurs yeux le rapport des deux causes de cet angle.

» Tout ce qui donne du mouvement au corps, sans le contraindre, est toujours facile à obtenir des enfants. Il y a mille moyens de les intéresser à mesurer, à connaître, à estimer les distances. Voilà un cerisier fort haut; comment ferons-nous pour cueillir des cerises? L'échelle de la grange est-elle bonne pour cela? Voilà un ruisseau fort large; comment le traverserons-nous? Une des planches de la cour posera-t-elle sur les deux bords? Nous voudrions, de nos fenêtres, pêcher dans les fossés du château; combien de brasses doit avoir notre ligne? Je voudrais faire une balançoire entre ces deux arbres; une corde de deux toises nous suffira-t-elle? On me dit que, dans l'autre maison, notre chambre aura vingt-cinq pieds carrés; croyez-vous qu'elle nous convienne? Sera-t-elle plus grande que celle-ci? Nous avons grande faim ; voilà deux villages, auquel des deux serons-nous plus tôt pour dîner? etc.

. . . .

. . . .

« Comme la vue est de tous les sens celui dont on peut le moins séparer les jugements de l'esprit, il faut beaucoup de temps pour apprendre à bien voir; il faut avoir longtemps comparé la vue au toucher pour accoutumer le premier de ces deux sens à nous faire un rapport fidèle des figures et des distances. Sans le sens du toucher, sans le mouvement progressif, les yeux du monde les plus perçants ne sauraient nous donner aucune idée de l'étendue. L'univers entier ne doit être qu'un point pour une huître, parce qu'elle ne bouge pas. Il ne lui paraîtrait rien de plus quand même une âme humaine informerait cette huître. Ce n'est qu'à force de marcher, de palper, de nombrer, de mesurer les dimensions, qu'on apprend à les estimer; mais aussi, si l'on mesurait toujours, le sens, se reposant sur l'instrument, n'acquerrait aucune justesse. Il ne faut pas non plus que l'enfant passe tout d'un coup de la mesure à l'estimation; il faut d'abord que, continuant à comparer par parties ce qu'il ne saurait comparer tout à coup, à des aliquotes précises il substitue des aliquotes par appréciation, et qu'au lieu d'appliquer toujours avec la main la mesure, il s'accoutume à l'appliquer seulement avec les yeux. Je voudrais pourtant qu'on vérifiât ses premières mesures réelles, afin qu'il corrigeât ses erreurs, et que, s'il reste dans le sens quelque fausse apparence, il apprît à le rectifier par un meilleur jugement. On a des mesures naturelles qui sont à peu près les mêmes en tous lieux, les pas d'un homme, l'étendue de ses bras, sa stature. Quand l'enfant estime la hauteur d'un étage, son gouverneur peut lui servir de toise ; s'il estime la hauteur d'un clocher, qu'il le toise avec les maisons ; s'il veut savoir les lieues de chemin, qu'il compte les heures de marche ; et surtout qu'on ne fasse rien de tout cela pour lui, mais qu'il le fasse lui-même.

» On ne saurait apprendre à bien juger de l'étendue et de la grandeur des objets, qu'on n'apprenne aussi à connaître leurs figures, et même à les imiter ; car, au fond, cette imitation ne tient absolument qu'aux lois de la perspective, et l'on ne peut estimer l'étendue sur ses apparences, quand on n'a pas quelque sentiment de ces lois. Les enfants, grands imitateurs, essayent tous de dessiner ; je voudrais que le mien cultivât cet art, non précisément pour l'art même, mais pour se rendre l'œil juste et la main flexible ; et, en général, il importe fort peu qu'il sache tel ou tel exercice, pourvu qu'il acquière la perspicacité du sens et la bonne habitude du corps qu'on gagne par cet exercice (1).

» Ce que j'ai dit sur les deux sens dont l'usage est le plus continu et le plus important peut servir d'exemple de la manière d'exercer les autres. La vue et le toucher s'appliquent également sur les corps en repos et sur les corps qui se meuvent ; mais, comme il n'y a que l'ébranlement de l'air qui puisse émouvoir le sens de l'ouïe, il n'y a qu'un corps en mouvement qui fasse du bruit ou du son ; et si tout était en repos, nous n'entendrions jamais rien. La nuit donc, où, ne nous mouvant nous-mêmes qu'autant qu'il nous plaît, nous n'avons à craindre que les corps qui se meuvent, il nous importe d'avoir l'oreille alerte et de pouvoir juger, par la sensation qui nous frappe, si le corps qui la cause est grand ou petit, éloigné ou proche, si son ébranlement est violent ou faible. L'air ébranlé est sujet à des répercussions qui le réfléchissent, qui, produisant des échos, répètent la sensation et font entendre le corps bruyant ou sonore en un autre lieu que celui où il est. Si, dans une plaine ou une vallée, on met l'oreille à

(1) Nous supprimons ici un passage spécial à la manière d'apprendre le dessin et la géométrie, parce que nous devons, à la fin de cette section, traiter des principes généraux des méthodes d'enseignement, et que, dans le tome 2, nous nous occuperons en particulier de chacune des branches dont il vient d'être parlé.

terre, on entend la voix des hommes et les pas des chevaux de beaucoup plus loin qu'en restant debout.

» Comme nous avons comparé la vue au toucher, il est bon de la comparer de même à l'ouïe, et de savoir laquelle des deux impressions, partant à la fois du même corps, arrivera le plus tôt à son organe. Quand on voit le feu d'un canon, l'on peut encore se mettre à l'abri du coup; mais sitôt qu'on entend le bruit, il n'est plus temps, le boulet est là. On peut juger de la distance où se fait le tonnerre par l'intervalle de temps qui se passe de l'éclair au coup. Faites en sorte que l'enfant connaisse toutes ces expériences; qu'il fasse celles qui sont à sa portée, et qu'il trouve les autres par induction; mais j'aime cent fois mieux qu'il les ignore que s'il faut que vous les lui disiez (1) ».

Après cette longue, mais intéressante citation, dont nous adoptons toutes les pensées, et qu'un orgueil téméraire eût seul pu nous faire entreprendre d'exprimer autrement, il ne nous reste plus rien d'essentiel à dire sur l'importante ma-

(1) Nous retranchons le reste de cette instruction de Rousseau sur les sens extérieurs, parce que cette partie concerne moins l'éducation intellectuelle que le régime physique, dont nous avons traité dans la première section.

tière qui en fait l'objet (1) ; et comme nous avons désormais suffisamment indiqué les deux principales conditions préliminaires à l'établissement des règles d'une bonne direction intellectuelle, savoir : chez l'instituteur, la connaissance de ses élèves, et, chez ceux-ci, une bonne disposition des organes perceptifs, nous devons rechercher maintenant, d'une manière plus immédiate, les moyens de rendre cette direction aussi profitable que possible.

Ces moyens peuvent encore se réduire à deux classes principales : l'une a pour objet l'usage légitime de l'*organe réflectif*, ce grand sens *intérieur*, dont les effets se résolvent tous dans ce qu'on nomme le *jugement*, régulateur unique de toutes les autres facultés ; l'autre comprend l'ensemble de certains procédés particuliers , constituant ce qu'on désigne par la dénomination générique de *méthode*, et qui sont présentés comme offrant le plus de secours pour favoriser la saine acquisition des connaissances. Nous allons d'abord nous occuper de la première classe.

Jusqu'à présent il a existé tant de nuages sur tout ce qui touche à l'analyse de l'entendement

(1) Pour compléter ces notions, il faut avoir soin de les conférer avec ce que nous avons dit sur le bon exercice des sens, dans la section du régime *physique*.

humain, que, même auprès de gens d'ailleurs éclairés, on court risque d'inspirer une sorte d'effroi, rien qu'en prononçant certains mots qui font partie du dictionnaire de cette science. Tel est, à beaucoup d'égards, le mot *logique*, dont nous ne chercherons pas à donner ici le sens étymologique, mais dont on se sert pour indiquer *l'ensemble des moyens les plus propres à nous faire bien raisonner.* On ne contestera pas sans doute l'utilité d'un tel but; mais on croit généralement que les principes de la science qui peut y conduire sont voués, par leur propre nature, à une éternelle obscurité; que vainement on voudrait les appuyer sur une base positive, et surtout qu'il est impossible de les mettre à la portée de la jeunesse, puisque tant d'hommes faits en sont rebutés dès les premiers abords.

Une telle conclusion qui, si elle était fondée, condamnerait l'espèce humaine à un ballottage continuel entre l'erreur et la vérité, n'est cependant que trop motivée en apparence, et la cause en est, autant dans la manière irrationnelle dont la logique fut enseignée jusqu'à présent, que dans l'imperfection des travaux qui tendaient à en assurer les fondements théoriques. Quant à nous, quoique nous soyons pleinement fixés sur ce dernier point, comme un traité *spécial* pourrait seul développer les idées nécessaires pour justifier notre système, nous nous abstiendrons à cet égard;

toutefois, espérant bientôt démontrer, sans développements scientifiques, les moyens de rendre accessible aux plus faibles intelligences une grande partie des sujets réputés maintenant les plus difficiles, nous allons seulement donner quelques indications empiriques, non sur les fondements philosophiques de la certitude et de l'erreur, mais sur les moyens les plus simples de mettre les élèves dans la voie de l'une et hors de la voie de l'autre. Ce sera une petite logique *pratique*, bien imparfaite sans doute, mais qui sera du moins à l'usage des enfants, autant que le permet l'état actuel de la science (1). Cependant, avant de donner ces indications, nous devons prévenir qu'il ne faudra pas les présenter aux élèves sous la forme abstraite que nous sommes ici forcés d'employer, et qu'on ne doit les conduire à de semblables notions que par l'observation des faits mêmes dont elles sont déduites, d'après le mode que nous indiquerons en traitant bientôt des méthodes d'enseignement.

Toutes les causes quelconques d'erreur abou-

---

(1) L'un de nous se propose, si les circonstances le lui permettent, de faire un cours particulier de logique, à l'usage des écoles du *second degré*, dans lequel il espère démontrer, par le fait, que les principes *les plus élevés* de cette science peuvent être mis à la portée de jeunes gens de douze à quinze ans, et que leur acquisition peut être rendue aussi agréable que facile.

tissent en définitive à l'un ou l'autre des résultats suivants : *le défaut d'observation* ou *l'observation fautive* des éléments du sujet sur lequel il s'agit de porter un jugement, ce qui ne permet pas d'en voir les véritables rapports, et fait ainsi tirer de fausses conclusions ; d'où il suit que le précepte le plus général, pour conduire à la vérité, autant que nos connaissances le comportent, est de faire tous les efforts possibles pour examiner COMPLÉTE-MENT et avec EXACTITUDE le sujet en question. Mais, si l'on peut dire avec raison que tout l'art logique se réduit à la simple observation de ce précepte, les moyens d'y parvenir ne sont pas toujours aussi simples qu'on pourrait le croire, d'après la simpli-cité de cette énonciation, parce qu'il existe bien des manières de nous détourner de cette observa-tion. Il faut donc, pour les seconder, s'attacher d'abord à reconnaître les dispositions de notre être qui nous empêchent le plus souvent de bien voir ; car, indiquer les causes prédisposantes de l'erreur est la première condition pour pouvoir les combattre.

Parmi ces causes, qui toutes contribuent à nous faire violer le principe fondamental de la véritable science, il en est de deux ordres assez distincts : les unes qui tiennent immédiatement aux opéra-tions de l'*esprit*, les autres qui influent sur ces opérations par la disposition où elles nous placent à cet égard, et que nous rangerons sous la dénomination généralement reçue d'impulsions *du cœur;* non que cette classification nous semble à l'abri de tout reproche, mais parce que nous ne pourrions donner ici tous nos motifs de changer cette partie du langage adopté, et que, d'ailleurs, nous espérons être assez compris par le moyen des explications que nous donnerons, au besoin, sur le vrai sens des mots que nous serons forcés d'employer, au moins pour ce qui concerne les questions auxquelles nous les rattacherons (1). Quoi qu'il en soit, au reste, sur ce point, la distinction que nous venons de faire nous conduit à ranger sous deux chefs différents les causes partielles d'erreur dont il s'agit, et nous prévenons de plus que nous n'allons mentionner que les plus ordinaires et les plus faciles à faire bien remarquer à de jeunes enfants.

(1) On demandera peut-être pourquoi nous faisons ici une semblable remarque, dont l'effet pourrait être de laisser des idées vagues dans beaucoup de têtes, puisque nous déclarons ne pouvoir éclaircir notre pensée là-dessus en ce moment. Nous répondrons que l'ancienne langue métaphysique, qui s'est infiltrée jusques dans le dictionnaire de la conversation la plus commune, étant à nos yeux presque entièrement vicieuse, mais nous paraissant aussi devoir faire place tôt ou tard à une langue plus rationnelle, nous croyons devoir consigner, dans notre ouvrage, que nous ne partageons pas l'erreur générale sur la classification des facultés humaines.

PREMIÈRE SECTION.

*Causes d'erreur qui tiennent immédiatement aux opérations de l'*ESPRIT.

1re Cause d'erreur de la 1re section.

Ignorance *complète* des *éléments* de ce qu'il faudrait savoir pour bien juger d'un sujet donné, c'est-à-dire pour décider avec certitude ce qu'il faut penser d'une chose ou d'un fait.

2e Cause d'erreur de la 1re section.

Connaissance *incomplète* des *éléments* de ce qu'il faudrait savoir *entièrement* pour bien juger du sujet.

3e Cause d'erreur de la 1re section.

Trop grande étendue des éléments d'une question, relativement à la force d'esprit de l'individu qui doit juger, même lorsqu'il connaît ces éléments, pris chacun en particulier.

4e Cause d'erreur de la 1re section.

Trop de variété dans les éléments d'une question, aussi quant à la portée de l'individu qui doit juger, ce qui amène de la confusion dans son entendement.

5ᵉ Cause d'erreur de la 1ʳᵉ section.

Mauvaise classification, ou *défaut d'ordre* dans les diverses parties d'un sujet.

6ᵉ Cause d'erreur de la 1ʳᵉ section.

Défaut d'ensemble dans l'observation des faits ou des choses, qui ne permet pas de voir tous leurs rapports, et fait ainsi tirer de fausses conclusions.

7ᵉ Cause d'erreur de la 1ʳᵉ section.

Équivoque, ou *ambiguïté des mots*. — Leur *sens vague* ou *mal déterminé*. — *Obscurité*. — *Double sens*.

8ᵉ Cause d'erreur de la 1ʳᵉ section.

Induction de fausse analogie, ou conclusion d'une chose ou d'un fait prétendu semblable à une chose ou à un fait qui ne l'est réellement pas.

9ᵉ Cause d'erreur de la 1ʳᵉ section.

Position d'un faux principe en commençant un raisonnement, principe dont les conséquences, quoique justes par rapport à ce principe, conduisent à une fausse conclusion, puisque le point de départ est faux lui-même.

10ᵉ Cause d'erreur de la 1ʳᵉ section.

Influence des préjugés, c'est-à-dire d'opinions fausses, antérieurement adoptées, et qui nous font aussi juger faussement les autres questions qui ont des rapports avec les premières opinions.

DEUXIÈME SECTION.

Causes d'erreur qui tiennent aux impulsions du COEUR.

1ʳᵉ Cause d'erreur de la 2ᵉ section.

Emotion trop forte, *en général*, qui trouble l'intelligence, et l'empêche de bien voir toutes les circonstances d'un sujet.

2ᵉ Cause d'erreur de la 2ᵉ section.

Désir trop impatient d'obtenir un résultat, qui nous fait tout interpréter dans le sens de ce désir.

3ᵉ Cause d'erreur de la 2ᵉ section.

Cause opposée à la précédente, ou *crainte extrême d'un résultat*, qui nous fait tout interpréter dans le sens de cette crainte.

4e Cause d'erreur de la 2e section.

Impatience de conclure, qui nous empêche de rester dans un doute prudent jusqu'à plus ample informé.

5e Cause d'erreur de la 2e section.

Trop d'ardeur dans la poursuite d'un objet, qui nous empêche d'examiner avec la lenteur nécessaire pour bien voir.

6e Cause d'erreur de la 2e section.

Cause opposée à la précédente, c'est-à-dire *in-différence*, ou *nonchalance*, qui nous empêche d'employer tous nos moyens pour bien juger.

7e Cause d'erreur de la 2e section.

Légèreté, ou *inconstance d'impressions*, qui nous empêche d'approfondir suffisamment un sujet avant de passer à un autre.

8e Cause d'erreur de la 2e section.

Impatience, ou *irritation*, lorsqu'on contrarie nos désirs ou nos opinions, ce qui nous empêche de juger sainement les objections, ou empêche qu'on nous en fasse.

9ᵉ Cause d'erreur de la 2ᵉ section.

Entêtement dans les opinions, soit par une idée trop grande de leur certitude, soit par paresse d'esprit qui ne nous permet pas de réfléchir de nouveau, soit par la crainte qu'on ne tire avantage contre nous de l'aveu d'une erreur.

10ᵉ Cause d'erreur de la 2ᵉ section.

Esprit d'impatience ou *d'insubordination*, qui nous empêche d'écouter les avis d'autrui.

11ᵉ Cause d'erreur de la 2ᵉ section.

Orgueil, qui nous fait croire que nous ne pouvons nous tromper, et nous fait mépriser l'opinion des autres.

12ᵉ Cause d'erreur de la 2ᵉ section.

Vanité, ou empressement d'étaler ce que nous savons, qui nous empêche ainsi de bien examiner avant de présenter ce résultat.

13ᵉ Cause d'erreur de la 2ᵉ section.

Défaut contraire aux deux précédents, ou *trop de modestie* ou *de timidité*, qui affaiblit le jugement en ne permettant pas de faire usage de toutes nos forces intellectuelles ou affectives.

14ᵉ Cause d'erreur de la 2ᵉ section.

Confiance trop absolue dans l'opinion d'autrui, qui nous empêche de soumettre une question à notre propre jugement.

15ᵉ Cause d'erreur de la 2ᵉ section.

Partialité, ou *affection non réprimée pour ou contre quelqu'un*, ou *pour ou contre une opinion*, qui nous dispose à juger dans le sens de cette affection.

Après avoir, par ces tableaux, indiqué celles des dispositions intellectuelles ou affectives qui conduisent le plus souvent à l'erreur, nous allons donner un exemple de la manière dont on doit s'y prendre pour faire découvrir ces causes aux enfants eux-mêmes, dans les circonstances diverses qu'ils seront appelés à observer. Nous choisirons, pour cet exemple, un fait où se trouvent réunis plusieurs des caractères que nous venons de déterminer dans l'une et l'autre section, et nous allons tâcher de le mettre à la portée des élèves du premier degré de l'éducation primaire. Nous ferons en sorte aussi qu'on puisse tirer de quelques particularités de ce fait plusieurs leçons de morale, en même temps qu'il servira de texte à divers exercices de gymnastique intellectuelle.

Nous supposons un directeur de salle d'asile se présentant à ses élèves, au moment où ils sont tous rassemblés sur le gradin, et tenant, d'une main, un rameau d'une plante dont les fruits sont bons à manger, de l'autre, un rameau d'une autre plante à fruits malfaisants, mais qui ont de la ressemblance avec ceux de la première. Celle-ci pourrait être un rameau de *mérisier* portant quelques fruits, l'autre un rameau de l'*atropa bella-dona*, avec ses fruits (1).

(1) Presque chaque contrée présente des végétaux vénéneux par les feuilles ou les racines, et très-souvent aussi par les fruits. En France nous en avons malheureusement plusieurs de ce genre, dont les fruits ne sont que trop séduisants par leur aspect, et dont la saveur même est trompeuse.

Dans leur nombre on doit surtout compter l'*atropa bella-dona*, qui fait le sujet de la leçon ci-dessus. Son fruit est une baie noire, tendre et très-pulpeuse, à suc doux, mais très-malfaisant. Quarante enfants à la fois en furent empoisonnés dans les environs de Paris, et vingt en sont morts. On raconte aussi que, dans les guerres de l'empire, un bataillon presque entier fut empoisonné en Allemagne, pour en avoir mangé avec avidité dans un moment de disette.

Dans nos jardins, les fruits du *prunier-laurier-cerise*, mal à propos nommé *laurier à lait*, ont souvent déterminé des accidents très-graves. Ils sont d'autant plus dangereux qu'ils n'offrent point une saveur répugnante. Ils ressemblent à une cerise violette, et leur noyau est presque celui d'une cerise.

Voici, à peu près, comment cet instituteur pourrait s'y prendre :

— Connaissez-vous ces plantes-là, mes bons amis ?

— Oui ! oui ! non ! non ! s'écrieront alors les plus grands des enfants, tandis que les plus petits, dans ce moment, comme pendant tout le dialogue qui va suivre, quoique n'en comprenant pas précisément les paroles, ne seront pas moins tout yeux et tout oreilles, parce que la vue des objets et le ton animé du dialogue les attacheront instinctivement.

(Le directeur s'adressant à l'un des enfants qui a dit reconnaître les plantes ou l'une d'elles, et lui montrant une merise :)

Dans les bois qui entourent la base des Alpes et des Pyrénées, ainsi que dans les petites chaînes des Vosges et des Cévennes, on trouve les jolies grappes de l'*actée des Alpes*, composées de baies d'un rouge noir, de la grosseur du cassis, et portées vers le haut de la plante comme un bouquet. Ces grappes sont un dangereux aliment, auquel on s'est quelquefois laissé entraîner.

Dans les parties méridionales de la France, comme les départements du Var et des Bouches-du-Rhône, on trouve le *redoul à feuilles de myrte,* petit arbrisseau dont le *faux fruit* est un poison actif et qu'on pourrait prendre pour le fruit du myrte, qui est aromatique et bon à manger, quoiqu'il soit bien plus mou que ce dernier, et ne porte pas, comme lui, de petite couronne à son sommet. C'est un *faux fruit,* parce que, ainsi que dans le fruit du mûrier, ce n'est que l'enveloppe du véritable fruit, lequel est de nature sèche, et a l'aspect d'un petit noyau.

— Comment nommez-vous ce petit fruit noir?

— C'est une merise.

— Est-ce bon à manger?

— Oui, monsieur.

— Comment le savez-vous?

— J'en ai mangé, monsieur.

(Le directeur, détachant une des baies de la *bella-dona*, et la présentant ainsi isolée de la plante:)

— Et ce fruit-là, qu'est-ce que c'est?

— Mais..... c'est aussi une merise.

— En êtes-vous bien sûr?

— Oui, monsieur.

— Et comment en êtes-vous sûr?

— Mais..... parce que.....

— Est-ce parce qu'elle est noire comme l'autre et de la même grosseur?

— Oui, monsieur, c'est cela.

— Vous en mangeriez donc également si l'on vous en donnait, ou si vous en trouviez?

— Oui, monsieur.

— Ah! vous en mangeriez....? Eh bien! mes amis, écoutez bien ce que je vais vous dire : Ce petit fruit, quoique ressemblant à la merise, n'en est véritablement pas une....., c'est un *poison très-dangereux*. Il vous ferait bien mal si vous en mangiez seulement un, et il vous tuerait si vous en mangiez plusieurs. Il n'y a pas longtemps qu'il a tué un enfant, grand comme.... (ici le directeur montre un des élèves les plus grands); c'était un garçon qui s'appelait Louis. Il était bien gourmand, bien orgueilleux et bien désobéissant. Il touchait à tout ce qu'il croyait bon, et ne voulait écouter les avis de personne. Son père était un brave ouvrier maçon; chaque matin il partait de très-bonne heure pour gagner plus d'argent, afin d'élever sa famille. Souvent il emmenait avec lui son fils pour lui apprendre à travailler; mais un jour sa femme lui dit : Mon ami, je te prie de me laisser Louis pour garder son petit frère, pendant que j'irai à la rivière laver mon linge. La pauvre mère sortit, chargée d'un gros paquet, en recommandant à Louis d'avoir bien soin de ne pas s'éloigner; mais, aussitôt qu'elle l'eut quitté, le petit désobéissant fut courir la campagne. Il y avait près de là un bois qui était rempli de toutes sortes de fruits sauvages. Louis, qui était très-gourmand, comme je vous l'ai déjà dit, s'arrêta devant celui-ci (montrant la belladone), qui lui parut le meilleur, précisément parce qu'il ressemblait à une merise. Il allait y porter la main lorsqu'un vieillard qui passait lui dit : « Malheureux ! que vas-tu faire ? c'est du poison que tu allais manger. » Louis s'arrêta en regardant, et parut vouloir abandonner son dessein. Le vieillard, qui croyait l'avoir persuadé, continua sa route et le laissa seul. Le petit orgueilleux, qui croyait toujours en savoir plus que les autres, se dit en lui-même : Le vieux bonhomme est un radoteur, il m'a dit cela pour m'empêcher de manger de ce bon fruit, mais je ne l'écouterai pas; et de suite le voilà qui mange une douzaine de petites boules noires. A peine avait-il fini qu'il se mit à vomir avec de grands efforts et des coliques affreuses..... Il eut cependant encore la force de retourner chez lui; mais, en entrant, il tomba évanoui sur le carreau..... Jugez, mes amis, de la douleur de la pauvre mère en retrouvant son en—fant dans cet état....; car elle l'aimait bien, cette bonne mère, malgré tous ses défauts..... A force de soins, elle lui rendit la connaissance pour quel-ques instants; mais ce petit garçon avait encore le défaut de mentir, et il ne voulut jamais avouer sa faute; ainsi on ne put pas lui donner des re-mèdes qui l'auraient peut-être sauvé en les lui donnant à temps, et il mourut bientôt dans d'af-freuses convulsions.

— Eh bien! mes enfants, que pensez-vous de ce pauvre Louis? N'était-ce pas sa faute si un tel malheur lui est arrivé?

(Plusieurs enfants à la fois :)

— Oh! oui, monsieur, oui! oui! oui! oui!

— Et pourquoi donc était-ce sa faute?

(Plusieurs enfants :)

— Parce qu'il était gourmand et désobéissant.

— N'avait-il pas encore d'autres défauts?

(Un enfant :)

— Il était menteur.

— N'en avait-il pas encore un qui l'a empêché de suivre les avis du bon vieillard?

— Oh! oui! il était, il était.....

— Orgueilleux, n'est-ce pas?

— Oui, oui, orgueilleux, orgueilleux!

— Ah! j'ai oublié de vous dire que, comme il avait ce défaut, il n'avait rien voulu apprendre à l'école. Il n'écoutait pas même ce que ses maîtres lui disaient. Sans doute il aurait su qu'il ne faut jamais manger les choses qu'on ne connaît pas, car on l'avait bien souvent dit dans l'asile qu'il avait fréquenté. Il aurait su aussi comment on peut distinguer une mauvaise chose d'une bonne qui lui ressemble, car on l'avait souvent aussi montré devant lui...... Et vous, mes enfants, ne seriez-vous pas bien aises qu'on vous apprît cela?

— Oh! oui, monsieur, oui! oui! oui! oui.....!

— Eh bien! mes amis, je n'ai pas le temps de le faire aujourd'hui; mais, si je suis content de vous d'ici à demain, je vous montrerai tout ce qu'il y a de différent entre les merises, qui sont si bonnes, et ce méchant fruit, qui fait tant de mal. Ainsi, soyez bien sages, car, sans cela, je ne pourrais vous faire ce plaisir.

Nous suspendons ici, pour le premier jour,

l'exercice logique et moral qui doit ressortir du récit fait ci-dessus, parce qu'il faut, autant que possible, ne donner aux enfants que de courtes séances sur un même objet, la légèreté de leur âge et la faiblesse de leur attention ne leur permettant pas de s'y fixer longtemps sans fatigue et sans ennui. Mais, le lendemain, le maître pourrait ainsi reprendre la continuation de l'exercice. D'abord, il aurait eu soin de mettre d'avance, en avant des gradins, une petite table qui doit être destinée généralement, dans l'asile, à faire les démonstrations d'objets un peu compliqués, notamment ceux d'histoire naturelle, et il y placerait les deux rameaux des plantes en question.

(Puis reprenant le sujet de la veille, et montrant d'abord une merise détachée de son rameau et dont il cacherait la queue :)

— Je suis bien content de vous ce matin, mes bons amis, et je vais finir notre leçon d'hier. Voyez-vous ce petit fruit noir? Reconnaissez-vous bien ce que c'est aujourd'hui?

(A cette première question, tous garderont peut-être le silence, effrayés qu'ils sont des suites d'une méprise telle que celle qui a tué le petit Louis. Dans ce cas, le maître poursuivra ainsi :)

— Eh bien! aucun de vous ne le reconnaît?

(Un des plus hardis:)

— Mais je crois que c'est......

— Quoi donc?

— Que c'est la vilaine boule noire qui a tué Louis!

— En êtes-vous bien sûr....? Regardez bien.....

(En disant cela, il la prend par le bout de la queue, qui se trouve ainsi exposée aux regards avec le fruit.)

— Ah! c'est une merise....! (s'écrie un autre enfant avec joie.)

— Et comment le savez-vous....?

— Ah! c'est qu'elle a une queue.

— Eh bien! est-ce que l'autre fruit n'en a pas?

— Mais..... mais.....

— Répondez donc, mon ami.

— Mais je crois que non.

(S'adressant au premier enfant qui avait cru voir un fruit de la belladone dans la merise, montrée d'abord sans en faire voir la queue.)

— Et vous, Charles, croyez-vous que ce beau petit fruit soit du poison....?

— Dame, je crois bien que non à présent.

— Et moi aussi. J'en suis même certain, parce que je connais bien les deux plantes. Vous ne vous seriez pas trompé vous-même si vous m'aviez demandé à les bien examiner l'une et l'autre. Mais pourquoi avez-vous dit tout de suite que c'était le poison plutôt que la merise?

— Oh! c'est que j'en avais tant peur!

— Eh bien! une autre fois, quand vous aurez eu peur d'une chose, il faudra attendre d'être bien rassuré avant de décider ce que c'est. Maintenant que vous n'avez plus peur, dites-moi seulement si vous croyez aussi que le fruit-poison n'ait pas une queue aussi bien que la merise, comme le pense Félix?

— Je ne sais pas, monsieur.

— Eh bien! mes enfants, nous allons voir cela ensemble. Je vais vous montrer une branche de chacune des plantes dont l'une porte le bon et l'autre le mauvais fruit, et puis vous examinerez bien si toutes deux n'ont pas une queue.

(Il fait alors descendre Charles et Félix, c'est-à-dire les deux enfants qui viennent de répondre, ainsi que trois ou quatre autres des plus grands, mais en les plaçant tous de manière à ne pas ôter la vue à ceux qui restent sur le gradin; puis, montrant minutieusement un des fruits de chaque plante, sans les séparer du rameau :)

— Eh bien! Charles; eh bien! Félix, avez-vous bien regardé?

— Oui, monsieur; oui, monsieur.

— Croyez-vous encore, Charles, que le fruit du poison n'ait pas de queue?

— Ah! dame, si, monsieur, il en a une...... mais......

— Quoi donc? Qui vous a fait penser que la

merise seule en avait....? Regardez-les bien toutes deux, et dites-moi ce qui a pu vous faire tromper.

— Je vois bien à présent la queue où il pend, le poison...... La voilà.....! mais...... il y a ces petites choses-là qui le cachaient......

(Il montre le calice dont les lobes sont assez longs et assez écartés pour que, d'un peu loin et dans une certaine position, ils cachent la queue de manière que le fruit paraisse immédiatement fixé à la branche.)

(Le maître reprenant :)

— Regardez tous, mes enfants, ce qui a empêché Charles de voir qu'il y a une queue au poison comme à la merise ; tenez : ce sont ces espèces de dents pointues (les lobes du calice). Dites-moi maintenant, Charles, comment feriez-vous une autre fois pour ne pas vous tromper comme ça ?

— Ah! dame, monsieur.....

(Jules :)

— Moi, monsieur, je prendrais une graine à mes doigts, et je la regarderais bien.

— Et lorsque vous auriez bien regardé, et que vous auriez vu qu'elle a une queue comme la merise, qu'est-ce qui vous ferait penser que ce n'est pourtant pas la même chose ?

— Je ne sais pas, monsieur.

— Si vous aviez vu auparavant les grands arbres

où croissent les merises, et puis si vous veniez à voir que cette plante à poison est toute petite, pourriez-vous croire que les deux fruits sont de la même espèce?

— Ah! dame, non, monsieur.

— Et si vous aviez devant vous, comme moi, dans ce moment, deux branches de même grosseur à peu près, sans savoir que la merise vient sur un grand arbre, comment feriez-vous pour savoir la branche où est la merise et celle où est le poison? Regardez bien.

— Dame! la merise a de grosses feuilles, et l'autre n'en a que de petites.

— N'y a-t-il pas d'autre différence....? Regardez le dessus de chacune des deux feuilles.

— Ah! celle-là (montrant une feuille de merisier) a une grosse croix rouge tout le long, et l'autre n'en a pas.

— Touchez-les maintenant toutes deux (tous les enfants qui sont près de la table touchent alternativement des feuilles de merisier et de belladone). Si vous ne voyiez pas ces feuilles, les prendriez-vous l'une pour l'autre....?

— Non, non, non, non......!

— Pourquoi?

(Félix:)

— La feuille de la merise est plus ferme.

— C'est bien, mon ami. Mais si, n'ayant jamais

vu d'arbre à merise, et n'ayant pas sous les yeux ou sous la main ces deux branches pour les comparer, vous trouviez ce petit fruit qui est noir comme la merise, le mangeriez-vous tout de même sans bien savoir ce que c'est?

— Ah! non, monsieur, non, non, non....!

— Vous dites comme cela à présent que vous savez que c'est du poison; mais, si vous ne le saviez pas encore, ne seriez-vous pas tenté d'en manger, surtout si vous étiez de petits gourmands comme le pauvre Louis, ou si vous aviez bien faim?

(Ici tous garderont probablement le silence.)

— Eh bien! mes enfants, vous ne répondez pas.....? Je vois que c'est parce que vous êtes déjà plus raisonnables, depuis que vous voyez combien il faut faire attention à ce qu'on fait et à ce qu'on dit. Vous ne répondez rien, parce que vous craignez de vous tromper en parlant sur une chose que vous ne savez pas bien. C'est très-bien, mes amis, et il faut toujours agir de même quand on n'est pas bien sûr de son fait. Il vaut mieux ne rien dire que de se tromper, et il vaut mieux ne pas toucher à une chose quand on ne sait pas si elle est bonne ou mauvaise. Tenez, moi, quand même j'aurais bien faim, si je trouvais le fruit le plus beau, tout de même je ne le toucherais pas si je ne le connaissais pas bien, et j'aimerais mieux attendre jusqu'à ce que j'eusse trouvé quelque chose dont je serais bien sûr. Ne feriez-vous pas tous comme moi en pareil cas ?

— Oui ! oui ! oui ! oui ! oui ! oui ! oui !

— Allons, c'est bien encore, mes enfants. Je suis très-content de savoir cela ; je serai plus tranquille quand on sera obligé de vous laisser seuls chez vous, ou de vous envoyer au dehors faire quelque commission.

C'est ainsi à peu près que pourraient avoir lieu, dans toute école primaire du premier degré, divers exercices tout à la fois moraux et intellectuels, qui formeraient à la longue un vrai *cours de morale et de logique*, parfaitement à la portée des enfants, et qui, loin de les fatiguer et de les ennuyer, seraient au contraire pour eux un objet de plaisir et de délassement (1). On devrait en choisir les textes, non-seulement dans des récits combinés de manière à en faire sortir les avis ou les prin-

---

(1) Il est bien entendu que les instituteurs qui pourront consulter cet ouvrage ne doivent point essayer de répéter mécaniquement l'exercice que nous avons choisi pour exemple, et dont les détails ne se présenteraient jamais deux fois les mêmes, parce qu'il est impossible que les élèves ni le maître soient deux fois impressionnés absolument de la même manière. C'est de l'esprit et non du texte de cet exemple que nous conseillons de s'emparer, en le faisant avec toute la sagacité possible, et sans jamais perdre de vue les motifs qui nous ont fait choisir une pareille méthode.

cipes qu'on aurait en vue dans certains cas, mais encore dans tous les incidents un peu remarquables de la vie même des enfants, soit à l'école, soit au dehors. Arriverait-il un accident à l'un d'eux, on ferait voir à tous la faute ou l'erreur qui en est la cause. Il en serait de même pour un acte injuste, dont on leur ferait voir la fausse base, non-seulement en morale, mais encore sous le rapport du raisonnement. On leur ferait également remarquer les causes de leur non-succès dans l'instruction, toutes les fois qu'elles viendraient d'un tort de leur part, ou d'une mauvaise manière de s'y prendre intellectuellement. D'un autre côté, au milieu de tous ces exercices, dont le but ne semblerait être que d'apprendre à éviter les erreurs, ce qui déjà est un résultat immense, on leur apprendrait aussi à voir avec soin et intelligence, à bien distinguer les objets, à les classer convenablement, à tirer de justes conclusions et reconnaître les mauvaises. Par ces moyens ils connaîtraient déjà, en sortant des salles d'asile, les principes les plus essentiels du *véritable art de raisonner*, sans avoir même entendu prononcer les noms de *logique*, de *règle*, *d'art* ni de *science*, et, à plus forte raison, cette foule de noms barbares dont on a hérissé les avenues de toutes les branches du savoir. Plus tard on leur enseignerait la valeur de certains mots abstraits dont l'usage est utile, mais par lesquels il faut se garder de commencer. Enfin , comme couronnement de l'œuvre, ils arriveraient peu à peu à savoir formuler eux-mêmes les principes, et à les grouper de manière à constituer l'ensemble de ce qu'on nomme une *science*. Alors on serait certain qu'ils posséderaient vraiment l'art et la science logiques, parce qu'ils les auraient en quelque sorte inventés, et qu'ils en auraient vu successivement tous les motifs et tous les avantages. On ne verrait plus dans le monde, au sortir des cours de prétendue philosophie, les plus intelligents des élèves ne savoir que prononcer avec pédanterie des mots vides de sens, ou devenir de malheureux sophistes, qui ne se prévaudront des bienfaits de la nature et des secours de l'éducation que pour faire triompher l'injustice, dont l'erreur est la source inévitable. Quant aux élèves les moins favorisés par leur organisation, ils auraient du moins l'avantage d'une instruction saine et solide, qui préviendrait les écarts de leur faiblesse, et ajouterait puissamment aux forces primitives de leur intelligence. Ainsi tous retireraient de véritables bienfaits d'un enseignement qui ne produit aujourd'hui que stérilité ou ravage. Et qui peut douter que les générations nouvelles, entièrement élevées d'après ces principes, ne fussent à la fois plus véritablement instruites, plus raisonnables, plus morales, et par conséquent plus fortes et plus heureuses? Tant il est vrai, je le dirai et le redirai sans cesse, que tout se tient dans l'éducation de l'homme, et que de seules différences de forme, dans cette œuvre importante, peuvent amener des différences prodigieuses dans les résultats.....!

Ces réflexions nous conduisent précisément à l'examen spécial de la dernière grande question que nous ayons à traiter dans la présente section, savoir, celle de divers procédés particuliers qui, sous le nom générique de *méthode*, peuvent le mieux favoriser l'acquisition des saines connaissances.

Des hommes estimables, frappés de l'importance exagérée que des charlatans ou des enthousiastes attachent à de petits procédés techniques, applicables à un seul objet ou à un petit nombre d'objets, et ne considérant le mot *méthode* que dans cette étroite acception, furent conduits à nier les avantages de la chose même, prise dans son essence. Mais, à nos yeux, l'acception de ce mot est bien autrement large, car elle comprend, comme l'indique notre énoncé de la question proposée à cet égard, *l'ensemble des moyens* à l'aide desquels on parvient à diriger l'instruction en général. Ainsi, les moyens propres à disposer les enfants au goût de l'étude, les moyens de leur présenter convenablement les objets d'instruction, les moyens de bien conduire leur marche, tout cela fait aussi bien partie de *la méthode*, c'est-à-dire du *mode général de direction des études*, que tous les procédés particuliers, plus ou moins ingénieux, qui ont pour but de faciliter leurs efforts, et qui ne sont même que les moyens auxiliaires des principes fondamentaux de cette direction. Or, le simple aperçu de la généralité d'un tel cadre suffit à faire voir qu'on ne saurait y attacher en effet trop d'importance, et que cette partie de notre sujet serait susceptible de beaucoup de développements. Toutefois nous tâcherons de restreindre autant que possible ce qu'il nous semble indispensable d'indiquer sur ces divers points.

Il n'est pas étonnant que les jeunes gens, en général, aient jusqu'à présent montré du dégoût pour l'étude, puisqu'on semblait prendre à tâche de la rendre aussi rebutante que possible, tant en elle-même que par ses accessoires; en elle-même, car elle était presque toujours présentée sous forme d'abstractions sèches, souvent incompréhensibles et dénuées de tout intérêt pour les élèves; par les accessoires, puisqu'elle était aussi, presque toujours, accompagnée d'une discipline rigide, intolérante, incompatible avec un juste abandon si nécessaire au premier âge. Après avoir imaginé un système absurde qui arrêtait nécessairement l'essor de la jeunesse, on en a tiré la conséquence , nécessairement absurde aussi , que la jeunesse est *naturellement* paresseuse, et qu'elle ne peut être portée au travail que par des châtiments sévères ou par des récompenses fortement excitatrices. Non, les enfants ne sont pas *naturellement* portés à la paresse; bien au contraire, ils ont une surabondance d'activité qui les conduirait plutôt à un excès de travail, si l'on savait leur rendre l'étude attachante. Ils ont ce désir insatiable de connaître, qui les dispose à tout observer, à tout rechercher, à tout entreprendre, et dont on pourrait tirer un excellent parti avec quelque habileté, mais surtout en ne faisant que régulariser leurs propres impulsions. Le principal moyen est donc de leur présenter toujours, dans les sujets d'enseignement , des objets ou des faits qui les intéressent et qui soient à leur portée. Il faudra les mettre , autant que possible, en présence de ces objets ou de ces faits mêmes. Il faudra mêler ce moyen d'impression à toute leur existence scolastique, à leurs jeux comme à leurs travaux. C'est ainsi qu'au lieu d'être un épouvantail, les travaux de la classe deviendront de véritables plaisirs dont ils ne se lasseront jamais. Il ne faut cependant pas se méprendre sur ce caractère d'attrait continuel qu'on doit donner à l'étude. Il ne faut pas qu'elle prenne trop le caractère de simple amusement , ni que ses exercices n'aient pour but que de rendre tout effort inutile. On peut bien commencer ainsi avec les très-petits enfants; mais, à mesure qu'ils avancent en âge, il faut qu'ils s'accoutument à vaincre les difficultés ou même l'aridité apparente de certains travaux intellectuels , puisqu'ils rencontreront souvent de tels obstacles dans le cours de la vie. *L'attrait de l'étude* doit résulter surtout de *l'intérêt qu'inspire son objet* , du *sentiment de l'utilité* qu'on peut en tirer, pour soi ou pour ses semblables; enfin, *de la manière rationnelle* qui préside à ces procédés.

Les moyens de présenter aux élèves les objets d'instruction , pour l'enseignement proprement dit, sont intimément liés avec ceux qui doivent être employés pour développer leur désir naturel de connaître. Ainsi l'on devra suivre, pour *les exercices réguliers* de la classe, le même principe qui a pour but spécial de faire naître les goûts et les aptitudes. *On commencera* toujours les leçons par la représentation des *objets mêmes* , si cela est possible, ou celle de leur image la plus fidèle qu'on pourra se procurer, au lieu de se borner à en parler; au lieu surtout de commencer par bâtir sur l'objet en question des règles dont les enfants ne conçoivent pas encore les motifs , et qui les rebutent, autant par la violence

que leur fait ce mode arbitraire, que par la sécheresse même du mode. Quant aux faits qui peuvent aussi fournir le texte de leçons, nous avons
déjà fait voir, par l'exemple indiqué au nombre
des moyens de former le jugement, comment ils
doivent être également présentés, et nous avons
ajouté qu'il faut, autant que possible, les choisir
dans les incidents de la vie des élèves eux-mêmes.
Dans tous les cas on doit les prendre dans des sujets capables de les intéresser.

Lorsqu'ils sont ainsi en face des objets ou des
faits, on les leur fait bien considérer sous autant
de rapports que le permet leur intelligence, et on
les conduit peu à peu, non-seulement à indiquer
eux-mêmes ces divers rapports d'une manière isolée, mais encore à les comparer entre eux ou
avec d'autres notions antérieures, à les grouper en
classes d'après leurs ressemblances ou leurs dis-
semblances, puis à tirer du tout des conclusions,
d'après ce qu'ils ont eux-mêmes expérimenté,
conclusions qui deviennent pour eux les véritables
règles de la science ou *de l'art* qu'ils étudient, règles vivantes et entièrement légitimes à leurs yeux,
puisqu'ils les ont tirées eux-mêmes des entrailles
du sujet, et qu'elles ne leur ont pas été imposées
préalablement à tout moyen de conception et de
conviction.

Pour compléter enfin cette partie d'un tel mode

d'acquisition des connaissances, et surtout pour en bien confirmer les effets, il est encore très-utile de faire, autant que possible, *exécuter* les *faits* et les *objets* de l'enseignement par les élèves; et c'est cette considération importante qui nous a fait conseiller, dans notre chapitre préliminaire, d'établir de petits ateliers dans chaque école, indépendamment des bons résultats, physiques et moraux, qui doivent être produits par l'introduction du travail manuel, comme une des bases fondamentales de toute véritable bonne éducation.

L'ensemble du système dont nous venons de présenter l'esquisse a reçu divers noms, suivant le point de vue principal sous lequel on l'envisageait.

S'arrêtait-on à cette circonstance qui consiste à *faire voir* aux élèves les objets d'étude, avant de leur parler des règles abstraites, on l'a appelé le système de l'*intuition*, mot tiré du latin et qui signifie l'*action de regarder dans un objet*. Ce mot est surtout employé dans le langage pédagogique de la Suisse et de l'Allemagne.

Considère-t-on l'acte qui consiste à présenter ainsi d'abord un objet *dans son ensemble*, pour en faire ensuite *décomposer* les éléments, on l'appelle le système de l'*analyse*, mot tiré du grec, qui signifie *décomposition*, et qui est surtout usité dans la langue philosophique française, depuis que

Condillac a fait voir tous les avantages de cette manière de procéder pour les fondements de la science en général.

Enfin, si l'on s'attache principalement à l'idée que, dans ce mode, on fait exécuter cette analyse par *l'élève lui-même*, au lieu de lui imposer celle que son maître ou les auteurs ont faite d'avance, on donne au même système le nom d'*autodidaxie*, également tiré du grec, et qui veut dire *action d'apprendre par soi-même*. Ce mot a été introduit par M. Kinker, savant belge, chargé en 1824, par le roi des Pays-Bas, de faire un rapport sur la méthode de Jacotot, laquelle porte plus spécialement ce caractère (1).

---

(1) Il est impossible, dans un ouvrage comme celui-ci, de ne pas donner une mention particulière au système de M. Jacotot, dont l'apparition fit tant de bruit il y a quelques années.

Ce système, comme tous ceux qui ont quelque chose d'insolite, soit dans la forme, soit dans le fond, fut, à notre avis, trop aveuglément exalté, d'une part, et beaucoup trop décrié de l'autre. Ses partisans exagérés n'hésitèrent pas à voir dans chaque parole du *maître* un *article de foi*, dont il n'était pas permis de douter, et qu'il ne fallait pas même se permettre d'interpréter. Ses détracteurs exagérés, à leur tour, ne virent, dans toutes les propositions du novateur, que des hérésies monstrueuses, ou des folies sans nom ; et quand ils furent forcés d'y reconnaître la trace de quelques bons principes, ils lui en contestèrent le juste emploi, ou bien se rabattirent sur l'objection banale que ces principes n'étaient pas de son invention, sans examiner s'il ne leur avait pas donné une force nouvelle

Les moyens que nous venons d'indiquer, pour

par de nouvelles combinaisons qui n'appartenaient vraiment qu'à lui. Pour nous, qui pensons que le fanatisme est nuisible en toutes choses, mais qui croyons aussi que la nouveauté et même la bizarrerie d'exposition d'une doctrine ne sont pas des motifs légitimes pour exclure ce qu'elle peut avoir de bon, nous allons dire, aussi explicitement que peut le comporter une simple note, ce que nous pensons, en bien et en mal, de celle dont il s'agit.

Nous distinguerons, dans les idées de M. Jacotot, trois choses bien distinctes : 1º les *opinions* qui nous semblent étrangères aux *principes fondamentaux* de la méthode, mais que l'auteur a cru devoir invoquer à l'appui de ses principes; 2º les principes fondamentaux eux-mêmes; 3º certains *procédés particuliers* qui peuvent, dans certains cas, servir d'auxiliaires à la mise en valeur de ces principes, mais qui n'y sont pas tellement identifiés qu'on ne puisse, dans d'autres cas, les modifier, ou même en substituer d'autres.

Passons rapidement en revue ces trois séries.

Les *opinions* sont aussi au nombre de trois principales, dont l'une est, à nos yeux, complétement fausse, et dont les deux autres nous semblent mal définies et exagérées dans leur application.

Celle que nous croyons complétement fausse a rapport au prétendu principe de l'*égalité des intelligences,* dont M. Jacotot soutient l'affirmative, comme un moyen d'encouragement général à l'étude. L'étendue d'une note ne nous permettant pas de discuter ici une question susceptible de tant de développements, nous renvoyons, pour la réfutation de l'opinion dont il s'agit, à la lettre de M. le duc de Lewis, insérée dans une brochure de M. Boutmy, publiée en 1829, chez M. Perne, rue Thérèse, nº 4, ainsi qu'à la brochure de M. Rey, l'un de nous, publiée, sur la méthode Jacotot, en général, la même année, chez Prudhomme, libraire-éditeur à Grenoble et à Paris. On verra surtout, dans ce dernier écrit, non-seulement que le principe est faux en fait,

la manière de présenter les objets d'enseignement,

mais encore qu'il est *inutile* et même *nuisible* sous le rapport qui l'a fait admettre par M. Jacotot.

Une des autres opinions favorables de l'auteur, qu'il donne comme une conséquence inévitable de l'axiome obscur, *tout est dans tout*, est qu'il est indifférent d'avoir un livre plutôt qu'un autre pour texte d'un point de départ de toute étude, puisque, dans tout livre un peu étendu, on trouve *un peu de tout*, et qu'il y a par conséquent, dans son contenu, un germe de comparaison avec tout ce qu'on pourra trouver ailleurs par la suite. Nous disons qu'il y a là une idée principale mal définie, et ensuite qu'on en a tiré des conséquences exagérées. D'abord l'axiome, *tout est dans tout*, ne serait qu'un non-sens, si l'on voulait rester attaché à la signification stricte de chacun de ses mots; car, bien certainement, une chose *entière* n'est pas contenue dans une simple *partie* de cette chose. Mais voici la seule acception raisonnable qu'on puisse lui donner, c'est que *tout se lie dans la nature*, les phénomènes du monde formant comme une vaste chaîne, dont le premier anneau touche au dernier par l'intermédiaire de ceux qui sont entre eux. Or, d'après cette notion, qui n'a plus le sens énigmatique auquel semblent se complaire les aveugles partisans de M. Jacotot, il est évident qu'il n'est pas indifférent de commencer une étude quelconque sur le premier texte venu, ni de la continuer sans un certain ordre, ce que nous croyons bien établi dans la suite de cette même section. Nous avons donc bien raison de dire que cette opinion porte à la fois sur des expressions mal définies, et sur une exagération dans ce qu'elles ont de juste à certains égards.

M. Jacotot pense en outre que, pour bien appliquer sa méthode, il n'est besoin d'*aucune connaissance* de l'objet qu'on veut enseigner, ni même d'aucune science en général. Le bon côté de cette opinion porte sur le vif désir d'étendre les moyens d'instruction des masses, et il faut convenir qu'une foule de faits prouvent qu'on peut réellement, par les procédés de M. Jacotot, mettre *jusqu'à un certain point* un élève dans le cas d'apprendre

renferment déjà une partie des principes les plus

ce dont on ne possédait *presque aucunement* les principes, avant
d'intervenir auprès de l'élève. Mais ce que cette opinion a d'ab-
solu est certainement non fondé ; car, et d'abord, il faut avoir
en général un esprit cultivé et beaucoup de sagacité et de jugement pour pouvoir faire à propos les questions que la méthode
exige de la part de la personne enseignante ; et, de plus, on
pourra conduire l'élève à se contenter de contre-sens, ou à laisser
des lacunes dans ses analyses, si l'on n'a pas, sur l'objet même
dont il s'agit, assez de notions au moins pour reconnaître ces
contre-sens ou ces lacunes. Au surplus, outre le motif louable
que nous avons indiqué ci-dessus, nous croyons que M. Jacotot
aura été mû, en présentant l'ignorance comme une condition
favorable pour l'application de sa méthode, par une sorte d'ani-
madversion involontaire contre les savants, en général, qu'il
avait presque tous trouvés opposés à ses principes.

Après avoir fait une ample part à la critique sur les simples
opinions de M. Jacotot, nous croyons remplir un égal devoir
de conscience, en déclarant que nous adoptons sans réserve tous
les principes *fondamentaux* dont il a groupé l'emploi dans l'ensemble de sa méthode. Ces principes, dont nous avons nous-
mêmes fait voir les motifs dans les pages qui précèdent, sont :
1o qu'il faut toujours partir de l'observation des faits, et non
des abstractions de la science, pour *commencer* l'instruction ;
2o qu'il faut aussi faire *commencer* l'étude par voie d'analyse,
au lieu de la synthèse, ce qui est, jusqu'à un certain point, la
reproduction du premier principe : 3o qu'il faut, autant que
possible, faire trouver par les élèves les rapports des faits qu'on
leur présente, au lieu de leur imposer ses propres idées, ou de
leur en accorder la manifestation sans qu'ils fassent eux-mêmes
aucun effort pour les trouver. Or, si ces principes, qui sont maintenant adoptés par une foule d'auteurs pédagogiques, sont bien
les véritables, nous ne voyons pas pourquoi on les repousserait
chez M. Jacotot, uniquement parce qu'il a pu leur donner quelquefois une expression singulière, ou parce qu'il a joint à leur

propres à la bonne direction des élèves dans le cours de leur instruction; mais il est un autre principe, tout particulier, dont l'application est également indispensable pour assurer leur marche, et dont nous devons faire ici une notion spéciale.

L'instruction doit toujours être *progressive*, c'est-à-dire suivre pas à pas les divers degrés des forces de l'élève. Il faut toujours commencer avec lui par les idées qui lui sont familières, pour le faire arriver de ce point à d'autres connaissances.

énoncé d'autres idées qu'on aurait en effet droit de repousser.

Enfin, pour terminer au plus tôt cette note, déjà si longue, nous dirons que nous ne croyons pas que tous les procédés particuliers, choisis par M. Jacotot, quoique généralement avec une grande sagacité, soient toujours indispensables, dans leur forme stricte, pour l'application des vrais principes adoptés par lui comme par nous. Nous pensons, de plus, que le mode général de tout faire apprendre au moyen du commentaire d'*un livre* n'est bon que pour les sciences d'*expression par le langage*, parce qu'un livre est bien réellement *un fait* de ce genre; mais c'est aller précisément contre le premier principe ci-dessus, que d'enseigner *la physique*, par exemple, au moyen d'un *livre élémentaire de physique*; car *un livre* de physique n'est pas *un fait* de physique. C'est par l'*observation des phénomènes* mêmes qu'il faut vraiment *commencer* l'étude de cette science, dont les livres élémentaires ne doivent être que des moyens ultérieurs de vérification ou de résumé; de même que les grammaires de langues ne doivent aussi venir qu'en dernier lieu, ainsi que l'a si bien prouvé M. Jacotot. Au reste, notre idée actuelle sur ce dernier point s'expliquera plus amplement par la manière dont nous traiterons toutes les parties des sciences physiques qui doivent entrer dans le second volume de cet ouvrage.

C'est ce qu'on appelle aller du *connu à l'inconnu.* On doit avoir grand soin de ne pas chercher à aller trop vite dans cette marche ; ce serait le moyen de ne pas aller longtemps, ou de ne marcher jamais que d'une manière défectueuse. L'essentiel est de bien s'assurer sur chaque degré qu'on veut franchir, et rien n'est plus facile alors que de monter au degré supérieur. On peut faciliter beaucoup le passage d'une notion à une autre, en se servant des *analogies* (c'est-à-dire des rapprochements dans les rapports de ressemblance) qui existent entre certains objets, de telle sorte que l'idée de l'un nous conduit naturellement à la conception de l'autre. Tout se lie en effet dans la nature, comme nous en avons déjà fait l'observation; tous les objets et tous les phénomènes de l'univers forment comme une vaste chaîne, dont le premier anneau communique au dernier, par l'intermédiaire de tous ceux qui se trouvent entre les deux anneaux extrêmes. Il importe donc de mettre à profit cette loi de la liaison générale des êtres et des faits, pour faire passer successivement l'élève de la connaissance d'un être ou d'un fait de tel ou tel ordre à celle de l'être ou du fait qui s'en rapproche le plus.

Indépendamment des moyens fondamentaux dont nous venons de donner une idée, et sans lesquels il ne saurait y avoir de vrai progrès dans l'instruction, il en est quelques autres qui leur servent d'auxiliaires, dont l'importance ne saurait encore être mise en doute, quoique souvent on l'ait exagérée; et c'est ici que nous allons toucher à ces procédés particuliers qui , en s'emparant trop exclusivement du nom de *méthode* , puisqu'ils ne sont que des fragments de la méthode en général , ont fait repousser d'une manière trop absolue tout ce qui était présenté sous cette dénomination.

Au premier rang de ces procédés nous placerons tous ceux qui ont pour objet de développer convenablement la *mémoire* des enfants, cette faculté indispensable à toute acquisition de connaissances , mais sur laquelle il a été fait plus d'une méprise, ce qui nous obligera à présenter sur ce point quelques observations préliminaires.

Certes , dans l'ancien système des études , on accordait beaucoup trop aux exercices de la mémoire et pas assez à la culture du jugement; mais, dès que ce vice eut été signalé, on tomba bientôt dans un autre extrême, en tenant trop peu de compte du pouvoir de cette première faculté. Il est cependant facile de se convaincre que, sans son intervention , il serait impossible de cultiver la seconde. En effet, sur quoi pourrait agir le jugement si la mémoire était vide de notions, et que deviendront les résultats du jugement s'ils ne restent dans la mémoire ? Cette dernière n'est-elle pas le réservoir général des idées de toute espèce? Il faut donc dire que la culture de ces deux facultés *doit marcher de front*, puisqu'elles se prêtent un secours mutuel, l'une fournissant les matériaux de l'autre, et celle-ci éclairant les opérations de la première.

Mais, pour qu'on obtienne un résultat vraiment utile à cet égard, il ne faut pas se borner à l'usage d'une simple mémoire de mots. Il y a deux sortes de mémoires : l'une des objets mêmes, et l'autre des signes d'objets seulement. La première, il est vrai, est singulièrement facilitée par la seconde, mais celle-ci n'a de véritable valeur que par la première, puisqu'elle ne serait sans elle que la science d'un perroquet.

Tout procédé relatif à l'exercice de la mémoire doit avoir pour but de la rendre *facile*, *permanente* et *exacte* : facile, pour l'avoir promptement à son usage; permanente, pour que le secours en soit durable; exacte, pour que ses résultats ne conduisent pas à l'erreur. Nous ne pouvons établir une discussion sur cette foule de moyens particuliers, plus ou moins recommandés par leurs auteurs, et qui tous peuvent se réduire à l'emploi, plus ou moins bien entendu, des deux leviers les plus propres à mettre en jeu la mémoire. Le premier se rapporte à la faculté *d'association* ou *liai-*

son des idées, d'après laquelle certaines idées actuelles nous en rappellent nécessairement d'autres. On voit qu'ici le principe des *analogies* doit encore jouer un grand rôle. Ce genre d'association est bien préférable à celles qui ne viennent que du hasard, et à celles qui sont fondées sur *des bizarreries* de formes ou d'idées, parce que seule elle appelle le secours d'une intelligence sérieuse au secours du souvenir. L'autre levier principal de la mémoire, dont les résultats sont étonnants lorsqu'on sait bien en faire usage, est fondé sur la facilité que la *fréquente répétition des actes* peut donner à nos perceptions, comme à tous nos mouvements. Mais c'est ici qu'il faut éviter de rester dans l'exercice purement mécanique. Beaucoup de maîtres, frappés de la facilité avec laquelle certains enfants répètent par cœur leurs leçons, s'imaginent que cela suffit pour apprendre le fond des phrases qu'ils récitent. Il n'en est pas ainsi : il faut que l'élève sache non-seulement les mots, mais encore le sens de ces mots, seul moyen de lui faire vraiment *savoir* ce qu'il dit, et d'élever la faculté du souvenir au degré de l'être rationnel. Nous ne pouvons non plus entrer dans l'exposition des règles particulières, propres à faire obtenir les effets que nous venons de recommander; mais les règles générales que nous avons posées suffiront à un maître intelligent pour lui faire trouver les moyens spéciaux de les mettre en pratique , selon les divers besoins de l'instruction.

Une autre série de moyens, encore auxiliaires des principes fondamentaux de la méthode, consiste dans l'emploi des bonnes *classifications* des objets d'études. On conçoit que l'ordre dans lequel sont présentées les différentes parties d'un sujet ne peut être indifférent à leur compréhension. Si l'arrangement n'en est pas convenable, s'il y règne de la confusion, ou de l'obscurité, ou des lacunes, l'esprit ne saisira pas nettement les idées, et peut-être ne les concevra-t-il pas du tout, parce qu'il sera rebuté par le désordre, ou arrêté par l'insuffisance des données. Une disposition régulière, claire et aussi complète que le comporte le degré de force de l'élève sera donc indispensable. Parmi les divers moyens de faire ces classifications se distingue surtout celui des *tableaux synoptiques*. Un tableau *synoptique* est celui qui peut être embrassé *tout d'un coup*, et qui a généralement pour objet d'offrir le développement d'un système suivant l'ordre naturel de ses éléments. Nous allons encore emprunter un passage de M. Degérando (1) pour faire voir tous les avantages qu'un tel moyen peut offrir à l'intelligence.

« Vous apercevrez maintenant l'utilité de ces

(1) Voyez l'ouvrage plusieurs fois cité , pages 186 à 189.

tableaux synoptiques qui vous sont si justement recommandés pour l'enseignement. Ils sont, en effet, l'instrument naturel de l'analyse ; ils servent à en remplir les conditions, du moins lorsqu'ils sont bien exécutés. Le tableau synoptique met sous les yeux de l'élève *l'ensemble* du sujet et *les diverses parties ;* il offre donc à l'élève, sous une forme sensible, le modèle de l'image de l'opération que l'analyse doit accomplir. L'élève y trouve, et son point de départ, et le terme de son travail. Il apprend à détacher chaque fragment, à lui assigner sa vraie place, à le mettre en regard de ceux qui peuvent l'éclairer par l'analogie ou par le contraste, à suivre l'enchaînement des détails, à en résumer le faisceau. L'analyse enseigne l'art de dresser ces tableaux et celui d'en faire usage. Vous en trouverez d'utiles exemples dans divers auteurs, et spécialement dans l'abbé Gaultier ; mais il faut aussi vous exercer à en concevoir, à en composer vous-même dans l'occasion et suivant les besoins de votre enseignement. Il faut même essayer quelquefois de les faire exécuter par vos élèves ; rien ne les accoutumera mieux à décomposer, à combiner leurs idées, que de représenter ainsi sur un tableau ce qu'ils ont dû faire pour y parvenir.

» La science, à le bien prendre, ne formerait que le sujet d'un seul et immense tableau synoptique ; car tout se tient dans l'univers. Le système général des lois de la nature, la classification des êtres, ne forment qu'un majestueux ensemble, au sommet duquel siége l'auteur de toutes choses. L'étude de l'homme détache de ce vaste tableau la portion dont il a besoin de prendre une connaissance particulière; mais cette portion, à son tour, forme aussi un tableau coordonné, qui peut se représenter en se résumant dans une image sensible. Il résulte de là qu'il y a divers degrés de tableaux synoptiques, subordonnés les uns aux autres, depuis celui qui rassemble dans un centre commun tous les PRINCIPAUX RÉSULTATS d'une branche d'étude, jusqu'à ceux qui descendent aux *dernières ramifications.* Il y a des tableaux *parallèles,* des tableaux *superposés.* L'instituteur habile dispose de chacun suivant le besoin, il attend le moment propice pour le produire.

» Quelques-uns de ces tableaux représentent la SIMPLE CLASSIFICATION des êtres. Le GENRE se présente alors comme un tronc duquel sortent les *espèces ;* de celles-ci sortent les *familles ;* le tableau rend sensible cette filiation, indique les caractères sur lesquels elle repose, la nomenclature qui l'exprime.

» D'autres représentent les RELATIONS DES PARTIES AVEC LE TOUT ; c'est ainsi, par exemple, qu'un tableau synoptique peut énumérer les divers organes du corps humain, qu'une carte géographique montre la situation respective des provinces, des villes, le cours des fleuves, le gisement des montagnes.

» Quelquefois un tableau synoptique déroule la *série des conséquences* qui *naissent d'un principe;* il met alors un raisonnement en action.

» D'autres fois il expose l'*ordre suivant lequel certaines opérations s'exécutent*, et la manière *dont elles s'engendrent les unes les autres;* tels sont, par exemple, ceux que l'on emploie pour l'enseignement de la grammaire.

» Lorsque vous mettez un tableau synoptique entre les mains de l'enfant, ayez garde de le lui laisser toujours parcourir *dans le même sens;* faites au contraire qu'il le tourne, le retourne, qu'il le prenne tantôt par un bout, tantôt par un autre. Qu'il essaye même de le changer ; il s'apercevra bien vite qu'un nuage obscur s'élève par suite de ce changement, que les relations des parties se dessinent moins clairement, et il pénétrera mieux l'art secret qui préside à cette distribution. Ayez garde aussi de laisser *constamment* vos tableaux *exposés sous les yeux de l'enfant,* réservez-les pour le moment du besoin, faites-les désirer, qu'ils se gravent dans la pensée quand ils ont été vus. Autrement la paresse de l'esprit pourrait y trouver une faveur dangereuse ; l'élève négligerait d'exécuter par la pensée une opération qu'il trouverait toute faite. »

Après cette nouvelle citation sur un point qu'il nous eût été impossible de mieux traiter, passons à une autre partie des conditions générales de la méthode, toujours quant à notre but spécial.

Si nous ne devions considérer cette question que sous le rapport du *mode de présentation des objets d'étude* à l'esprit des élèves, et des moyens directs de leur en faire bien saisir la conception, nous aurions à peu près rempli notre tâche; mais cette question offre un autre point de vue, bien essentiel encore, celui du *nombre des élèves par rapport à l'action plus ou moins efficace du maître sur eux*, point de vue qui intéresse, d'un côté, le degré de perfection des études, et, de l'autre, la possibilité plus ou moins grande de donner à un plus grand nombre d'enfants le bienfait de l'éducation.

Jusqu'à présent il a été fait usage de trois modes principaux pour la distribution des élèves par rapport à l'action du maître, et quiconque s'est occupé d'enseignement primaire comprendra que nous voulons parler des modes *individuel*, *simultané*, *mutuel*. Cependant, peu de personnes ayant vraiment approfondi ce sujet, tandis que de malheureux motifs de parti ont fait tour à tour prôner exclusivement l'un ou l'autre de ces modes, au détriment de celui qu'on lui croyait essentiellement opposé, il nous semble utile, d'abord d'indiquer avec précision les caractères respectifs de chacun d'eux, en signalant leurs avantages et leurs inconvénients respectifs, ensuite de rechercher s'il n'y aurait pas un moyen d'en combiner les effets, de telle sorte que, bannissant toute vue injustement exclusive, on parvînt à fondre et à harmoniser ce qu'il y a de bon dans tous, afin d'en former un ensemble qui produirait une somme bien plus forte d'heureux résultats, qu'en opposant, sans véritable raison, système à système, efforts à efforts.

On a rangé sous trois classes principales, comme nous venons de l'annoncer, les diverses manières de distribuer les élèves d'une école, eu égard à leur nombre, et d'après le degré d'action que le maître peut exercer sur eux en proportion de ce nombre.

La première, qu'on appelle méthode INDIVI-DUELLE, prise dans son application la plus extrême, serait celle que nous représente l'*Emile*, où l'instituteur n'a qu'*un seul élève* auquel il se voue tout entier; mais, dans les écoles ordinaires, ce n'est pas ainsi qu'on entend cette méthode, car on y reçoit toujours un certain nombre d'élèves, et sur lesquels on n'exerce qu'une influence assez limitée. Cependant, ce qui lui a fait donner, encore en ce cas, le nom d'*individuelle*, c'est que chaque élève y reçoit *individuellement*, c'est-à-dire séparément, les leçons de l'instituteur, qui va successivement de l'un à l'autre, pour donner à chacun sa tâche ou la corriger, mais sans imprimer à tous une direction commune.

Dans la seconde méthode, au contraire, celle dite SIMULTANÉE, l'instituteur dirige *en même temps* un certain nombre d'élèves. Il s'adresse *à tous à la fois*, et tous, au besoin, agissent *ensemble* pour recueillir l'enseignement. Le type pur de cet enseignement ne réside pas, comme on le pense communément, dans le mode des *écoles chrétiennes*, puisqu'on y trouve une partie du mode *individuel*, et même un peu du principe de *mutuellisme*. En effet, dans ces écoles, le maître intervient souvent *à part* auprès de tel ou tel de ses élèves ; et, dans quelques autres cas, tel d'entre eux le seconde dans son action sur toute la classe. On ne trouve l'enseignement simultané sans mélange que dans ce qu'on nomme des *cours* sur les diverses sciences, car c'est là que le professeur s'adresse toujours A LA FOIS ET SANS INTERMÉDIAIRE à tout son auditoire. On pourrait aussi, en prenant les mots dans toute leur extension, considérer les représentations théâtrales comme de véritables écoles SIMULTANÉES, puisque c'est bien dans ce mode que l'auteur du drame s'adresse à tous les spectateurs, pour parler à leur esprit, à leur cœur, à leurs sens. Nous faisons d'autant plus volontiers cette observation, qu'à notre avis on

pourrait tirer un grand parti de l'action dramati-
-que en éducation, par la méthode simultanée,
ainsi qu'on le voit dans les salles d'asile bien organisées.

Enfin, la troisième méthode d'enseignement,
toujours sous le rapport de la distribution des
élèves à l'égard du maître, est celle qu'on nomme
MUTUELLE, parce que les enfants s'enseignent MU-
TUELLEMENT, passant tour à tour du rôle d'écolier
aux fonctions de-sous-maître, selon qu'ils ont fait
plus de progrès dans la classe où chacun se trouve.
Au moyen de ces aides, le maître peut se multi-
plier beaucoup, car il n'a besoin que d'un coup
d'œil général et de quelques tournées particulières,
pour que les leçons se fassent à un très-grand
nombre d'élèves. On pourrait donc aussi, sous ce
rapport, appeler ce moyen la méthode DÉLÉGA-
TIVE, les moniteurs étant de véritables délégués
du maître principal. Nous faisons aussi remarquer, à dessein, cette particularité du mode appelé plus particulièrement *mutuel*, parce qu'elle
doit plus tard servir de base à quelques réflexions.
Il résulte en outre des divers traits de cette méthode, qu'elle n'offre pas un genre *entièrement* à
part, telle qu'on la pratique partout, puisque,
d'un côté, le maître y agit souvent d'une manière
individuelle sur ses élèves, et puisque, d'autre
part, *l'ensemble* de l'action rentre absolument dans

le mode *simultané*. Je fais encore cette remarque pour servir de base à quelques déductions que nous aurons à tirer des caractères spéciaux de chacune des méthodes dont il s'agit.

Après avoir bien précisé les caractères de chacun des modes d'enseignement qui nous occupe, nous allons voir quels peuvent en être les avantages et les inconvénients respectifs.

Le mode INDIVIDUEL a plusieurs avantages précieux, même lorsqu'il s'applique à plusieurs enfants, pourvu que leur nombre ne soit pas considérable. C'est par lui seul que l'instituteur peut s'arrêter assez sur chaque élève pour étudier ses penchants, ses dispositions, sa vocation, ainsi que les circonstances particulières qui peuvent agir sur lui. C'est aussi par ce mode seul qu'il peut adapter à chacun les moyens convenables de direction. C'est surtout pour la formation du cœur et du jugement que ces avantages sont inappréciables, car c'est ainsi seulement qu'on peut pénétrer dans chaque individualité, et exercer sur elle toute sa puissance. Cependant, d'un autre côté, son usage exclusif est sujet à une foule d'objections : d'abord à celle de l'impossibilité, si on devait l'appliquer dans toute son étendue, comme dans l'*Emile*, puisqu'il faudrait un instituteur pour chaque enfant, en sorte que la moitié du genre humain serait exclusivement employée à élever l'autre. En second lieu, l'isolement de chaque élève le rendrait insociable et bizarre, en même temps qu'il le priverait des moyens d'entraînement vers l'étude qui résultent du mouvement sympathique de plusieurs individus rassemblés. Enfin, comme il faut, dans l'état actuel des sciences, un matériel considérable pour en produire utilement les objets aux yeux des élèves, il faudrait des dépenses immenses pour chaque famille, ce qui rendrait encore l'exécution impossible. Mais, en restreignant même la méthode individuelle, comme on le fait dans certaines écoles, on y retrouvera toujours au moins une partie des mêmes inconvénients. D'abord, le nombre des élèves qu'un maître peut diriger ainsi est très-borné, puisqu'il doit sans cesse aller de l'un à l'autre ; ensuite leur direction reste très-imparfaite, puisque, lorsqu'il se trouve auprès de l'un, les autres restent abandonnés à eux-mêmes. Enfin, quoique l'isolement des élèves ne soit pas entier, il y existe encore une absence de communion morale et intellectuelle qui paralyse grandement les effets sympathiques.

Le mode SIMULTANÉ, sous tous ces derniers rapports, a un avantage marqué sur l'enseignement individuel. Il permet à un seul maître de diriger un nombre assez considérable d'enfants, puisqu'il s'adresse en même temps à tous ceux qui sont en sa présence. Cette simultanéité favorise d'ailleurs l'esprit d'entraînement des élèves, puisqu'ils éprouvent ainsi une partie des mêmes impressions. En outre, l'harmonie et la concurrence de leurs efforts, contribuant à entretenir parmi eux l'ordre et l'émulation tout à la fois, diminuent la nécessité d'intervenir constamment auprès de chacun en particulier pour le surveiller et le stimuler. Toutefois ces avantages sont aussi mêlés de quelques inconvénients. Le nombre d'enfants qu'un seul instituteur peut ainsi faire travailler avec fruit ne peut être bien considérable, et ce n'est pas encore là qu'est la solution complète de l'enseignement le plus général. En outre, si la classe est un peu nombreuse, tous les élèves ne pouvant être au même degré d'avancement, les plus faibles restent en arrière, tandis que les plus forts sont obligés de s'arrêter dans leurs progrès. Enfin, dans ce mode, lorsqu'il est seul employé, l'appréciation *individuelle* est très-imparfaite sous le rapport des vocations, de la capacité, ainsi que des moyens de développement intellectuel et effectif.

Quant au mode MUTUEL, il a été tour à tour l'objet de bien des éloges et de bien des attaques; mais nous doutons qu'on ait généralement apprécié à leur juste valeur et ses avantages et ses inconvénients.

Parmi ses avantages, la plupart de ses partisans

n'ont été frappés que de la facilité donnée par ce moyen à un seul maître de conduire un plus grand nombre encore d'élèves que dans le mode simultané. Certes ce résultat a un très-grand prix, mais il n'est pas le seul, et en voici d'autres qui ont été moins remarqués :

1° La participation des élèves aux fonctions de l'école peut, dans des mains habiles, devenir une excellente préparation aux fonctions de la vie publique, ainsi qu'aux habitudes hiérarchiques de l'ordre social. Sous ce dernier rapport, l'échange continuel du rôle de supérieur et de subordonné serait très-propre à dépouiller le commandement de la tendance au despotisme, et l'obéissance de tout caractère de servilité;

2° Sous le rapport même de l'instruction, on sait que rien ne s'apprend mieux que ce qu'on enseigne aux autres. Outre le besoin qu'on éprouve alors de bien savoir, pour pouvoir bien démontrer, on se sent ainsi conduit à pénétrer au fond des choses. Je sais que, dans les écoles basées sur ce mode, on ne s'est encore guère aperçu de ce résultat, mais un maître intelligent et rationnel pourrait l'amener très-facilement;

3° Mais le plus grand avantage qu'on pourrait retirer de la méthode mutuelle consiste dans un résultat moral de la plus haute importance. Quand on aura profondément introduit dans tous les degrés de l'éducation les principes de *bienveillance mutuelle*, sans lesquels toute *véritable morale* est *impossible;* lorsqu'on sera parvenu à faire considérer tous les élèves entre eux comme de véritables frères, dont le plus instruit ne doit se regarder que comme un frère aîné, heureux d'être plus fort pour pouvoir tendre la main à son jeune frère, et non pour le mépriser et le vexer, alors un tel mode d'enseignement sera l'un des plus puissants auxiliaires du grand principe fondamental, non-seulement de toute bonne éducation, mais encore de tout système social qu'on voudra établir sur la base toute-puissante des sentiments harmoniques.

Tels sont, à nos yeux, les avantages incontestables de l'enseignement mutuel; mais on ne peut se dissimuler, d'un autre côté, qu'il entraîne avec lui un inconvénient très-grave, surtout quand on veut le pousser à l'extrême, celui de rendre à peu près nulle l'intervention *individuelle* du maître auprès de chaque élève, et par conséquent nulle aussi de sa part l'appréciation des vocations, des dispositions, et même du véritable degré d'avancement de chacun d'eux. Un maître eût-il les moniteurs les plus instruits, il est impossible qu'ils le remplacent exactement sous ces rapports. Et puis, cette interposition presque absolue de personnes brise entre les maîtres et les élèves le lien de sympathie qui devrait toujours les unir; elle éloigne d'eux cette chaleur de sentiment qui ne peut résulter que du rapprochement immédiat des hommes. Aucun véritable attachement ne peut s'établir entre eux, puisqu'ils se connaissent à peine. Aussi la plupart des écoles d'enseignement mutuel ressemblent-elles à de véritables machines, qui se meuvent avec assez d'ordre sous l'impulsion d'un premier moteur, mais qui sont privées de toute autre animation que celle du mouvement mécanique. C'est surtout pour la direction morale et intellectuelle que se fait sentir cette sécheresse d'action, cette froideur antivitale.

Nous venons de démontrer, avec le plus d'exactitude possible, ce que chacun des modes comparés présente d'avantages, mais aussi d'inconvénients, lorsqu'on veut l'appliquer d'une manière *absolue*, et l'on aura déjà conclu avec nous que le seul parti sage serait, non d'exclure tel ou tel d'entre eux, puisque chacun a un certain nombre d'avantages que rien ne remplace chez les autres, mais qu'on doit faire tous les efforts pour trouver une combinaison, qui donne valeur aux éléments favorables, en diminuant autant que possible les inconvénients qui peuvent se rattacher à chaque système. Or voici comment nous pensons que le problème pourrait être résolu :

Quant au *matériel* de l'établissement, nous croyons que le local des classes devrait être à peu près disposé comme dans les écoles d'enseignement mutuel, puisque ce mode serait conservé dans notre système, et parce que cette disposition nous semble supérieure aux autres sous le rapport hygiénique. Mais, indépendamment de la salle *unique* dont la plupart de ces écoles sont actuellement composées, nous voudrions une *petite* salle, à peu près disposée comme la grande, pour servir à l'enseignement *simultané* dont nous allons indiquer les moyens d'introduction, ainsi que pour l'instruction particulière des moniteurs. Cette petite salle, partout où l'on ne pourrait y consacrer une pièce particulière, pourrait s'établir à peu de frais, moyennant une cloison en briques placée à l'extrémité des salles actuelles, qui sont généralement très-spacieuses. Il est bien entendu que, dans les écoles dont les élèves seraient assez peu nombreux pour qu'on pût les conduire tous à la fois par la méthode simultanée, comme dans la plupart des communes rurales, il n'y aurait pas besoin de deux salles, les deux classes, simultanée et mutuelle, pouvant se faire alternativement dans la même pièce.

Après cet aperçu des modifications locales à faire aux établissements actuels, voyons ce qui devrait concerner le personnel des établissements ainsi modifiés.

Premièrement, il faudrait renoncer à toute

exagération du nombre des élèves. Si vous ne voulez avoir que des machines à lire, écrire et compter, encore très-imparfaitement, forcez ce nombre tant que vous voudrez ; mais si vous voulez des hommes convenablement instruits, dont l'intelligence et le cœur soient bien formés , ne dépassez pas un certain nombre, afin que le maître puisse convenablement embrasser toute sa classe d'un coup d'œil, et pour qu'il puisse aussi intervenir convenablement auprès de chaque enfant, dans certains moments. Pour nous , si nous étions instituteurs et *maîtres de toutes les circonstances*, nous n'irions pas au delà d'une centaine d'élèves, même par le mode mutuel. Cependant, vu les difficultés actuelles pour la multiplication des écoles , nous croyons qu'on peut conduire passablement deux cents enfants, mais seulement avec les modifications que nous proposons.

Secondement, afin que le maître soit entièrement libre pour les fonctions particulières dont nous allons parler , et sur lesquelles repose tout le perfectionnement du système, il faudrait absolument que, dans toute école où le nombre des élèves ne permettrait pas de faire une seule classe simultanée, il y eût un *sous-maître*, capable de bien suppléer le maître dans la tenue générale de la classe mutuelle, lorsque celui-ci serait occupé d'une autre manière. C'est là *le point capital*, car le maître principal ne peut absolument entrer dans aucun détail fructueux, tant qu'il est absorbé par le mécanisme d'ensemble.

Troisièmement, il faudrait établir en outre quelques moniteurs *divisionnaires*, pris parmi les élèves les plus distingués, afin d'aider le maître et le sous-maître dans la surveillance des moniteurs particuliers et de leurs élèves respectifs.

Le personnel ainsi réglé, le maître pourrait, chaque jour, pendant la moitié de chaque classe, s'absenter de la grande salle pour faire une leçon particulière à une division de quarante, cinquante ou soixante élèves, selon le nombre total, avec l'aide d'un des moniteurs *divisionnaires*, qui lui servirait de sous-maître et se formerait ainsi progressivement dans l'art d'enseigner. Cette leçon aurait lieu principalement par le mode *simultané*, mélangé, autant que possible, d'intervention *individuelle*. C'est dans cette classe que le maître observerait déjà mieux le caractère et les dispositions de chaque élève. C'est aussi là qu'un homme habile et expansif pourrait tirer le plus grand parti de l'action dramatique, ou oratoire, non de cette action factice et ampoulée de certains déclamateurs, mais de celle qui part du cœur et d'une intelligence élevée, et se manifeste par la puissance du regard, du geste, de la pose et de la voix. On ne saurait croire combien d'occasions se présentent à cet égard dans le cours des études ,'et il ne s'agit que de savoir profiter des nombreux incidents qui s'élèvent sans cesse, tant entre le maître et ses élèves, qu'entre les élèves eux-mêmes. Combien de choses passent aujourd'hui inaperçues dans toutes ces relations, et qui seraient d'excellents moyens de moraliser les enfants, ou de développer leur intelligence !

Le *maître*, en entrant dans la grande salle, après la classe particulière dont il vient d'être parlé, pouvant toujours se fier au *sous-maître* pour la tenue de l'ensemble, emploierait le reste de la classe mutuelle à visiter tous les bancs ou cercles, afin de voir comment les moniteurs remplissent leurs fonctions, et jusqu'à quel point les élèves répondent à leurs efforts. C'est là qu'il pourrait s'appesantir davantage sur les observations *individuelles*, qui seraient très-intéressantes, parce qu'elles seraient suivies et assez multipliées, ce qui est impossible avec le système actuel, même dans les écoles purement simultanées. Là serait le complément pratique de l'enseignement normal donné aux moniteurs, et la pierre de touche des enseignements intellectuels et moraux donnés à la généralité des élèves dans la classe simultanée. Il aurait aussi là un excellent moyen d'étudier les caractères de chaque enfant, ainsi que leurs diverses aptitudes.

Tels sont à peu près les moyens que nous proposerions pour combiner, autant que possible, les avantages propres à chacun des modes, aujourd'hui rivaux, et qui, loin de s'exclure alors, se prêteraient un appui mutuel. Ce qui nous donne à cet égard pleine confiance, c'est que nous ne proposons rien qui ne soit en quelque sorte sanctionné par l'expérience des *salles d'asile*, qui sont organisées sur un principe analogue, bien que sous des formes un peu différentes, quant au mélange des modes *simultané* et *mutuel*, et surtout quant aux moyens de développer sans cesse l'intelligence et le cœur des enfants. Dès lors on ne peut plus nous répondre par l'argument banal que l'amélioration est impossible; et puisque, dans le premier degré de l'éducation, le fait a prouvé tous les avantages d'une heureuse alliance entre des éléments qui n'avaient su jusqu'alors que se combattre, comment pourrait-on hésiter à transporter cette combinaison nouvelle dans les autres degrés d'éducation?

CONCLUSION

——————

En terminant ce volume, qui contient la partie fondamentale de notre travail, nous sentons le besoin de ramener un instant en arrière l'esprit du lecteur, pour lui faire voir que nous n'avons rien omis d'essentiel, et que, d'un autre côté, nous n'avons abordé aucune question qui ne fût bien indiquée par la nature du sujet. D'ailleurs cette sorte de résumé ne pourra que confirmer la conviction sur la bonté de nos principes, si nous sommes dans le vrai, et disposer d'autant mieux à apprécier l'objet spécial du second volume.

D'abord, dans l'introduction, nous nous sommes attachés à indiquer l'état actuel de nos idées sur les moyens de développer nos facultés pour l'éducation, et nous croyons avoir eu raison de conclure qu'on ne pourra jamais rendre ce développement harmonique, c'est-à-dire VRAIMENT SOCIAL, s'il n'embrasse rationnellement TOUTES LES PARTIES DE NOUS-MÊMES.

Nous avons ensuite examiné plusieurs questions importantes, sur la *part respective* que doivent prendre à l'éducation de leurs enfants *les deux chefs* naturels de la famille, sur celle qu'on doit donner à cet égard, soit au *foyer domestique*, soit aux *établissements publics*, enfin, *sur l'âge* auquel doit commencer l'éducation commune; et nous avons beaucoup insisté, sous ce dernier point de vue, sur l'importance, pour toutes les classes de la société, des petites écoles dites *salles d'asile*, qui seraient bien mieux nommées elles-mêmes *écoles primaires*, puisqu'on y reçoit des notions premières sur presque toutes les branches du savoir.

Passant à *la nature* et *au degré* d'instruction que doivent avoir les différentes classes de la société, dans l'ordre actuel, nous croyons avoir prouvé que si l'on doit, pour les classes pauvres, borner le *degré* de l'instruction, il ne doit pas en être ainsi quant à sa *nature*, qui doit être LA MÊME pour tous, parce qu'il est des notions qui ne peuvent, sans un grand préjudice, être ignorées de personne, et parce qu'il ne saurait y avoir trop de moyens de s'entendre entre tous les membres d'une même association. Puis, généralisant l'application de ces principes, dans toute l'étendue de leur acception, nous avons fait voir que les deux SEXES, ces deux grandes moitiés de la

famille humaine, devaient avoir aussi un développement intellectuel *similaire*, et qu'il ne pouvait également y avoir entre eux qu'une différence
dans la force des degrés de l'instruction.

Abordant ensuite le corps même de l'ouvrage,
nous avons jugé nécessaire de donner, avant tout,
des indications sur le *matériel* des écoles des
deux premiers degrés, article beaucoup plus important qu'on ne le pense peut-être, non-seulement sous le rapport de la santé des élèves, mais
encore sous celui de leurs facultés morales et
intellectuelles; car tout est lié dans l'organisation
humaine, et souvent une simple gêne physique,
ou l'absence de certains objets d'utilité scolastique peuvent nuire beaucoup au développement
de ces facultés, ou peut-être amener la pertur-
bation dans tout l'être. Nous avons cru devoir
terminer cette première partie en présentant des
données sur les *réglements intérieurs* des mêmes
écoles, c'est-à-dire sur tout ce qui concerne leur
tenue, objet qui est encore de la plus grande importance, car il ne peut y avoir d'ordre sans une
bonne tenue, laquelle tient elle-même à une foule
de dispositions de détail, qui doivent toutes concourir à la concilier avec les diverses conditions
du but qu'on se propose.

Dans la seconde partie, nous avons consacré
un premier paragraphe à des considérations gé-

nérales sur la *pédagogie*, ou art d'élever la jeunesse. Après avoir déploré la défaveur d'opinion qui poursuit généralement les hommes chargés d'une tâche qui devrait être la première de toutes dans la société, nous avons cru en découvrir la cause dans l'imperfection de nos systèmes d'éducation, qui met ces hommes, quelque estimables qu'ils puissent être par eux-mêmes, dans l'impossibilité de s'en acquitter convenablement. Ensuite, recherchant quelles doivent être les conditions attachées à la fonction d'*éducateur*, nous avons trouvé que celle sans laquelle toutes les autres seraient inefficaces est d'y avoir une véritable VOCATION, fondée non-seulement sur un amour instinctif de l'enfance, mais encore sur le sentiment de la haute mission sociale inhérente à ce titre. Nous avons fait voir aussi que la BONTÉ, indispensable pour fonder la seule autorité qu'on doive exercer sur les enfants, doit être accompagnée d'un grand *empire sur soi-même*, d'une *raison supérieure*, d'une *sage fermeté*, et d'une *solide instruction*. Mais aussi, en échange de tant de qualités, et pour que l'état puisse aspirer fructueusement à conquérir des hommes aussi recommandables, nous avons indiqué plusieurs mesures qui tendraient tout à la fois à les faire éclore en nombre suffisant, et à les attacher fortement à leur profession, en augmentant leurs moyens d'instruction, en assurant parmi eux le règne seul de la capacité, en donnant enfin à tous une sécurité entière pour leur avenir et celui de leurs familles.

Après cette sorte de chapitre préliminaire, ayant surtout pour but de déterminer les moyens d'avoir de bons agents pour l'emploi qu'il s'agit de remplir, nous avons dû indiquer les règles fondamentales qu'ils doivent appliquer, et nous avons divisé cette partie de notre sujet en trois sections principales, correspondant à la division trinaire déjà adoptée par nous, pour distinguer les trois grandes faces de notre être, physique, morale et intellectuelle.

Dans la première section, de l'éducation PHYSI-QUE, nous avons cru devoir, avant d'aborder les détails, présenter quelques considérations sur l'importance d'un bon régime physique de l'enfance, non-seulement en raison du bien-être que procure la santé, mais encore pour la salutaire influence qu'elle exerce sur nos sentiments et notre intelligence, et nous avons insisté là-dessus, parce que cette seconde question est généralement moins comprise que la première. Il est un autre point qui demandait aussi une attention particulière : c'est qu'il ne suffit pas, pour compléter l'éducation corporelle, d'appliquer à l'enfance les secours de l'*hygiène*, de cette partie de la science qui n'a pour but que de prévenir les maladies, mais qu'il faut recourir encore à celle qui s'occupe du juste développement et du bon emploi de nos forces, c'est-à-dire à la *gymnastique*, dont nous avons fait voir les excellents effets, tant sous le rapport matériel, que sous celui de notre existence morale et intellectuelle.

Passant au premier paragraphe de la même section, ayant pour objet spécial l'*entretien de la santé*, nous avons réuni tout ce qui nous a semblé indispensable à cet égard, quant aux diverses conditions du local des écoles, aux soins de propreté des enfants, à leurs aliments et boissons, aux précautions générales pour la conservation de leur santé, à la prévention particulière des maladies contagieuses, enfin aux médicamentations compatibles avec le service des écoles.

Le second paragraphe, spécial aux moyens *de développer les forces* et *de bien diriger leur emploi*, a d'abord été consacré aux indications nécessaires pour les mouvements généraux du corps, ainsi que pour l'éducation physique des sens; et nous avons fait sentir, à ce dernier propos, quel secours puissant on pourrait tirer de la science *phrénologique*, dès qu'elle reposera sur des bases certaines, et que son application pourra être mise à la portée des instituteurs. Enfin, nous avons terminé ce paragraphe et la section du régime physique par diverses observations sur l'introduction des exercices gymnastiques dans l'éducation générale, suivie d'une petite instruction pour l'intelligence pratique de ces exercices dans les écoles du premier degré.

Notre section deuxième, sur l'éducation MORALE, embrasse naturellement des questions dont chacun comprend la haute importance.

Là, nous avons d'abord rappelé que la base de toute autorité désirable sur les enfants est l'AMOUR qu'on leur porte, parce que, seul, il peut faire passer le même sentiment dans leur âme, condition sans laquelle il n'y a pas de soumission véritable; mais nous avons aussi rappelé que ce sentiment, de la part du maître, devait être sans cesse éclairé par l'exercice d'une HAUTE RAISON, qui sera le modérateur des faiblesses auxquelles l'amour peut entraîner.

Muni de ces deux leviers, la direction morale de ses élèves sera douce et bien plus facile. Toutefois nous avons cru devoir encore lui donner des indications particulières sur divers points relatifs à cette direction. Nous avons posé comme premier moyen général l'*observation constante* qu'il doit exercer sur eux, non-seulement dans leurs études, mais encore dans leurs autres relations. C'est ainsi qu'il pourra étudier leurs caractères, et qu'il aura l'occasion d'être l'arbitre de leurs petits différends, l'un des meilleurs moyens de diriger leurs cœurs, et de leur donner de justes notions des principes de la moralité, surtout s'il sait les faire participer sainement au jugement de leurs propres actions, ou de celles de leurs camarades. Cette première indication nous ayant conduits à examiner, d'une manière générale, la question des PUNITIONS et des RÉCOMPENSES, en matière d'éducation, nous avons d'abord démontré la fausseté des principes qui prévalent maintenant sur ce sujet; mais, sentant l'impossibilité de passer de suite à l'entière application du principe contraire, nous avons proposé un système transitoire, dans lequel on écarterait les inconvénients les plus graves du système actuel, en même temps qu'on tendrait à épurer les sentiments qui se rattachent à son exercice, par l'intervention de sentiments plus élevés. Nous avons, du reste, indiqué les caractères principaux sans lesquels le but des peines et des récompenses serait tout à fait manqué, et nous engageons toute personne chargée d'une éducation quelconque à ne jamais perdre de vue ces indications.

Passant ensuite aux secours qu'on peut tirer de la RELIGION pour la direction morale de l'enfance, nous avons surtout insisté, en empruntant les expressions d'une personne qui a toute autorité à cet égard, nous avons insisté pour que, dans le

premier âge, on fasse dominer le *sentiment* religieux plus que l'énoncé du dogme, pour qu'on
présente aussi principalement aux élèves la face
d'*amour* et de *bonté* du créateur suprême, enfin
pour que le principe de la CHARITÉ universelle
soit la base incessante de toute cette partie de
l'enseignement.

Enfin, nous avons terminé cette section par
quelques observations sur les moyens de former
les enfants à de *bonnes habitudes*, et nous avons
eu l'occasion de faire alors remarquer toute la
valeur de certaines conditions, qui semblent, au
premier aspect, purement de l'ordre matériel, et
qui cependant ont une grande portée morale. Or
ceci rentre entièrement dans la considération, par
nous présentée plusieurs fois, que tout s'enchaîne
dans un système quelconque de direction humanitaire, par la raison que l'être *homme* est UN de
sa nature, et que ses ressorts matériels ont une
intime relation avec ses mouvements de toute
autre nature.

Par suite du même principe, mais abordant la
troisième section, spéciale à l'éducation *intellectuelle*, nous avons commencé par faire voir qu'on
peut appliquer à cette partie plusieurs des prescriptions propres à la direction *morale*, et même de
celles propres au régime *physique*, telles que la
nécessité de prédisposer les élèves à un bon emploi

des forces de leur intelligence, par un sage développement des forces corporelles; la nécessité de
captiver leur cœur, d'éclairer leur raison, d'étudier
leurs caractères, leurs tendances, d'observer sans
cesse le drame vivant que font naître continuellement aux yeux de l'instituteur, et ses rapports
avec eux, et leurs relations entre eux-mêmes.
Nous avons encore, pour ce premier ordre d'observations relatives à la direction intellectuelle,
fait voir quelle serait l'heureuse application de la
science phrénologique, dès qu'elle serait convenablement établie pour une pratique sûre ; et nous
avons aussi présenté de nouvelles considérations
sur l'éducation *des sens*, non plus sous le rapport
simplement physique, ainsi que dans la première
section, mais principalement, cette fois, sous
celui d'une sage acquisition de toutes les ressources de l'intelligence.

Après avoir parlé des moyens d'assurer aux
élèves une heureuse disposition des *organes perceptifs*, nous avons songé aux moyens de rendre
cette faculté aussi profitable que possible, et ces
moyens nous ont semblé pouvoir se réduire à
deux classes principales, savoir : 1° l'*usage légitime* de l'*organe réflectif*, ou grand sens intérieur,
quelle que puisse être sa nature, dont les manifestations se résolvent toutes dans ce qu'on nomme le *jugement*; 2° l'emploi de certains procédés

particuliers, constituant ce qu'on désigne par la dénomination générale de *méthode*, et qui sont présentés comme offrant le plus de secours pour favoriser la saine acquisition des connaissances.

Quant au premier point, ne pouvant dissimuler l'incertitude qui règne encore sur la théorie de l'entendement humain, et par suite la défaveur qui s'est attachée à la science même qui devrait faciliter le bon usage de son exercice, à la *logique*, dont le nom seul est pour bien des gens un sujet d'effroi, nous avons pourtant fait observer qu'il ne faut pas conclure, de ce qu'une science n'a pas encore été bien assise, qu'il faille renoncer pour toujours aux bienfaits qu'elle peut promettre; et nous avons, au reste, émis l'entière conviction qu'il serait très-facile de rendre accessibles à de très-faibles intelligences les règles de l'*art de raisonner*, malgré les obscurités métaphysiques dont on nous a fatigués jusqu'à présent sur ce sujet.

Pour justifier notre assertion, et quoique nous ne puissions, dans cet ouvrage, établir l'ensemble des principes de notre théorie d'enseignement logique, nous avons d'abord essayé de signaler les CARACTÈRES PRINCIPAUX de TOUTE CAUSE D'ERREUR dans nos jugements, première donnée indispensable pour arriver aux moyens de corriger l'erreur elle-même. Nous avons ensuite présenté un exemple pratique sur la manière de faire concevoir à de très-jeunes enfants les principes DU BON RAISONNEMENT, sans les accabler sous l'appareil d'un langage abstrait, ou barbare, et même en leur faisant prendre part à des exercices aussi pleins d'attrait que de solide instruction.

Nous avons ensuite passé à l'examen des conditions principales de toute bonne *méthode* d'instruction, en restituant à l'idée qu'on se forme de ce mot toute l'étendue de son acception, et même sa dignité, compromise par le charlatanisme ou par l'étroitesse de vues qui ont fait prodiguer le nom général de *méthode* à de petits procédés tout mécaniques, ou qui ne portent que sur des parties très-restreintes de l'enseignement.

La base de toute bonne méthode, selon nous, consiste d'abord dans l'art de ne présenter aux élèves, dans les sujets de leurs études, que des objets ou des faits *qui les intéressent* et soient *à leur portée*. Ensuite il faudra les mettre, autant que possible, *en présence de ces objets ou de ces faits*, et leur faire trouver *par eux-mêmes* les principes résultant de cette observation. Il faudra même, si cela est praticable, leur faire *exécuter* les objets ou les faits dont il s'agit. Or, il nous a été facile de faire voir qu'ainsi les travaux de l'école, au lieu d'être un épouvantail, seraient pleins d'attrait. Tels sont les caractères principaux de ce qu'on a appelé (selon que domine l'un des points de vue particuliers que nous venons d'exposer) la méthode d'*intuition*, ou celle de l'*analyse*, ou celle de l'*autodidaxie*, et nous avons eu soin de bien déterminer le sens de ces divers noms.

Un autre grand principe de l'enseignement est qu'il doit être *progressif*, c'est-à-dire suivre pas à pas les divers degrés de la force de l'élève, et toujours le faire passer par les idées qui lui sont connues avant de le conduire plus loin; nous avons fait voir en même temps qu'on peut faciliter le passage d'une notion à l'autre par le moyen des *analogies* qui existent entre certains objets, de sorte que l'idée de l'un conduit naturellement à la conception de l'autre.

Passant ensuite à quelques moyens particuliers, auxiliaires des grands principes d'instruction qui viennent d'être rappelés, nous avons parlé des procédés de culture de la *mémoire*, qu'il ne faut pas négliger, mais qu'il faut rendre intelligente. Nous avons aussi parlé du secours qu'on tire, pour la nette conception des choses, des bonnes *classifications*, et notamment des tableaux *synoptiques*, qui présentent le résumé des objets d'étude, avec un ordre qui fait voir d'un coup d'œil toutes leurs liaisons respectives.

Enfin nous avons terminé cette section par

l'examen d'une autre question de méthode, encore très-importante, qui ne se rapporte plus au mode de présenter aux élèves les faits à étudier, mais qui a pour objet les moyens les plus avantageux de distribuer les élèves dans les classes, sous le rapport de *l'action plus ou moins efficace que le maître peut exercer sur eux*, point de vue qui intéresse, d'un côté, la perfection des études, et, de l'autre, la possibilité plus ou moins grande d'offrir à un plus grand nombre le bienfait de l'éducation. Ce nouveau problème à résoudre nous a conduits naturellement à la comparaison des trois modes suivis jusqu'à présent dans ce but, savoir : le mode *individuel*, où le maître ne s'occupe que d'un élève à la fois; le mode *simultané*, où il transmet à la fois l'enseignement à un nombre assez considérable; et le mode *mutuel*, où il peut encore en diriger un plus grand nombre, en se faisant aider par ses élèves les plus forts, qui répètent ses leçons à leurs camarades. Après avoir ensuite indiqué les propriétés principales de ces trois modes, nous avons conclu que chacun d'eux, présentant des avantages que n'offre point isolément chacun des deux autres, *il est sage d'opérer entre eux une fusion*, de telle sorte qu'on retienne, autant que possible, ce qu'il y a de bon dans tous, en écartant les désavantages respectifs; et nous avons terminé en donnant des indications pratiques pour opérer cette alliance, au lieu de se laisser entraîner à un esprit d'exclusion, au détriment de l'intérêt commun, qui est de tirer parti de tout ce qui peut servir au développement harmonique de nos facultés, seul moyen de fonder l'ordre public sur ses bases véritables.

Après avoir ainsi résumé les points principaux de ce volume, nous croyons être assurés, comme nous en avions témoigné l'espoir en commençant cette conclusion, que nous n'avons rien omis d'essentiel, et aussi que nous n'avons rien compris dans notre cadre qui n'y fût indiqué par la nature des choses. Nous croyons également avoir fait une chose utile en plaçant dans ce volume tout ce qui tient aux généralités de la matière, comme sujet principal des méditations de l'instituteur, en renvoyant au second volume ce qui doit servir de texte à l'enseignement qu'il est chargé de transmettre à ses élèves, pour leur faire parcourir avec fruit le domaine de la science ; et c'est la différence de ces destinations qui nous a déterminés à publier séparément les deux volumes, afin de laisser à chacun la faculté de n'acquérir que celui qui lui conviendra plus spécialement.

FIN DU TOME PREMIER.

BIBLIOTHEQUE ROYALE
I

TABLE

DES DIVISIONS PRINCIPALES DU TOME PREMIER.

SECONDE PARTIE.

INSTRUCTIONS SUR LA PÉDAGOGIE, OU L'ART D'ÉLEVER LA JEUNESSE.

FIN DE LA TABLE.

PROJET D'UNE SALLE D'ASILE.

fig 1.

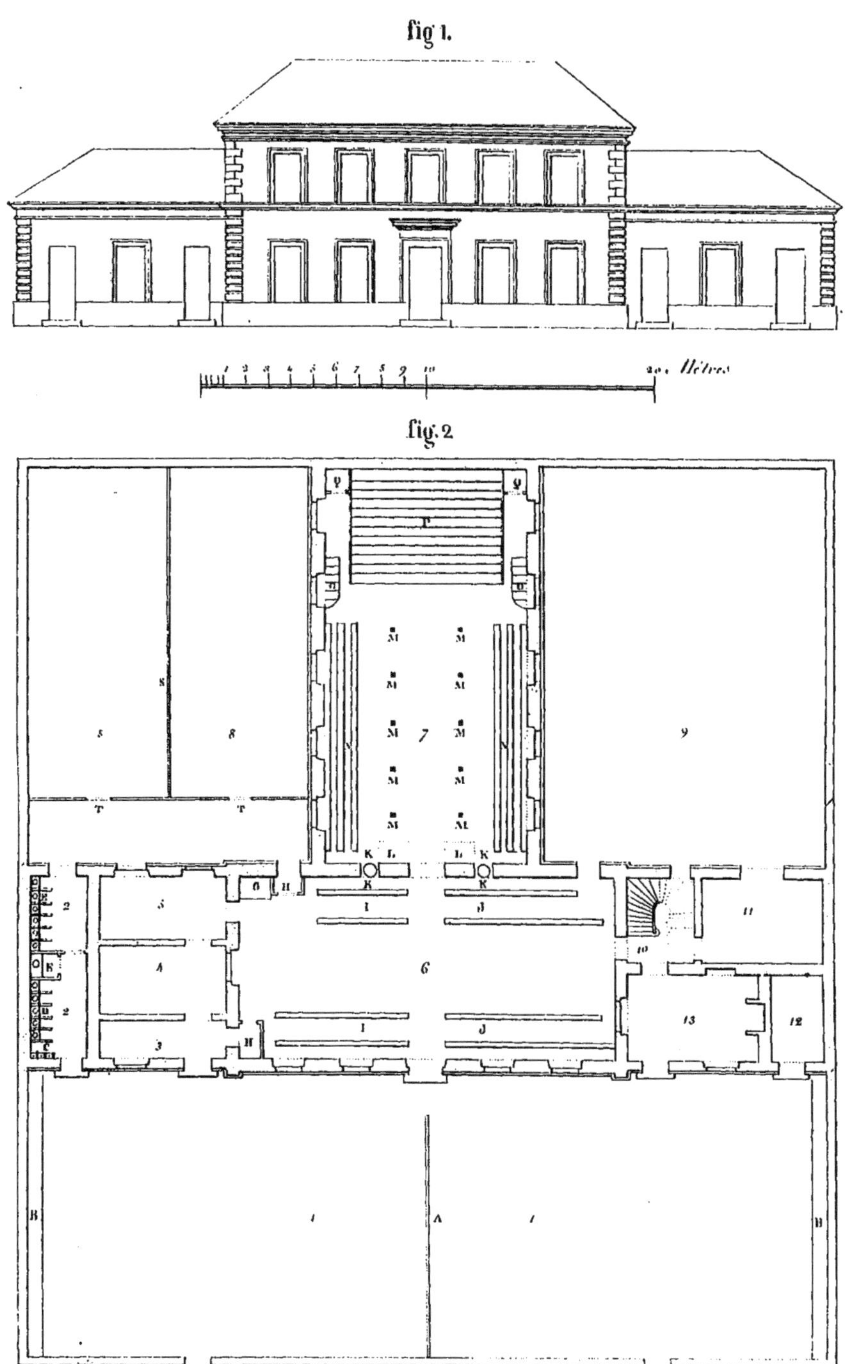

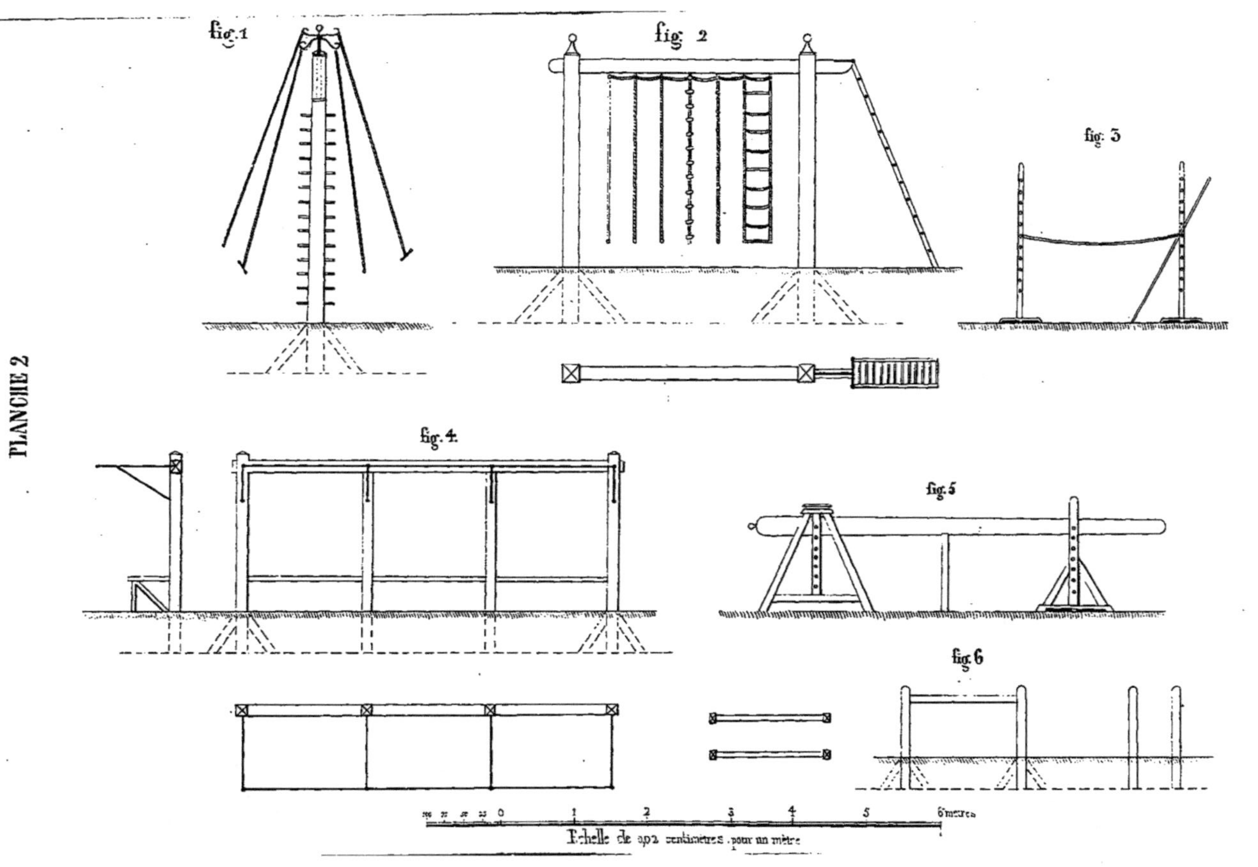
PLANCHE 2
fig. 1
fig. 2
fig. 3
fig. 4
fig. 5
fig. 6
0   1   2   3   4   5   6 mètres
Échelle de 2p2 centimètres pour un mètre

PLANCHE 3

PROJET D'UNE SALLE D'ASILE.

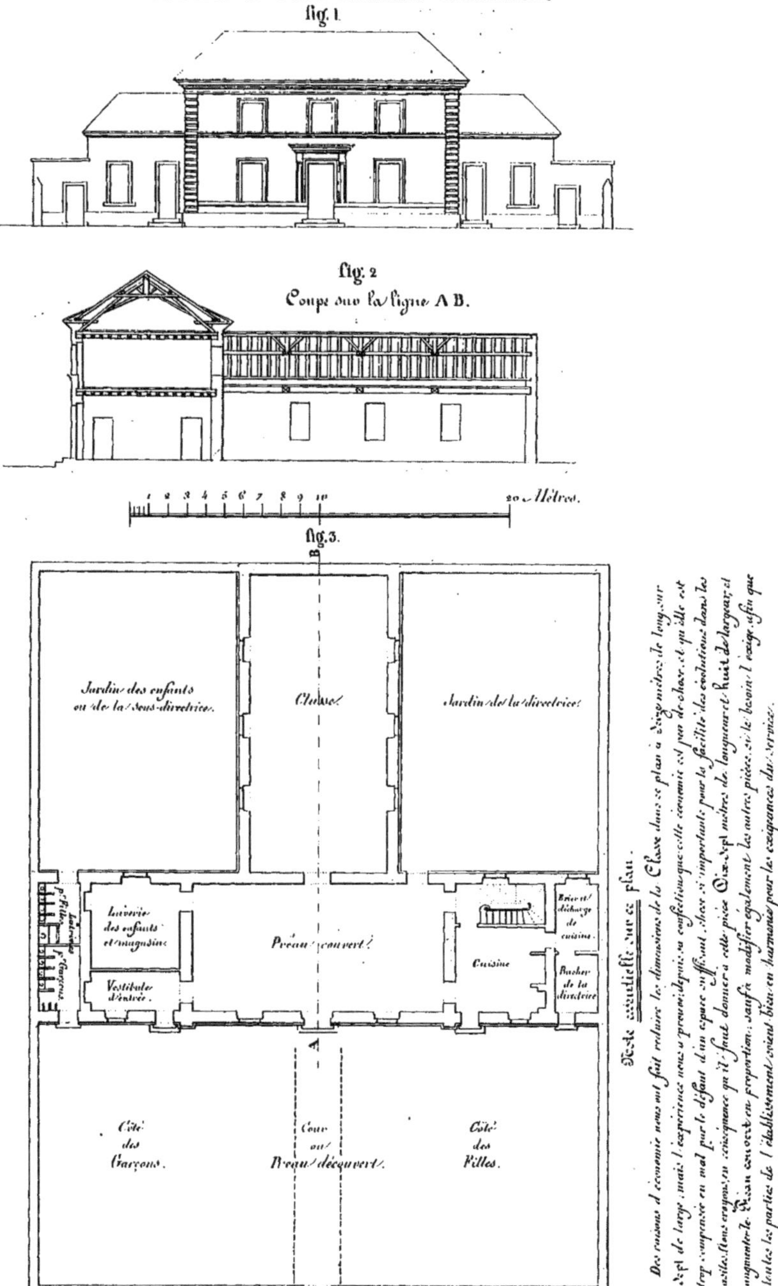